数字营销系列丛书
周茂君　主编

大数据营销

洪杰文　归伟夏　著

科学出版社
北 京

内 容 简 介

本书主要围绕大数据营销的相关理论以及数据处理技术来展开,力争让读者对大数据营销的概念有一个初步的认识,同时能够进行相关的数据分析和处理。书中既梳理了大数据营销的理论和基础知识,也介绍了相关大数据分析工具、数据分析和可视化等的基本原理与操作逻辑及其在营销中的应用。

本书适合企业的营销人员、品牌经理、广告策划人员、产品经理及企业的决策者阅读,也可作为广告传播、市场营销等专业学生的教材和参考用书。

图书在版编目(CIP)数据

大数据营销 / 洪杰文,归伟夏著. —北京:科学出版社,2020.6
(数字营销系列丛书)
ISBN 978-7-03-059790-8

Ⅰ. ①大… Ⅱ. ①洪… ②归… Ⅲ. ①网络营销 Ⅳ. ①F713.365.2

中国版本图书馆 CIP 数据核字(2018)第 280488 号

责任编辑:郝 静 / 责任校对:贾娜娜
责任印制:赵 博 / 封面设计:楠竹文化

科学出版社 出版
北京东黄城根北街 16 号
邮政编码:100717
http://www.sciencep.com

北京虎彩文化传播有限公司 印刷
科学出版社发行 各地新华书店经销

*

2020 年 6 月第 一 版 开本:720×1000 1/16
2024 年 1 月第六次印刷 印张:18 3/4
字数:290 000
定价:56.00 元
(如有印装质量问题,我社负责调换)

"数字营销系列丛书"编委会名单

主　编：
　　周茂君
副主编：
　　洪杰文
编　委：
　　马二伟　归伟夏　朱　磊　刘明秀　阮　卫
　　余晓莉　徐同谦　崔　瑶　廖秉宜

推 荐 序

"风乍起,吹皱一池春水",这是南唐词人冯延巳的著名词句,用它来形容当前已然来临的数字营销时代,最为恰切。数字时代的这个"风"就是新技术,正是它引领着数字媒体发生着深刻变革,影响着人们的工作状态、生活方式和阅读习惯,进而颠覆着媒体市场、广告市场和营销市场的运行规则。在这里,广告主在传统媒体时代简单的广告营销逐渐被数字时代注重官网、"两微一端"和搭建营销平台的"自营销"所取代;报刊、广播、电视等传统媒体依靠采编、经营双轮驱动已悄然改变,代之而起的是以内容运营、用户运营和活动运营为主的数字媒体运营;广告代理公司(绝大多数转型为数字营销公司)为迎接数字时代的到来,正在经历着从经营理念、组织架构到运作流程、业务模式的阵痛与蜕变,以便更好地服务于广告主。

数据成为数字营销市场的核心竞争力,得数据者得天下。广告主可以凭借其拥有的第一方数据,借助其官网和微博、微信,自建APP,搭建营销平台,进行品牌宣传与产品营销;数字媒体则依靠其垄断的第二方数据资源和头部媒体优势,在营销市场纵横捭阖、所向披靡;传统广告公司在过去时代曾经拥有的创意、策划等专业性优势,在数字时代逐渐被广告主和数字媒体蚕食,而"去中介"的行业诉求正在加重其生存危机,逼迫其通过搭建数字营销平台(垂直)和重构专业性实现浴火重生与凤凰涅槃。而原生广告和内容营销也颠覆着人们"内容是内容""广告是广告""二者要具有可识别性"的认知。前者将品牌信息深度植入媒体内容，并使二者融为一体；后者更强调将媒体内容作为营销工具为品牌广告或效果广告服务。此时，在数字营销市场，内容即广告，广告即内容，过去那种纯粹的内容与纯粹的广告再难见到，无论内容还是广告，都是为营销服务、为广告主服务。一切皆处于变化之中或在变化的路上，而唯一不变的就是变化，这就是时下的数字营销时代。

正是在技术引领、规则被颠覆、市场变革已然成为现实的情况下，周茂君教授组织编写了这套数字营销系列丛书——《数字营销概论》《数字营销策划与创意》《数字内容营销》《数字品牌营销》《数字平台营销》《大数据营销》《数字营销公司经营与管理》《数字媒体运营》《数字营销效果测评》《数字营销伦理与法规》。本套丛书一共 10 本，从书名可以看出其独特之处：其一，大营销观的独特研究视角。本套丛书坚持大营销观，让广告回归营销，恢复广告是市场营销一部分的本来面目，处处从大营销的角度展开论述；立足于大营销，从营销参与者、营销要素和营销过程的角度来确定相关的书名、章节。其二，勾画"史"的线索与立足数字营销实践。丛书的每本书皆坚持勾画出从传统媒体到数字媒体、从传统广告到数字广告和从传统营销到数字营销的"史"的线索和发展脉络，让读者能从中看出从传统时代到数字时代的演进轨迹；同时丛书作者并没有局限于对数字营销做从理论到理论式的研究，而是立足于数字营销实践，更多地从业界的视角去透视、研究相关的理论问题，这就使其研究更重实际，也更接地气。其三，本套丛书既关注理论前沿问题，注意吸收和借鉴国内外数字营销研究的最新成果，又注重这些基本理论的实际应用，并将基本理论、实际应用和案例点评很好地结合在一起，形成独具的特色。

数字营销在国外才出现短短 20 多年时间，在国内出现的时间更短，无论国外还是国内对它研究的时间都不长，可以说才刚刚起步，对数字营销进行系统研究的系列著作则更少。希望以周茂君教授这套数字营销系列丛书为起点，国内涌现出更多的作者和更多的研究成果，早日迎来数字营销研究的收获期。

是为序。

强月新
2019 年 10 月

"数字营销系列丛书"前言

1994年10月14日，美国《热线杂志》网络版刊出美国电话电报公司（American Telephone & Telegraph，AT&T）等14则广告主的图像和信息，标志着网络广告的正式诞生，也宣告了数字营销时代的来临。这场由新技术引发媒体市场、广告市场和营销市场的变革方兴未艾，其对未来的影响巨大而深远，甚至是颠覆性的。有人曾用"变化是当前唯一不变的主题"这句话来加以形容，无疑是对数字营销市场状况的真实写照。

尽管数字营销已经走过了20多年的发展历程，但是迄今为止仍然没有一个大家公认的权威定义。国外部分学者或营销专家对数字营销提出了一些看法，有两方面的内容值得关注：其一，数字营销是一种全新的营销方式。他们认为数字营销"也称为电子营销"[1]，是"利用数字技术帮助营销活动"[2]，是"将互动媒体与营销组合的其他元素相结合"[3]，是"一种全新的营销方式"[4]。其二，数字营销有利于与消费者建立关系并实现营销目标。他们强调数字营销"使消费者和

---

[1] Smith K T. Digital marketing strategies that millennials find appealing, motivating, or just annoying[J]. Journal of Strategic Marketing, 2011, 19 (6): 489-499.

[2] Bala M, Verma M D. A critical review of digital marketing[J]. International Journal of Management, IT & Engineering, 2018, 8 (10): 321-339.

[3] Parsons A, Zeisser M, Waitman R. Organizing today for the digital marketing of tomorrow[J]. Journal of Interactive Marketing, 1998, (1): 31-46.

[4] Wind Y, Mahajan V. Digital Marketing: Global Strategies from the World's Leading Experts[M]. New York: John Wiley & Sons, Inc, 2001.

企业建立了双向联系，且消费者可以更为便捷地接触到产品和服务"[1]，能够"与用户建立更深层次的关系"[2]，"通过数字媒体、数据和技术与传统传播相结合实现营销目标"[3]。

鉴于此，我们试着给数字营销下了一个定义：它又名在线营销，是利用网络技术、数字技术和移动通信技术等技术手段，借助各种数字媒体平台，针对明确的目标用户，为推广产品或服务、实现营销目标而开展的精准化、个性化、定制化的实践活动，它是数字时代与用户建立联系的一种独特营销方式，具有深度互动性、目标精准性、平台多样性和服务个性化、定制化等特征。

在数字营销行业，大数据、区块链、虚拟现实、物联网、超级计算等技术领域在全球发展势头良好。数字媒体的内容生产、产品形态和推送渠道都更加丰富，网络广告的生产、推广和监管也随之更加多元化和规范化。移动互联网的普及在很大程度上改变了人类生活的方方面面，用户的媒介使用习惯和消费行为都发生了巨大改变，数据资源成为各家公司争夺的重要生产要素。

正如 Actifio 首席执行官 Ash Ashutosh 所说："Airbnb 是最大的酒店服务机构，但它却没有一间酒店房间；Uber 是最大的出租车服务公司，但公司却没有一辆出租车。"[4]数据已经成为各类公司的核心命脉，自然也深刻地影响着数字营销观念及思维方式的变化。

过去，广告人围坐在会议桌前，仅仅靠头脑风暴和无限的创意就能敲定广告方案的时代已经不再。现在的数字营销从业者更像是股票交易员，他们坐在电脑前，瞬间即可在在线广告交易平台上完成广告位的购买与销售。运算法则的输出结果能实时、准确地根据用户数据决定不同的产品广告应当在哪一个网页或终端

---

[1] Durmaz Y, Efendioglu I H. Travel from traditional marketing to digital marketing[J]. Global Journal of Management and Business Research, 2016, 16（2）：34-40.
[2] Royle J, Laing A. The digital marketing skills gap: Developing a digital marketer model for communication industries[J]. International Journal of Information Management, 2014, （2）：65-73.
[3] Chaffey D, Ellis-Chadwick F. Digital Marketing: Strategy, Implementation and Practice[M]. 5th ed. New York：Pearson, 2017.
[4] Tunguz T, Bien F. 大数据浪潮——企业文化、高效团队和商业奇迹[M]. 宫鑫, 谢金秀, 刘婷婷, 译. 北京：人民邮电出版社, 2017.

设备中投放，同时准确地选择出向不同的用户投放哪一个版本的广告内容。广告交易平台可以根据访客曝光量或转化率为付费用户准确地计算出广告费用，并通过代码监测向广告主们及时地反馈广告投放到目标用户的效果。一定的数据分析能力以及对于数字管理系统熟练的操作能力，似乎已经成为广告营销人员必备的职业技能，过去的"广告狂人"正在向现在的"数据达人"转变。

数字化的传播手段和传播内容对数字营销行业的影响主要表现在三个方面：其一，广告交易制度的改变。网络投放与广告管理系统的开发有力推进了网络广告市场的规范化运作。与常规的人工购买相比，基于自动化技术和数据系统来进行广告投放的程序化购买平台可以极大地改善广告购买的效率、规模和投放策略。其二，广告产品形态的多元化。随着媒介形态的多样化，技术手段的日益革新，网络广告的形式由最初的展示广告拓展到搜索引擎广告、富媒体广告、短视频广告、电商广告等丰富的产品形态。通过与不同行业的跨界合作，产品营销方式也多种多样，社交媒体、电商平台、新闻资讯平台、娱乐平台以及各传统媒体平台交融合作，打造从线上到线下的营销闭环，更加贴近消费者的生活场景与兴趣爱好。其三，广告主营销理念的转变。广告主开始注重广告营销效果的"品效合一"，他们既关注广告投放后品牌或产品知名度的推广，同时也希望能看到更加直接的销售转化效果。第三方监测公司的出现使得数字营销产业链逐步趋于完整，广告主对于广告效果的把控更加客观真实。

面向全球市场的数字营销生态链基本形成，不同类型的数字营销公司纷纷搭建自己的数据平台，相互聚集。它们的"整合"绝不仅体现在媒体、渠道与终端，而且更深刻地呈现于整个行业格局的变化与发展之中。一些传统的广告传播集团通过大规模的并购、收购，整合数据资源、拓展数字营销业务，转型成为数字营销集团。一些独立的代理公司、数字技术公司和数字媒体纷纷展开合作，试图为广告主提供更加一体化、一站式的网络营销服务方案。目前，数字营销行业的广告代理公司分布有以下三个特点：其一，独立代理公司渐成气候。独立代理公司能够快速响应市场趋势，并且具有扎实的市场洞察。其二，代理商结构、层级多样化。广告主新设立的 In-house 团队、媒体下属的数字营销公司，以及市场上原有的广告代理公司相互协调合作，不同团队之间专业营销者的对话提高了数字营销的效率，但对数字营销公司来说，其在产业链中的地位则受到越来越大的威胁。其三，内容创作的质量以及分析效果的能力拉开了数字营销公司之间的差距。营销者讲故事的能力、获取和分析数据的能力，以及利用数据促进消费者互动和销售转化的能力，对于吸引广告主来说至关重要。

在数字营销行业环境的风云变幻中，广告主、数字媒体和数字营销公司作为行业发展的三大运行主体，在迎接变革与挑战的过程中，势必要经历残酷的竞争与痛苦的蜕变，能在这场变革中生存下来的，都是能顺应时代潮流、适时改革创新的佼佼者。

数字时代已然来临，技术引领、规则被颠覆、市场变革已是不争的事实。面对已然来临的数字时代，只有迎接挑战而不是回避。因此，编写这套数字营销系列丛书主要出于如下考虑：

（1）系列丛书将秉承五个原则：其一，以"营销主体""营销内容""营销平台""营销对象""营销管理"五个方面作为研究对象。其二，坚持大营销观，让广告回归营销，恢复广告是市场营销一部分的本来面目。其三，立足于大营销，从营销参与者和营销过程的角度来确定相关的书名、章节。其四，每本书皆勾画出从传统营销到数字营销的发展线索和脉络，使读者能从每本书上见到数字营销时代的新变化。其五，每本书在研究内容上既要相互有关联，又要厘清彼此间的研究边界而不至于重复。

（2）本套丛书既关注理论前沿问题，吸收和借鉴国内外数字营销研究的最新成果，又注重这些基本理论的实际应用。在具体编写过程中，将基本理论、实际应用和案例点评相结合，展现出独具的特色：其一，基本理论部分。对数字营销涉及的理论问题，只作概括性叙述，不进行全面性描述，对其基本原理，力争深入浅出，易学易懂。其二，实际应用部分。这是本套丛书每本书的写作重点，这个思路将贯穿于每本书的编写之中。其三，案例点评部分。每本书的大部分章节都要求安排与本章内容相关联的案例点评，用具体的案例点评，来回应前面的基本理论和实际应用。

（3）本套丛书在编写过程中尽力做到有思想、有创见、有全新体系，观点新颖，持论公允，风格力求简洁、明了、畅达，并在此基础上使行文生动、活泼、风趣。

这套丛书从2016年底提出计划到现在即将付梓，前后历时三年。由主编周茂君提出总体构想以及10本书的书名；然后是聘请作者参与编写。由于时间较长，作者几经变化，其间的艰难困顿难以言述，好在艰难时刻皆已过去，相信未来一定能见到彩虹！

这套丛书的顺利面世，需要感谢的人很多。首先，要感谢丛书编写团队的每一位作者，正是你们的辛勤付出才迎来了现在的累累硕果。其次，要感谢武汉大学新闻与传播学院的强月新院长、洪杰文副院长的大力支持。强院长不仅平时十分关注丛书的编写，还在百忙之中为本套丛书撰写了序言；洪副院长作为本套丛书的副主编，参与了丛书编写过程中不少具体事宜，并提出了建设性意见。最后，要感谢科学出版社的来豫蓉女士、陈亮先生、鄢德平先生、张宁女士、马跃先生、郝静女士等，从出版合同的拟定到具体编辑工作的落实，点点滴滴，处处都留有你们辛勤的身影。

数字营销的研究在国内还处于起步阶段，没有现成的研究成果可以借鉴，书中的不妥之处，恳请各位读者批评指正。

周茂君　于武昌珞珈山
2019年10月

目 录
Contents

第一章　大数据时代的来临 / 001

　　第一节　拥抱大数据时代 / 001
　　第二节　认识大数据 / 004
　　第三节　大数据时代的变革 / 013
　　第四节　大数据时代的小数据分析 / 022

第二章　大数据时代的营销 / 026

　　第一节　营销迈入大数据时代 / 026
　　第二节　数据与营销的科学性 / 030
　　第三节　大数据营销能力图谱 / 033
　　第四节　大数据营销中存在的主要问题 / 038

第三章　大数据营销的理论基础 / 041

　　第一节　市场分析工具：SWOT 分析法 / 042
　　第二节　4P、4C、4R、4I 理论 / 044
　　第三节　定位理论 / 049
　　第四节　精益创业理论 / 051
　　第五节　关键时刻理论 / 054

第六节 波特五力模型 / 055
第七节 RFM 营销理论 / 058
第八节 STP 营销理论 / 061

第四章 大数据营销数据的获取 / 067

第一节 确定营销目标 / 068
第二节 找到需要的数据 / 077
第三节 如何剔除无用的数据 / 082
本章小结 / 086

第五章 大数据分析工具 / 088

第一节 分析数据工具 / 089
第二节 分析结果建模工具 / 098
第三节 分析结果可视化工具 / 113
第四节 编程语言工具 / 121
本章小结 / 130

第六章 营销大数据的分析和挖掘 / 131

第一节 数据采集、抽样、预处理 / 134
第二节 描述性分析 / 138
第三节 预测分析 / 143
第四节 社交网络分析 / 176
本章小结 / 191

第七章 营销大数据的可视化——以 Tableau 为例 / 193

第一节 可视化理论模型及原则 / 194
第二节 可视化初步 / 201
第三节 可视化数据管理 / 225

第四节　可视化分析 / 228
　　第五节　Tableau 预测分析 / 242
　　第六节　Tableau 分享与发布 / 248
　　本章小结 / 250

第八章　大数据营销效果评判 / 251

　　第一节　总结营销效果 / 253
　　第二节　是否达成目标 / 262
　　第三节　怎样做得更好 / 266
　　本章小结 / 271

参考文献 / 272

后记 / 281

第一章 大数据时代的来临

第一节 拥抱大数据时代

自17世纪启蒙运动在英国兴起，自然科学领域取得了突飞猛进的发展，人类社会的一个显著变化是，对人的理智以及科学的威力、对大自然的规律性与一致性越发地抱有从未有过的坚定信念。紧随其后发生、延续几个世纪的工业革命，给人类带来的物质与社会的双重飞跃，更是证明了科学技术的无穷潜力。而科学无外乎就是以更加客观、理性的方式看待我们身处的这个世界。数据则是对各种看似无规律的自然现象加以测量、总结的方式。借助于以数据为基础的定量分析，自然科学和社会科学在几百年里均取得了颇为可观的成就。作为最早洞见大数据时代发展趋势的数据科学家之一，《大数据时代：生活、工作与思维的大变革》一书的作者，迈尔-舍恩伯格和库克耶也认为，大数据发展的核心动力来源于人类测量、记录和分析世界的渴望[1]。这样的论断同时回应了当下的一个误解：大数据这个名词诞生于不久前，计算机以及互联网面世之后。事实上，很久以前，人们就开始有意识地积累数据、分析数据了，这也为大数据这个名词的出现奠定了基础。

1980年，著名未来学家托夫勒提出"第三次浪潮"的概念，并在《第三次浪潮》[2]一书中热情地将大数据赞颂为"第三次浪潮的华彩乐章"，但直到21世纪，"大数据"一词才逐渐受到各行各业的高度重视，这样的重大变化与互联网在全世界范围内的普及与应用关系密切。

自20世纪50年代以来，人类社会的种种剧变大多都是以互联网和信息作为依托的。如今，信息化时代已然来临，信息已经成为一种重要的生产要素，在社会创新与实践中拥有举足轻重的地位。当信息量积累到一定程度，便形成了大数据。可以说，每个互联网参与者的行为形塑了大数据，而人们对大数据的挖掘与利用又影响着我们。随着互联网技术的更新换代，以博客、社交媒体为代表的新型信息发布方式的不断涌现，生产信息的门槛越来越低，由此更是形成了数据以及数据间相互关系的大量积累。

2008年，在谷歌公司成立10周年之际，《自然》杂志出版了一期专刊，专门讨论未来的大数据处理相关的一系列技术问题和挑战，其中就提出了Big Data的概念[3]。2011年5月，在以"云计算相遇大数据"为主题的EMC World 2011会议中，EMC公司也格外强调了"大数据"这一名词[4]。

最早提出"大数据时代已经到来"的机构是全球知名咨询公司麦肯锡。2011年，麦肯锡在题为《海量数据，创新、竞争和提高生成率的下一个新领域》的研究报告中指出，数据已经渗透到每个行业和业务职能领域，逐渐成为重要的生产因素；而人们对于海量数据的运用将预示着新一波生产率增长和消费者盈余浪潮的到来[5]。这样的结论已经充分揭示了大数据的地位。

2012年3月，美国发布《大数据研究和发展倡议》，该倡议标志着大数据已经成为重要的时代特征。同时，美国政府还宣布投资2亿美元到大数据领域，提出数据是"未来的石油"，并表示国家层面的竞争力将部分体现为一国拥有数据的规模、活性以及解释、运用数据的能力；国家数字主权体现为对数据的占有和控制。数字主权将是继边防、海防、空防之后，又一个体现综合国力的重要领域[6]。《纽约时报》的文章 *The age of big data* 则通过主流媒体的宣传使普通民众开始意识到大数据的存在，以及大数据对于人们日常生活的影响[7]。

2013年，互联网巨头纷纷发布机器学习产品，布局大数据产业，如IBM Watson系统、微软小冰、苹果Siri，标志着大数据进入生成价值阶段。同年《福布斯》杂志发表的一份报告指出，大多数大型公司都有通过使用大数据成功分析客户行为的案例[8]。

2015年，中国政府发布《国务院关于印发促进大数据发展行动纲要的通知》，强调信息技术与经济社会的交汇融合引发了数据迅猛增长，数据已成为国家基础性战略资源，大数据正日益对全球生产、流通、分配、消费活动以及经济运行机制、社会生活方式和国家治理能力产生重要影响[9]。党中央、国务院要全面推进我国大数据发展和应用，加快建设数据强国。

大数据技术及相应的基础研究已经成为科技界的研究热点，大数据科学作为一个横跨信息科学、社会科学、网络科学、系统科学、心理学、经济学等诸多领域的新兴交叉学科方向正在逐步形成[10]。2017年，中国人民大学、北京邮电大学、复旦大学等32所高校新增数据科学与大数据技术专业。在拉勾网发布的《2017互联网人才流动报告》中，数据开发以年薪20万元名列互联网行业高薪职位榜单中的第一位[11]。这些都显示出大数据在国内成为新的热门专业和就业方向。

大数据的热度还体现在资本市场的追捧上。大数据类的企业在国内外都广受投资者和风投基金的关注与青睐，经常能获得高溢价。根据媒体报道，仅2015年，国内就有51家发生融资行为的大数据创业公司，它们共同获得了金额超过50亿元的投资。而美国在2013年大数据领域的新创公司就获得了36亿美元的投资[12]。

大数据这个名词，早已随着互联网的不断发展与渗透而广为人知。大数据的概念更是被媒体炒得热火朝天。喧嚣背后必有暗潮涌动，大数据代表的不仅是数据研究方法的革新，更是人类思维方式的转变。而当我们的计算机拥有足够的能力去驾驭大数据时，大数据将不再只是一个噱头，也意味着大数据真正给人类社会带来变革的时机来临。如今，这样的时代已经来临——拥抱大数据成为人类必然的选择。社会中的所有行业都将和大数据紧密联系起来，每个企业和个人都应当在这样的浪潮下，主动学习和了解大数据，并思考如何利用好大数据这个工具。

其实，大数据离我们并不是那么遥远，也绝非一个停留在宏观层面的议题。一个让人感到温暖的应用实例是，中国科技大学通过建立贫困生动态数据库、完善数据统计分析等方法，给贫困学生的一卡通中主动打钱，具体的标准是每月使用校园一卡通低于200元，每月就餐60次以上，每餐费用在一定数额以下。

这样的方式在很大程度上保护了贫困生的自尊心，又真正做到了"精准扶贫"。自 2004 年起这一计划已经"隐形资助"贫困生 4 万人次，累计资助金额达 600 万元[13]。这样的大数据应用方法是非常有意义且值得推广的。

或许，并不是人人都有机会学习深度学习、数据挖掘、数学统计等利用大数据所必需的技术，但掌握一些基本的分析思路，对于发现和解决问题、提高商业敏感性、增强数据思维都大有裨益，能够在工作、生活的各个维度上给予我们一些新的启发。而且，随着社会分工的不断细化，每个人都懂得大数据分析的具体技术并无必要，通过一系列的外部合作和资源共享，即使不懂技术，同样能够利用好大数据这个工具。因此最为关键的，是了解大数据到底有什么用、到底能怎么用、到底有怎样的价值。

第二节　认识大数据

一、大数据的产生

50 多年前，戈登·摩尔对芯片行业的发展发出预言：当价格不变时，集成电路上可容纳的元器件的数目，约每隔 18～24 个月便会增加一倍，性能也将提升一倍。这便是著名的"摩尔定律"。计算机硬件惊人的发展速度，使全世界的数据处理和存储业务不仅速度越来越快、越来越方便，而且越来越便宜，海量数据的积累最终成为可能。美国网络数据中心指出，目前世界上 90% 以上的数据是最近几年才被人们逐渐认识和产生的。当然，全世界的工业设备，各类传感器中感知的位置、运动、振动、温度、湿度乃至空气中化学物质的变化，所产生的海量数据同样不容小觑。

大数据的产生方式主要经历了三个发展阶段。第一个阶段是被动式生成数据，指的是业务系统在运行时产生的数据被直接保存到数据库中，如超市的销售记录、银行的交易记录、医院患者的医疗记录等。这些被记录下来的数据均是决策者进行决策的重要依据。但这些数据比较单一，也比较千篇一律，从中能够获取的信息有限。

第二个阶段是主动式生成数据，以"去中心化"为最主要特质的 Web 2.0 时代的到来，为数据生产迭代到这一阶段打下了基础。社交媒体、博客等网络产品使人人都有机会平等地发布自己的观点，以智能手机、平板电脑为代表的新型移动设备也同时出现。这些易携带、全天候接入网络的移动设备使人们在网上发表自己的意见更为便捷，人们可以通过手机等移动终端随时随地产生数据，并与其他用户产生交互。这个阶段数据的产生方式是主动的。

第三个阶段是感知式生成数据，例如，如今的各类智能穿戴设备能够自动记录人体的各项指标，又如，遍布在城市各个角落的摄像头等数据采集设备源源不断地自动采集并生成数据[14]。随着技术的发展，人们已经有能力制造极其微小的带有处理功能的传感器，通过这些设备来对整个社会的运转进行监控。通过如此迭代和积累，大量的、多方位的数据被留存下来，并最终形成了数字金矿。

由此，人类对数据的管理完成了从数据库到大数据的飞跃。从数据库到大数据，看似只是一个简单的技术演进，但细细考究则可以发现两者有着本质上的差别。在数据库时代，人们往往会先设定数据的收集模式，然后才被动地进行数据收集，数据类型也较为单一，更重要的是，以往数据只是被当作一种处理对象来看待，而大数据时代，数据类型变得更加多样，收集数据的渠道也更加丰富，人们开始将数据作为一种资源来辅助解决其他诸多领域的问题。

2010年，美国总统科学技术顾问委员会向总统和国会提交的一份名为《规划数字化的未来》的报告指出：数据正在呈指数级增长。如何收集、管理和分析数据正在日渐成为网络信息技术研究的重中之重。以学习、数据挖掘为基础的高级数据分析技术，将促进从数据到知识的转化、从知识到行动的跨越[15]。这也提示着我们，应该全面认识大数据时代将带来的变化，从而更好地适应这些变化，促进人类社会的发展。

数据呈现指数级增长趋势的原因，可以归类为以下几点[16]：第一，通过越来越强的基于智能终端的通信，个人行为的数据将被深度采集；第二，针对人体生理信号和生物信息的采集，将产生巨量的新增数据；第三，通过无处不在的各种传感器，大自然中发生的各种变化都会事无巨细地被翻译成数据；第四，大型科学研究将产生巨量的数据。

总的来说，我们正生活在一个一切都被记录和分析的时代。人们掌握的数据不仅数量上更为庞大，范围更加全面，而且数据类型也更加多样。这就更需要我们具备足够的想象力去运用数据以及数据间的种种关联。更多的时候，面对一个亟待解决的问题，我们不仅要挑选出合适的数据，更要能够充分联想到手中的数据还能和什么数据结合起来，到底还有多少潜力可供挖掘。

二、大数据的定义

前面已经提到大数据的宏伟前景，那么，到底什么是大数据呢？大数据科学家约翰·劳萨提到一个简单的定义：大数据就是任何超过了一台计算机处理能力的庞大数据量[17]。维基百科对大数据的定义则是：大数据是指利用常用软件工具捕获、管理和处理数据，所耗时间超过可容忍时间的数据集[18]。研究机构 Gartner 给出了这样的定义：大数据是需要新处理模式才能具有更强的决策力、洞察发现力和流程优化能力的海量、高增长率和多样化的信息资产[19]。迈尔-舍恩伯格则认为，大数据是人们在大规模数据的基础上可以做到的事，而这些事情是在小规模数据的情况下无法做到的；大数据是人们获得新的认知、创造新价值的源泉，还是改变市场、组织机构，以及市民与政府之间关系的方法[1]。

涂子沛在《大数据：正在到来的数据革命》一书中提到，大数据是指那些大小已经超出了传统意义上的尺度，一般软件工具难以捕捉、存储、管理和分析的数据。从技术层面上看，大数据是无法用单台计算机进行处理的，必须采用分布式计算结构才能加以分析和利用[15]。但是，具体多大的数据才能称为"大"，并没有普遍适用的定义。一般认为，大数据的数量级应该是"TB（2^{40}B）"的。麦肯锡全球研究院认为，我们并不需要给"什么是大"定出一个具体的"尺寸"，因为随着技术的进步，这个尺寸本身还在不断地增大。此外，对于各个不同领域，"大"的定义也是不同的，不需要统一。"大数据"之"大"，更多的意义在于：人类可以"分析和使用"的数据在大量增加，通过这些数据的交换、整合和分析，人类可以发现新的知识，创造新的价值，带来"大知识""大科技""大利润""大发展"[15]。

虽然这些定义各有千秋，但也有异曲同工之处，那就是均强调大数据本身及其价值的"大",同时,需要运用全新的技术才能对其加以驾驭、利用,而若能充分挖掘大数据中的价值,那么对于人类社会的意义将是巨大的。下面将从大数据的特点出发,进一步理解大数据。

三、大数据的特点

学界一般将大数据的特点概括为如下五点,也称为大数据的"5V"特点。"5V"由 IBM 提出,得到了业界的广泛认可。

（一）数据体量大

数据体量大（volume）是大数据的基本属性。大数据的起始计量至少是 100TB（1TB=1024GB）。百度数据表明,其首页导航每天需要提供的数据超过 1.5PB（1PB=1024TB）,这些数据如果打印出来将铺满超过 5000 亿张 A4 纸[20]。到 2012 年为止,人类所有印刷材料产生的数据量为 200PB[21]。而通过各种设备产生的海量数据,其数据规模更为庞大,将远超过目前互联网上的信息流量。据互联网数据中心（Internet Data Center,IDC）统计,2017 年的数据总量达到 16ZB（1ZB=1024EB,1EB=1024PB）,到 2020 年会有 44ZB[22]。

（二）数据类型多

广泛的数据来源,决定了大数据形式的多样性（variety）。一般来讲,大数据可分为三类：一是结构化数据,这种信息可以在关系数据库中找到,多年来一直主导着信息技术（information technology,IT）应用,是关键任务联机事务处理（online transaction processing,OLTP）系统业务所依赖的信息,如财务系统数据、信息管理系统数据、医疗系统数据等,其特点是数据间因果关系强；二是非结构化数据,指的是数据结构不规则或不完整,没有预定义的数据模型,不方便用数据库二维逻辑表来表现的数据,如视频、图片、音频等,其特点是数据间没有因果关系；三是半结构化数据,如超文本标记语言（hypertext markup language,HTML）文档、邮件、网页等,其特点是数据间的因果关系弱。曾经的数据分析多以结构化数据作为原材料,而今的大数据中,绝大部分都是非结构化和半结构化数据,这就更加考验我们挖掘和应用数据的能力。

（三）价值密度低，商业价值高

数据本身不产生价值（value），如何分析和利用大数据对业务产生帮助才是关键。随着计算机处理能力的日益强大，能获得的数据量越大，能挖掘到的价值就越多。信息密度的高低和数据总量的大小成反比，现实世界所产生的数据中，虽然数量巨大，但有价值的数据所占比例很小，并且分散藏匿在海量的数据中，其价值和意义难以被发现和利用。如何结合业务逻辑并通过强大的机器算法去除冗余无用的数据，挖掘数据中真正的价值，是大数据时代的重要议题之一。

（四）处理速度快

大数据的处理速度（velocity）快可以从两个层面来进行理解，第一是数据的增长速度快，大数据的交换和传播是通过互联网、云计算等方式实现的，远比传统媒介的信息交换和传播速度快捷。第二是数据的处理速度快，时效性要求高。大数据时代的分析流程强调实时分析而非批量分析，数据输入、处理与丢弃立刻见效，分析结论经常可以立即应用于实践中。

（五）大数据的真实性

大数据的真实性（veracity）是指大数据中的内容是与真实世界中发生的事件息息相关的，所以要保证数据的准确性和可信赖度。研究大数据就是从庞大的网络数据中提取出能够解释和预测现实事件的过程。其实这部分在价值的部分已经有所体现（所以有的时候只提 4V）。通过大数据的分析处理，最后能够解释结果和预测未来。但是前提是提取的数据要具有足够的准确性。沃尔玛通过大数据获取并分析用户提供的信息，可以知道用户独特的需求和喜好，并能够预测出用户下一步的动作，在用户行动前向用户推送信息。

四、大数据的应用

大数据虽然是一个看似庞大的概念，但其应用范围已经相当广泛，不少行业都在大数据中得到了新的启发，取得了前所未有的突破。如今，随着大数据的价值不断被发现和挖掘，大数据已经被应用到了包括政府决策、商业营销、科学研究、医疗健康、新闻报道等在内的多个领域，并有着广阔的发展前景。

（一）政府决策

随着大数据时代的到来，国家间的竞争正从对资本、土地、人口、资源及能源的争夺，转向对数据资源的争夺。通过大数据来全面提升国家治理能力在当下显得刻不容缓。

例如，美国政府把二十多年的犯罪数据和交通事故数据映射到同一张地图上后发现，无论交通事故和犯罪活动的高发地带，还是两者的频发时段，都有高度的重合性。这引发了美国公路安全部门与司法部门的联合执勤，通过共治数据"黑点"，交通事故率和犯罪率双双降了下来[15]。

大数据时代的政府信息服务开始向个性化、智慧化、泛在化方向发展，有研究者认为，国外政府较为注重应用大数据技术实时感知网民需求，以提供更加精准的信息服务[23]。近年来，不少国家都开始施行国家大数据战略，并将数据开放作为国家发展战略。据统计，截至2014年4月，已有63个国家制定了开放政府数据计划[24]。

在政府服务领域，通过大数据分析技术，数据采集、分析和处理的效率大幅提高，有效地降低了政府成本[25]。大数据的应用推进了政府信息资源的进一步开放，而政府信息资源的公开透明，有利于建立公众和政府的沟通渠道，政府能够广泛倾听民意，及时化解社会矛盾。公众也可以通过该渠道及时了解并参与制定政府决策。

（二）商业营销

在大数据时代真正到来之前，数据分析已经广泛应用于商业营销推广中，传统商业智能一直以来都非常依赖数据分析。而一直以来，商业公司能够获取的数据往往是有限的，并且一般要付出较高的成本才能收集到所需的信息，也很难获取到全盘的消费者信息。但在大数据时代，通过技术手段对人群进行分类和分析，即能够精确地对用户的行为轨迹进行分析，得出其思维历程，这给精准营销带来了革命性的变化。

如今，大数据突飞猛进的增长速度及互联网技术的发展更是带来了全新的商业机遇。调查显示，在美国400家从事市场营销的公司中，54%的企业已经投资大数据，其中61%的投资企业获得了可观的经济回报[20]。

而在中国，大数据的商业模式经历了两个发展阶段。第一个阶段可称为自我服务阶段，其大数据应用的主要目标是通过对用户信息的大数据分析提升公司本身的精准营销和个性化广告推荐能力及水平[26]。第二个阶段则是将大数据商品化，出售数据和数据分析服务，更有针对性地为客户提供营销策略的支持以及量身定做的解决方案。在未来，大数据与物联网相结合，将创造出更大的商业价值[27]。

（三）科学研究

图灵奖获得者，著名数据库专家 Jim Gary 观察并总结出人类自古以来，在科学研究上，先后历经了实验、理论和计算三种范式。数据量不断增长和累积到今天，传统的三种范式在科学研究，特别是一些新的研究领域已经无法很好地发挥作用，需要一种全新的第四种范式来指导新形势下的科学研究，而其实质就是从以计算为中心转变到以数据处理为中心[7]。

大数据分析方法的加入，能够为社会科学和自然科学研究中的定量分析注入全新的活力。例如，原来社会科学往往是通过非常小规模的实验来获得数据。但是现在通过大数据的采集，可供分析的样本量增多了，研究者从中能够发现更多的问题。而科研人员如何在数据结构复杂的网络信息中提取有价值的数据点，成为研究大数据的重要议题。

由此，大数据时代所带来的科学研究方法的转变将是一次变革，将极大地推动科学研究向更加精确的方向前进，也能为科研人员省去不少繁杂的重复性工作，提供不少便利，从而能将工作重心更好地聚焦于研究思路的创新中。研究认为，大数据在科学研究中的应用不但可以促进学科融合、推动科技创新，还可以集成学术资源，革新学术体系，并将进一步突破科技瓶颈，促进科技革命[28]。

（四）医疗健康

医疗健康关乎人类是否能够正常地工作和生活，而随着人类生活水平的提高，人们对医疗健康的要求已经不仅仅停留在治疗疾病的层面，而是更希望能够提前预知、预防疾病。

医疗健康机构采用大数据可以有效地帮助医生进行更准确的临床诊断；更精确地预测治疗方案的成本与疗效；整合患者基因信息进行个性化治疗；分析人口健康数据预测疾病暴发等[29]。利用大数据技术能有效降低医疗成本、助力公共卫生监测、帮助发现潜在的药物不良反应等。可穿戴的医疗设备还可随时记录人体的各项指标，结合基因分析等最新技术，就能帮助用户更好地进行健康管理，提早预防疾病。

2016年6月24日，国务院办公厅发布了《关于促进和规范健康医疗大数据应用发展的指导意见》。要求到2020年，建成国家医疗卫生信息分级开放应用平台，实现与人口、法人、空间地理等基础数据资源跨部门、跨区域共享，医疗、医药、医保和健康各相关领域数据融合应用取得明显成效，规范和推动"互联网+健康医疗"服务[30]。这充分体现出国家对大数据医疗的重视。

（五）新闻报道

大数据新闻传播往往利用大数据的优势，从宏观角度出发，根据某一类社会问题的特点，对其发展趋势、动态结构进行把握[31]。新闻报道可以从大数据中挖掘出受众感兴趣的内容，在报道中充分引用相关的大数据，也能增强新闻的可信度。此外，国内外的大数据新闻传播趋势还体现在两点，其一是数据新闻。比较典型的例子是，2010年，《卫报》制作的伊拉克战争数据新闻作品，将39.1万条战争死亡数据放在同一张地图上，密密麻麻的红点格外震撼人心，在一定程度上推动了英国做出从伊拉克撤军的决定[32]。数据新闻正是以直观的数据图表、交互多变的形式吸引读者的注意力，更好地传达信息。而大数据则是数据新闻的基础，只有获得充足、可靠的数据，新闻编辑才能将其转换为合适的数据呈现形式，并最终传递到受众面前。

其二则是近年来流行的智能推荐模式。即根据机器算法收集受众喜好，并以此为依据为用户推送新闻。但这种模式还存在诸多问题，并不是足够完善。例如，在2016年美国总统大选期间，Facebook未能适时监控其平台上的新闻内容，致使平台上出现大量未经证实的虚假新闻广为传播，一定程度上对选举进程造成了影响。国内的今日头条等产品也因新闻低俗化和虚假新闻受到类似的诟病，针对此，这些产品应该进一步完善算法，适当引入人工干预，避免算法推荐下的劣币驱逐良币。

五、大数据的未来发展趋势

大数据是当今全球最热门的产业之一，可与人工智能比肩。可以预见，大数据将是未来社会经济发展的最关键领域,各行各业都寄予厚望。在各国政府和资本持续加码下,全球大数据产业必将跨入新的发展阶段[33]。

(一)数据资源化

数据资源化指的是大数据将成为社会关注的重要战略资源,并将成为最有用的资产。大数据本身将扮演信息革命中原材料的角色。大数据作为一种新的资源,具有其他资源所不具备的优点,如数据的再利用、开放性、可扩展性和潜在价值[14]。而在各国之间的综合实力比拼中,数据资源的综合运用能力也将成为重要一环。因此,即便我们目前还没有认识到大多数数据的价值,每一个企事业单位、政府机关也有责任和义务把具有重要价值的数据存储下来,以备日后所需[16]。

另外,作为一种资源,在不涉及安全隐私、国家机密等问题的前提下,未来数据将可以在市场上自由流通,掌握数据的人能够由此获得一些收益,需要数据的人也能够轻松地获得所需要的数据,连通数据提供方与需求方,也将成为一项新的业务并创造出一定的价值。

(二)数据智能化

数据智能化首先体现在数据的收集方式已经变得越来越智能化了。以移动端支付、一卡通支付等消费领域中的变革为例来看,数据收集行为不仅无处不在,而且充分地实现了电子化、即时化,还可以根据人们的需求进行定制。

此外,实现对大数据的智能处理、提高数据处理水平,需要不断引进人工智能技术。现如今,机器学习、自然语言理解、模式识别等人工智能技术已经完全渗透到大数据分析和处理的各个程序中,成为其中的重要组成部分,并发挥着重要的作用。不同于当下常用的数据挖掘技术,机器学习技术可以根据数据不断调整自身的算法,使数据处理结果更加精准。

可以说,日后的大数据收集、处理等各个流程都将更加智能、快捷,从而能使大数据的价值真正为社会大众所运用。

(三)利用空间越来越广

前面已经提及大数据的一些利用方式,但事实上人们对大数据的认识和利用还远远不够。例如，除了上述提到的大数据利用的大方向，现在大数据分析还被利用到能源的开采与管控环节、职业运动员的成绩提高、智能教育平台的搭建、高级时装的设计、食品安全的改善、出行方案设计等精细领域，不仅覆盖到了国家战略和产业升级，也深入人们的衣食住行之中。

当大数据成为一种基础资源时，各行各业都无法忽视对大数据的应用。而目前，大数据作为一种重要的战略资产，已经不同程度地渗透到每个行业领域和部门。同时，大数据未来的利用方式也充满了想象空间。未来，大数据将连同其他的智能技术一起，多方位地改变和改善我们的生活，促进人类社会的发展与进步。

（四）数据隐私问题将不断被关注

如何在推动数据开放的同时有效地保护隐私，将是大数据时代的一个重大挑战。在大数据时代，数据的收集、流通速度加快，用户的个人隐私很有可能被暴露在网络中，造成安全隐患。例如，2014年，美国好莱坞爆发"艳照门"事件，黑客利用苹果手机 iCloud 云端漏洞，窃取影星、歌手和名模不雅照片，并公开发布在网络上，造成了非常恶劣的社会影响[34]。在国内，用户隐私泄露问题也层出不穷，引发了社会各界的高度关注，也影响了用户对互联网企业的信任度。

由此，企业面临着严峻的信息安全挑战，必须积极承担起社会责任，对数据泄露的问题有所警觉和防备，做好数据保管和保护工作，降低各个环节中数据泄露的风险；个人应该提高信息安全意识，主动保护好自己的隐私，防止隐私泄露；有关部门也应该对此引起高度重视，贯彻落实相关政策，加强相关的立法管理工作，从而尽力杜绝数据泄露的现象，为大数据的发展保驾护航。

第三节 大数据时代的变革

大数据可以应用在生活的方方面面中，与人类社会的未来关系密切，蕴藏着巨大的潜力，大数据为人类社会带来了巨大的改变，学会运用大数据，为自己的目标服务，将创造更多的价值。

一、大数据时代的方法变革

不同于传统的数据库,大数据由于体量大、类型混杂,在对其进行利用前必须运用大数据处理关键技术进行处理,以得到人们需要的结果,对大数据进行科学有效的分析处理被认为是大数据领域的核心问题之一。大数据处理的方法按照数据处理的各个环节,可以分为数据采集、数据预处理、数据存储及管理、数据挖掘与分析、数据应用与可视化,下面对这些技术进行简要介绍。

(一)数据采集

大数据的来源极为广泛,因此,要对大数据进行利用,首先要做的是对数据进行抽取和集成。大数据的数据采集是在确定用户目标的基础上,针对给定范围内所有结构化、半结构化和非结构化数据进行采集,并对这些数据进行处理,从中分析和挖掘出有价值的信息[14]。

与传统的数据采集相比,大数据的采集来源更广泛,数据类型更丰富,因此需要采用多样的方法和手段进行数据采集。例如,商业数据需要从企业自身的系统中进行收集,网络数据采集需要用到爬虫等技术,从中抽取出有价值的内容进行分析,还可通过物联网、传感器等方式收集数据。另外,数据采集还可以通过外部购买等方式实现,不少大数据公司能够提供非常有价值的行业数据,为企业的大数据分析提供丰富的资源,在很大程度上降低了数据获取的难度,提高了数据分析的效率。

(二)数据预处理

数据预处理主要指对已经收集到的数据进行辨析、抽取、清洗等操作。大数据的多样性导致了通过多种渠道获取的数据种类和数据结构都非常复杂,这就给之后的数据分析和处理带来了很多不便。正如统计学家纳特·西尔弗在著名的《信号和噪声》一书中说:"大数据中大多数都是不相干的噪声。除非有很好的技术信息进行过滤和处理,否则将惹上麻烦。"[35]

而数据的预处理则以将结构复杂的数据转换为单一的或便于处理的结构为目

的，去除数据中的重复、干扰、冗余项，为以后的数据分析提供便利。

数据清洗是在汇聚多个维度、多个来源、多重结构的数据之后，对数据进行抽取、转换和集成加载的过程，除了更正、修复系统中一些错误的数据之外，更多的是对数据进行归并整理，并存储到新的存储介质中[14]。值得注意的是，数据的预处理在一定程度上是一个迭代的过程，因为在项目推进过程中可能需要根据实际情况，不止一次地执行这些清洗操作，从而使数据符合我们的要求。

（三）数据存储及管理

数据存储及管理主要是将数据存储起来，建立相应的数据库，并进行管理和调用。大数据时代的数据体量巨大，数据存储问题也由此凸现，需要非常大的存储空间和运算能力才能对其加以管理。同时，大数据对存储设备的容量、读写性能、可靠性、扩展性等都提出了更高的要求，需要充分考虑功能集成度、数据安全性、数据稳定性、系统可扩展性、性能及成本各方面因素。

计算机技术中的分布式计算在大数据的存储及管理上具有优势，它可以将多台计算机的算力组合在一起，节约整体计算时间，大大提高计算效率。最常使用的分布式大数据存储工具是谷歌公司开发的 Hadoop。它是一个能够让用户轻松架构和使用的分布式计算平台。用户可以轻松地在 Hadoop 上开发和运行处理海量数据的应用程序，这一平台同时还具有高可靠性、高扩展性、高效性、高容错性、低成本等优点[14]。

（四）数据挖掘与分析

数据挖掘就是从大量的、不完全的、有噪声的、模糊的、随机的实际应用数据中，提取隐含在其中人们事先不知道但又是潜在有用的信息和知识的过程。

数据仓库、联机分析技术的发展和成熟，为商务智能奠定了框架，但真正给商务智能赋予"智能生命"的是它的下一个产业链：数据挖掘。其主要目的在于发现潜藏在数据表面之下的历史规律，以及对未来进行预测。事实上，大数据的核心便是预测。它能把数学算法运用到海量的数据上来预测事情发生的可能性。

目前，数据分析中最常用到的是统计学的分析方法，而将来的数据分析，将走向机器学习和智能化的发展趋势。

（五）数据应用与可视化

数据分析的目的是产生一系列可以支撑决策的结果。大数据可以广泛应用在商业智能、政府决策、公共服务、新闻报道、科学研究等各个方面，并且拥有非常广阔的前景。一般而言，用户最关心的是数据处理的结果，而要将分析结果用最直观的方式呈现出来，就需要用到数据可视化技术。

数据可视化是指通过特定软件工具以图表、地图、标签云、动画或任何使内容更容易理解的图形方式来呈现数据，不仅能够帮助数据的最终呈现，对发现数据中新的信息也起到了非常关键的作用[36]。可视化技术在形式上能够灵活组合多维度数据描述数据场景（如地理位置与数值等结合分析），能够提高同一幅图形上的数据容量并进行多维结合分析[37]。由此，数据可视化也被称为大数据分析的"最后一公里"。

二、大数据时代的思维变革

思维方式是指思考问题的根本方法，它决定着人们怎样看待一件事物，怎样看待这个世界。对于像大数据这样的新鲜事物，比起掌握具体的方法，从根本上改变思维，以使其适应于大数据时代的发展，可能更为重要。拥抱大数据时代，需要接受其给人类思维方式带来的变革。具体而言，大数据给人们思维带来的冲击主要可以概括为以下几点。

（一）从因果到相关再到因果

很多时候，遇到问题时，人们往往希望找到问题产生的根源，而在大数据时代，数据量特别巨大，要找出所有量与量之间的因果关系几乎不可能。因此人们不再探求难以捉摸的因果关系，转而关注事物的相关关系。大数据时代打破了小数据时代的因果思维模式，带来了新的关联思维模式[38]。

通过相关性找到的关联物，回答的问题不再是"为什么"，而是"是什么"，能帮助人们回答的问题更多了，也能更好地捕捉现在和预测未来。

《大数据时代：生活、工作与思维的大变革》一书中给出的大数据时代的第三个特征是"不是因果关系，而是相关关系"[1]，这其中强调了相关关系，而否定了因果关系，这一点不是很合适。因为相关关系回答了两个变量之间是否关联，而因果关系却要回答这两个变量之间为什么会关联。如果一味地强调相关而不去寻找其中的因果关系，可能会闹出一些笑话。例如，在美国一个中西部的小镇，地方警察局局长通过数据分析发现冰淇淋消费量越多，犯罪率就越高，即犯罪率与冰淇淋消费量之间具有相关关系。如果不去探寻其中的因果关系而简单地根据其相关性就会做出如下决策：限制冰淇淋的消费，以便使犯罪率下降。从相关性上来看这样做似乎没有问题，但实际上没有分析其因果关系就这样做极其不合理。经研究，冰淇淋消费与犯罪率的相关性背后的因果原因是冰淇淋消费与犯罪率两者之间有一个共有的特征就是室外温度。当室外气温变暖后，如夏天，就会有更多犯罪（白天更长，人们多开窗户等），而因为天气变暖，人们更享受吃冰淇淋的乐趣。相应地，在黑夜又长又冷的冬天，冰淇淋的消费就会减少，同时犯罪也减少了[39]。

（二）从抽样到整体

很长一段时间以来，分析全部的数据对人们来说都是一个很大的挑战，因为计算机性能、存储能力、运算能力的不足，人们只能选择收集极小的一部分数据进行分析，并采取随机抽样、统计描述等方法尽可能从中获得更多有价值的信息。虽然这么做能够更快地获得想要的结果，但很有可能遗漏不少关键信息，也无法做到预测未来的趋势。

而在大数据时代，相关的技术已经足够成熟，我们要分析的是与某事物相关的所有数据，而不是分析少量的数据样本。全部样本中得到的结论水分更少，因此，大数据越大，真实性也就越大，因为大数据基本上包含了全部的信息。同时，利用足量的数据进行分析还能预测未来的趋势，真正发挥数据的全部潜力。

（三）从精确到混杂

当数据量超出一定规模时，虽然已经进行了数据清洗等预处理工作，但也有可能其中还是混杂着错误的数据，同时，数据量的增大会放大结果的不确定性。

不过，执迷于精确性是信息缺乏时代和模拟时代的产物，在大数据时代，人们应该乐于接受数据的纷繁复杂，而不再追求精确性[1]。如今，不精确的数据结果已经不是那么令人讨厌，只要大数据分析指出可能性，就会有相应的结果，从而使企业快速决策、快速动作、抢占先机、提高效率。

需要指出的是，错误并不是大数据固有的属性，而是一个亟须处理的现实问题，并且有可能长期存在[1]。所以在进行数据分析时，应正视大数据的混杂性并接受它，由此才能从大数据中获取更多价值，而不会因追求精确性而丧失发现更多真理的机会。

（四）从"流程"核心转变为"数据"核心

用数据核心思维方式思考问题，解决问题，以数据为核心，反映了当下IT产业的变革，数据成为人工智能的基础，也成为智能化的基础，数据比流程更重要，依托数据库中记录的数据可以开发出深层次信息[40]。由此也说明在人们眼中，大数据的价值在不断扩大，数据为"王"的时代出现了。

三、大数据时代的商业变革

现代营销学之父科特勒教授将营销的演进划分为三个阶段：第一个阶段即"以产品为中心的时代"（也称为营销1.0时代），这个时代营销被认为是一种纯粹的销售，一种关于说服的艺术；第二个阶段即"以消费者为中心的时代"（也称为营销2.0时代），企业追求与消费者建立紧密联系，不但需要继续提供产品使用功能，更要为消费者提供情感价值，企业需要让消费者意识到产品的内涵，理解消费者的预期，然后吸引他们购买产品；如今我们所处的是第三个阶段，即"以价值观为中心的时代"（也称为营销3.0时代），在这个新的时代中，营销者不再把顾客仅仅视为消费个体，而是把他们看作具有独立思想、心灵和精神的完整人类个体，这将为消费者创造价值，企业的盈利能力与企业自身的责任感息息相关[41]。而营销3.0时代的核心推动力就是大数据，表1-1给出了不同营销阶段的综合对比。

表 1-1　不同营销阶段的综合对比

项目	阶段		
	营销 1.0 时代 产品中心营销时代	营销 2.0 时代 消费者中心营销时代	营销 3.0 时代 人文中心营销时代
目标	销售产品	满足并维护消费者	让世界变得更美好
推动力	工业革命	信息技术	"互联网+大数据"技术
企业看待市场的方式	具有生理需求的大众买方	有思想和选择能力的聪明消费者	具有独立思想、心灵和精神的完整个体
主要营销方式	产品开发	差异化	价值
企业的营销方针	产品细化	企业和产品定位	企业使命、愿景和价值观
价值主张	功能性	功能性和情感化	功能性、情感化和精神化
与消费者的互动情况	一对多交易	一对一交易	多对多交易

其实，自20世纪80年代以来，营销专家就开始意识到"数据库营销"的重要性。"数据库营销"指的是以消费者信息数据库为基础数据和平台，营销者建立与消费者关系的营销方式，是信息驱动的市场营销过程[42]。数据库营销在营销的"精准"之路上走出了更加扎实的一步。信息采集、存储及分析技术的进步，使企业能够得到的消费者数据信息更加丰富。除了包括经常被采集的基础数据，如消费者的姓名、年龄、收入、婚姻状况、地址、邮政编码、电话号码、E-mail 地址等，还包括消费者的心理因素、活动、兴趣、观点等信息，更包括关键性的消费"交易性"数据，这包括每个消费者已经购买的产品的品名、最近一次购买的时间、购买的频率、消费金额等。但问题依然存在：以企业为主体的数据库是小规模而不经济的，此类数据库无疑是数据"孤岛"，同时必须耗费大量的人力、物力进行专业的开发和维护，因此真正应用数据库营销的企业非常有限。

如今，基于大数据的精准营销迅速成长，正在以新的生产力要素带来商业的革新和发展。在商业领域，大数据分析是为营销仪表盘提供前瞻性、预测性观点的引擎。商业公司做战略决策的过程中往往会用到不同的营销分析技术，依托在大数据技术基础上的营销方式，能够使营销更加精准有效，给企业带来更高的投资回报率。

基于大数据的商业模式以其特有的"精准"和"个性化"特征，运用其贴心的传播策略，给我们的生活带来众多惊喜与方便，也为传统商业发展带来了新的活力。其得以实现的前提是海量获取、存储、交换与分析消费者个人数据，而正如前面所述，数据的获取难度已经大大降低，获取方式也大为扩展了，商业中的大数据应用也成为可能。可以说，基于大数据的营销方式是"精确制导"的营销思想与新技术碰撞带来的必然结果，必将重构商业行为的产业基础、产业链条、产业生态及运作模式。

大数据技术在商业上的常见应用可分为两类[43]，第一类是与长尾经济模式结合，向用户提供个性化的信息、产品、营销与服务。在互联网时代，长尾经济模式开始盛行，一方面提供给用户个性化的产品和服务，另一方面这种个性化服务通过数据技术和机器程序实现，极大地降低了成本，可总结为"以低成本实现个性化价值"。

这个模式的关键是数据技术+软件程序，从而实现商品与人的个性化匹配，依据消费者的历史购买、浏览、收藏等记录，进行个性化的商品推荐。例如，阿里巴巴"鲁班"人工智能（artificial intelligence，AI）设计系统会根据用户浏览商品的数据，自动生成商品宣传 banner（横幅广告），不再依靠人工推荐。2016 年"双十一"期间淘宝网用"鲁班"人工智能设计系统自动生成了 1.7 亿个 banner，"鲁班"把数据变成了业务，通过大规模设计加精准投放，提高每个广告位的资源效率，带动了流量的效率和业务价值，点击率是翻倍的，收益也接近翻倍。

事实上，电商与大数据技术的结合可以说是顺理成章，依靠个人计算机（personal computer，PC）端 Cookie 标记及移动端账号数据收集到的海量用户信息，电商企业能够获得精确的用户画像，并据此向消费者个性化推荐符合其消费水平、喜好的产品来提升销售金额；依据大数据对区域销售进行预测，合理利用物流能力还能降低运营成本，提升用户体验，这都是国内外电商已经验证过的大数据运营模式[44]。

第二类则是基于分类、预测、挖掘等数据模型，用机器自动化的方法改革某些业务环节的实现效率。如今就算不是完全的互联网企业，也有大量产品服务在线上进行，在这个过程中，有大量的消费者信息被留存下来，而毫无疑问，这些数据都是企业的宝贵财富。

例如，美国的大数据公司 InsideSales 专注于为企业销售提供基于大数据分析的用户购买行为预测，它拥有预测分析、销售联系、游戏化和可视化功能，将技术应用在数以千计的销售代表身上，帮助这些企业提升自己的销售业绩。InsideSales 的数据来源包括企业客户关系管理（customer relationship management，CRM）中的数据，还包括自有数据库里的 900 亿销售数据和四个类别（人口统计、公司统计、地理信息和组织信息）的外部数据，以增强预测的准确性。2016 年 InsideSales 每月可以从用户处匿名搜集超过 10 亿的销售互动信息。它拥有 2000 个企业客户，包括微软和 Groupon 等，它们每个月为每个用户（员工）付 23～295 美元来使用 InsideSales 的服务[45]。

Athanasiadis 和 Ioannides 认为商业中的大数据应用主要体现在以下四点：第一点是以云计算为核心；第二点是应该致力于精准策划和精准营销；第三点是通过大数据应用去提升用户体验；第四点是出售数据和相关服务将成为新的利益增长点[46]。

总的来看，在大数据时代，个性化将颠覆一切传统商业模式，成为未来商业发展的终极方向和新的动力。挖掘与分析大数据时代的消费者个体行为和偏好数据，就能够实现精准营销。商业决策也将从此告别仅凭经验和直觉来进行制定的形式。

另外，对于企业的目标消费者来说，随着大数据时代的到来，消费者将有更多、更广泛的信息来源，消费者的选择将更加充分，对商品的了解将更加透彻，自主权将进一步增大，对传统的消费行为将形成冲击[47]。同时，随着互联网技术的发展，消费者的购物行为呈现出移动化、社交化[48]等特点，这也给企业的营销计划带来了新的挑战。

而大数据的商业变革也将是本书关注的重点内容，在后面的章节中，我们将对此进行详细的介绍，并分析商业大数据营销的详细流程，也会用最新的案例分析来探讨大数据应用于商业的重要性以及巨大价值。

第四节　大数据时代的小数据分析

在大数据时代，可供分析的数据比以往更多了，并且将继续呈现指数级上涨态势。但大数据分析的根基却是建立在小数据上的，小数据分析也被企业决策者广泛利用。小数据就是个体化的数据，它不像大数据那样浩瀚繁杂，却可能同样具有重要意义。

第一个意识到小数据重要性的是美国康奈尔大学教授德波哈尔·艾斯汀。在父亲去世之前几个月，这位计算机科学教授就注意到老人在数字社会脉动中的些许不同——他不再发送电子邮件，不去超级市场买菜，到附近散步的距离也越来越短。然而，这种逐渐衰弱的状态，在医院的检查中却不一定能看出来。可事实上，追踪他每时每刻的个体化数据，他的生活其实已经明显与之前不同。这种日常小数据带来的生命信息的警示和洞察，启发了这位计算机科学教授——小数据可以看作一种新的医学证据，它是 your row of their data（他们的数据中属于你的那行数据）[49]。

从某种程度上来说，大数据会掩盖每个人的个性，虽然能够让我们的注意力足够广，但很有可能会忽略一些看起来不重要的细节。因此，在未来相当长的一段时间里，我们仍然不能丢掉小数据分析的基本技能。

另外，因为从技术层面看，大数据无法使用单台计算机进行处理，必须采用分布式计算，而且往往需要各专业的人士通力合作，因此，现今的大数据分析工作大多仍建立在一些现有的数据处理方法上，做好大数据分析，首先要掌握的是传统的统计分析方法，从小数据分析入手，再佐以分布式数据库、云计算等技术，将小数据分析方法推广到大数据上。

小数据分析的步骤可分为：提出问题；做一些背景研究；构想假设；做实验验证构想的假设；分析数据并得出结论；把结果分享给其他人[50]。在大多数情况下，大数据都可以拆分成一系列小数据集之后再分别独立建模，通常称为大数据的"碎片化"。大数据研究应该以小数据为起点，先在小数据上建立对问题的基本认知和把握，再延伸到对大数据的整体研究上。而在大数据上发现的数据特征，也应该及时回溯到小数据上进一步验证审查，在一小部分人群中做可用性研究。而基于大数据分析需求的模型优化则可说是大数据领域的研究前沿，学界也一直在探索大数据下模型优化的解决方案。

一直以来，当面临大数据分析时，抽样分析是经常用到的方法。这是因为，过去记录、存储和分析数据的工具不足以支撑海量数据的处理。随机采样的数据收集方法则较好地解决了这个难题，如果在收集样本时保证样本的随机性得到较好的执行，最终分析结果的可信度也能控制在一定范围内，那么得到的结论便会具有一定的推广和运用价值。

抽样分析是从全部调查研究对象中，抽选一部分单位进行调查，并据以对全部调查研究对象做出估计和推断的一种调查方法。显然，虽然是非全面调查，但它的目的却在于取得反映总体情况的信息资料，因而，也可起到全面调查的作用。其适用范围包括以下几方面[51]。

（1）不能进行全面调查的事物。有些事物在测量或试验时有破坏性，不可能进行全面调查。例如，电视的抗震能力试验、灯泡的耐用时间试验等。

（2）有些总体从理论上讲可以进行全面调查，但实际上不能进行全面调查的事物。例如，了解某个森林有多少棵树、职工家庭生活状况如何等。

（3）抽样调查方法可以用于工业生产过程中的质量控制。

（4）利用抽样推断的方法，可以对某种总体的假设进行检验，来判断这种假设的真伪，以决定取舍。

事实上，抽样分析已经被广泛地应用在人口调查、产品用研、质量监督和科学研究等各方面。

（一）人口调查

世界各国都把掌握准确的人口数量、人口素质、人口结构和人口分布等情况，作为科学治国和宏观决策的基础。因此，定期进行的人口普查作为政策制定者了解人口基本情况的窗口，意义重大。

我国国务院 2010 年颁布的《全国人口普查条例》规定，人口普查每 10 年进行一次，尾数逢 0 的年份为普查年度，并特别指出，在两次人口普查之间开展一次较大规模的人口调查，也就是 1%人口抽样调查，又称为"小普查"[52]。

中国人口学会常务副会长、中国人民大学社会与人口学院院长翟振武认为，2010 年第六次全国人口普查以后，我国的人口形势又发生了一些新的变化。这些人口变化的新特点，都将涉及人口、教育、就业、养老、医疗等政策的制定和完善，必将对我国经济社会发展产生重大而深远的影响。因此，适时开展一次大规模的人口调查，全面掌握当前我国人口的发展变化情况，是十分必要的[53]。

正是因为当今时代人口情况变化越来越快，才需要在两次人口普查期间穿插一次 1%人口抽样调查，相比于人口普查，抽样分析能更快地获取结果，了解人口发展趋势，从而更加精确地指导决策。

（二）产品用研

产品用研即产品用户研究，是了解用户需求、为企业的战略分析和战略规划提供支持、解决产品的方向问题、确定产品功能的重要环节。在无法收集全部目标用户信息的情况下企业一般会运用抽样调查的方式，抓取目标用户进行问卷调查或深度访谈，从而获得企业想要了解的结果，支持产品开发。

如今，很多公司都会设置专门的用户研究部门，对用户数据和行为进行分析。而对用户的深度访谈，毫无疑问只可能是也应该是一个小数据，因为这类耗时费力的工作必须在深度和广度之间有所取舍。而小数据的作用和意义不一定不如大数据。

例如，A 公司需要知道是什么原因导致某商品在最近一个季度内的销量暴跌，A 公司的调研团队对可能引起销量暴跌的原因初步展开猜想，带着这样的疑问，他们设计了一套调研问卷，通过在官网发布邀请消费者填写和在商场派驻工作人员拦截消费者填写两种形式，两个工作日后，一共回收 500 份问卷，其中绝大多数受访者表示，突然间更换的包装让他们很不适应，遂决定不再购买该商品。这样，A 公司的调研团队在短时间内就得到了一个基本确定的调研结果，进而可以指导实践[54]。

（三）质量监督

抽样检测在产品的质量监督中运用更为广泛。抽样检测是通过随机抽取一批产品中的其中几个或者几十个进行检测，看该产品是否合格，利用统计原理以及概率论原理进行分析，看该产品整体是否具备合格的质量，抽样检测技术属于质量技术监督工作中的一个重要部分，是质量技术监督工作的不可缺少的步骤，检测的结果可以给相应的行政处置提供可靠依据，对处置的结果具有至关重要的作用[55]。

2008年的三聚氰胺奶粉事件中，大量食用添加了三聚氰胺的奶粉的婴幼儿被发现患有肾结石，给人们留下了惨痛的教训，也造成了极坏的国际影响[56]。2008年9月17日，中华人民共和国国家质量监督检验检疫总局宣布取消食品业的国家免检制度，近几年来，国家对奶粉产品的抽检力度也在不断加大，2016年以来，国家食品药品监督管理总局对奶粉检测一改往常的三个月一检的制度为一个月一抽检[57]。在国内消费者对进口奶粉依赖严重的今天，此举将有利于确保国产奶粉的安全，增强消费者对国产奶粉的信心。

（四）科学研究

抽样分析在科学研究中的应用更加广泛，正是这种通过少量样本推断整体特征分布情况的研究方式使研究者对研究假设的验证能够在低成本、小误差的前提下完成[58]。要成为一名合格的科学研究者，对于相关统计分析方法的学习也是必不可少的。

总的来看，在现阶段，小数据分析仍然有用武之地，相对于大数据，它的优势体现在：精确性更高，分析起来更容易，技术门槛低，方便非技术专业人士上手，分析所需时间较短，能够迅速指导实践。

不过，抽样分析还是存在很多难以避免的问题。例如，很难保证样本的绝对随机性，在抽样过程中丢失了大量的数据。因此迈尔-舍恩伯格认为，在大数据时代，人们会慢慢抛弃样本分析。随着技术的不断革新，进行全盘的大数据分析将不再只是一个幻想。

第二章 大数据时代的营销

大数据时代的到来给传统的市场营销战略带来了极大的冲击,传统的营销已经进入大数据时代。提升对于大数据营销重要性的认识、了解大数据营销的经典理论、把握数据与营销的科学性是市场营销从业者做好大数据营销的第一步。

第一节 营销迈入大数据时代

起源于西方的市场营销理论中,一个基本而显著的特点是:注重理性分析,以实证数据为基础。这一特点从其孕育之初就已显露出来。自1923年美国人尼尔逊开始创建专业的市场调查公司,市场研究建立营销信息系统的工作就成为营销活动不可分的有机体[59]。接下来的几十年里,市场研究、市场细分、顾客调查、客户定位等营销方法不断丰富了市场营销理论,而在其中,对于营销数据的收集和分析始终是营销人员关注的重点。

20世纪60年代,长期从事直邮广告代理的美国人莱斯特·伟门提出了直复营销(direct marketing)的概念:在未来10年中,如果传统的广告行业仍遵循过去的模式,这个行业将会持续地衰退,它将会被一个全新的、更有效率的直复营销模式所取代,因为凭借自动化的库存管理、运输及收账服务,以及有科学根据的广告作业方式,直复营销将会是未来的主流[60]。直复营销是一种使用消费者直接渠道,而不是通过中间人,来接触顾客并向其交付产品或服务的营销方式[61]。

在这个概念中，"直"是信息的传播方式和分销渠道上的直接，"复"强调的是营销者与消费者的关系是互动性的，消费者直接的反馈将促使企业建立与消费者的互动关系[42]。

但这个阶段的直复营销依旧存在这样一个问题：在如何找到有需求或潜在需求的消费者方面，存在种种障碍和困难。

19世纪80年代，"精准营销"的概念被提出，它遵循4R法则，即正确的顾客、正确的信息、正确的渠道以及正确的时间，4大原则形成循环连带关系促进企业发展，实现对目标客户购买决策力的正面影响，最终达成企业营销目标[62]。营销大师科特勒认为精准营销"具体来说就是公司需要更精准、可衡量和高投资回报的营销沟通，需要更注重结果和行动的营销传播计划，还有越来越注重对直接销售沟通的投资"[63]。而后出现的"数据库营销"则更是为营销的"精准"之路走出了更加扎实的一步。

不过，正如第一章中所提到的，传统的数据库营销中，数据的获取和分析建立在企业自有的数据系统或抽样和调研的基础之上，获取的数据量往往有限。曾任谷歌首席信息官、技术开发副总裁的道格拉斯·梅里尔说过："如果数据不够充分，就无法得到你所认为的结论，如果有大量数据，你可能会发现之前的关联并不真实可靠。数据与比特无关，而是一种才能。"[20]广告业还有这样一句古老的名言："你知道广告投入的一半都被浪费了，可却不知道究竟是哪一半。"可以发现，追求精准与高效是广告营销行业一以贯之的要求。

在大数据时代，获取数据的问题迎刃而解，市场营销的解决方案及效果由此取得了一个质的飞跃。大数据营销带来了营销理论的大变局。腾讯广告主席、集团市场与全球品牌主席刘胜义认为，在4A（the American association of advertising agencies）广告行业的黄金时代，一个想法（idea）就可以改变世界；但巨变正袭来，以大想法（big idea）为核心的传统营销时代，即将被大数据为基因的现代营销时代取代[64]。

冯芷艳等认为大数据是一个应用型概念，实现大数据的价值转化是其根本所在，在此基础上提出了以大数据为核心的商务管理理念，要充分把握即时市场洞察、系统企业运作和社会价值创造三个视角，同时不断加强数据挖掘技术的革新，有利于正确把握市场动向,掌握消费心理,确立恰当精准的市场营销策略[65]。

魏伶如则认为大数据营销是一种精准营销模式,这种营销模式和传统的数据营销模式大不相同。传统的数据营销是一种基于市场调研中的人口统计数据和其他用户主观信息(包括生活方式、价值取向等)来推测消费者的需求、购买的可能性和相应的购买力,从而帮助企业细分消费者、确立目标市场并进一步定位产品的营销模式[66]。

王其和研究认为大数据是企业营销的环境变量和重要资源,大数据是以移动互联网和云计算为基础的,大数据的出现首先改变了消费者的消费模式,逐渐由传统购物转向移动化、社交化、个性化和主动化的方向,因此,营销方式也必须随之而变动,包括产品设计的顾客参与、产品模块的划分、价格的差异、精准营销等一系列措施,才能真正实现大数据的应用价值[48]。

这些概念的共性在于,强调大数据的核心是通过数据挖掘技术为企业决策者挖掘数据中的有效信息和价值,为决策提供依据的一种理论方法和模式[67]。受益于计算机技术的出现,人们对数据的处理能力越来越强,处理速度越来越快。随后出现的互联网通过打破空间藩篱提高了时间利用率,人们对数据的搜索和搜集变得无远弗届,数据广度与深度出现裂变式增长。大数据对于营销的作用就在于:通过结构化和非结构化的数据搜集,将以往不可见、不可描述的部分,变得可视化,从而通过分析处理寻找规律、预测未来,帮助人们判断和采取行动[68]。

同时,当前的大数据营销,正向垂直化和多元化的方向发展,营销将从此迈入智能时代。以小米手机的营销手段为例,借助小米手机独有硬件的优势,通过IP+基站+全球定位系统(global positioning system,GPS)的形式,对比传统媒体通过IP判定更加精准,从而能使广告投放有效精准地触达到潜在目标受众并不断扩充潜在受众人群。以科沃兹为例,在小米手机上投放广告期间,通过对定向用户的搜索数据进行统计分析,对比广告投放前,科沃兹相关关键词搜索人数提升91%,品牌累计曝光37 762 754次,点击1 167 898次,点击通过率(click-through-rate,CTR)为3.1%,较通投CTR提升超过50%,收集到的"好感"用户达1300多个,真正实现了品效合一[69]。

大数据营销也绝不是只能运用在互联网行业,工农业领域都已有大数据营销应用的成功案例。例如，三一集团打造的工业互联网平台——"根云"可以打通企业设备与设备之间的通信协议，与大数据分析相结合，激发机器的生产潜能，从而提升产品质量，降本增效。"根云"由根云产品、解决方案、开发者中心三个主要功能模块组成产品矩阵。它具有设备360°全生命周期管理，涵盖物联监控、智能服务、能耗耗材、资产管理、设备协同、二手交易、设备保险、交易支付、贷款保理、共享租赁、改装再造等环节。基于自主研发形成的大数据分析及预测模型、端到端全流程运营管理体系，"根云"为企业用户提供精准的大数据分析、预测、运营支持及商业模式创新服务。"根云"平台在本地化、专业技术、安全性和全周期性价比上体现出的巨大优势，给中小制造企业提供一个低门槛、快速、即插即用应用工业互联网的契机。目前，平台已接入近30万台设备，实时采集近1万个运行参数，基于自主研发形成的大数据分析及预测模型、端到端全流程运营管理体系，为客户提供精准的大数据分析、预测、运营支持及商业模式创新服务[70]。

　　大数据营销在农业方面的应用也颇为瞩目。北京珈和遥感科技有限公司利用大数据助力农业生产，可帮助用户查询区域范围内特定品种的面积占比、长势、气象的实时信息。查看全球大宗农产品主产区降水、温度、长势，每日数据实时更新，十多年历史数据对比，帮助决策。基于遥感技术的红外、近红外波段，可区分植被区域和非植被区域；根据高分辨率影像和国土部门资料，识别出耕地、林地、草地等不同土地利用类型；根据地形、水利、气象因子，结合农业物候、农作物分布特性，综合分析出某一品种的作物分布与面积。北京珈和遥感科技有限公司能基于卫星遥感数据通过遥感监测农作物的长势指数、出苗率、收割率、优良率等。某农业保险公司，将珈和农业遥感信息管理软件与其承保业务系统对接，通过遥感技术的应用，结合地理信息系统和全球定位系统，实现了按图承保、按图理赔和防灾防损，推动了保险经营模式的转变。某跨国棕榈种植企业，计划在东南亚投资一块环境适宜的农地，用于种植棕榈树。北京珈和遥感科技有限公司解译出东南亚地区历时十年的数据，通过选定棕榈树适宜的地表温度、季节性降水量、土壤坡度、地面海拔、土壤湿度等阈值，筛选出了最适宜的区块，用于进行种植规划。某农资贸易企业，借助遥感提取的种植分布、实时长势等信息，合理安排农资生产、库存囤积、及时配送，有效提高了生产经营效率。某投资公司，参考作物面积提取数据、产区降水量、产区干旱等监测信息，预测市场走向，把握最佳投资时机，实现了稳定获利[71]。

大数据营销带来的革新才刚刚揭开序幕，未来大数据营销的发展还有巨大的潜力，有待每一个对大数据及营销感兴趣的人前去发掘。

第二节　数据与营销的科学性

大数据对于营销的作用是全方位的，大数据能提升营销流程的科学性，增强营销决策的预见性，并提高营销活动的个性化，从而满足互联网时代消费者的需求。

一、提升营销流程的科学性

美国市场营销协会（American Marketing Association, AMA）对于市场营销活动的定义是：市场营销是在创造、沟通、传播和交换产品中，为顾客、客户、合作伙伴以及整个社会带来价值的一系列活动、过程和体系[72]。

由这一定义可知，市场营销是一个涉及不少层次的过程，要想确保最终的营销效果，就需要在各个环节中不断优化，从而实现营销利益的最大化。人类生活水平和质量的提高得益于互联网技术的发展和数据的科学运用。一直以来，营销的科学性正是因为运用了科学的数据搜集手段，严谨地记录、分析、整理数据才能够让复杂的数据简单化，从而满足大众对数据信息的要求[73]。

市场营销领域一度有过关于其到底是科学还是艺术的争论。事实上，营销属于社会科学的大范畴之类，广告又与人文艺术相关联，因此才被称为科学与艺术的结合，是一种交叉性的学科[74]。

数据化使营销行动目标明确、可追踪、可衡量、可优化，从而造就了以数据为核心的营销闭环，即消费—数据—营销—效果—消费[75]。

正是营销过程运用了自然科学中的数据收集手段，严谨地记录、搜集和分析消费者的各项数据与行为轨迹，同时又采纳了社会心理学的方法，透过现象去解释人的内心世界。这种主客观的结合让营销能够无限接近真实的推测市场需求的方向,让生产者与消费者能够达到和谐交换。

当营销迈入大数据时代之后,人类获取数据和信息的手段也有了跨越式的发展。营销与广告学科也在此时能够综合运用各种数据与信息进行交互式的分析,日臻成熟[74]。

海尔集团近几年来的互联网营销措施广为业界称道,实际上,海尔集团此前每年在线上、线下的媒体平台上投入巨大的营销推广费用,但因为线下的报纸、杂志、电视等媒体不能有效地监控营销推广的效果,投入产出效果无法进行量化,随着互联网技术的发展,线上的媒体推广效果能被有效地监控到,因此这些线下媒体最终被海尔集团放弃,将营销预算都投放到了能被监测、效果可衡量的互联网媒体上[76]。同时,由于对用户的精准识别,提升了线上精准营销效果,降低了营销成本,实现了基于用户大数据的精准营销,大大提高了营销行为的科学性。

二、增强营销决策的预见性

用大数据来解决商业问题,不仅仅是数据的搜集和优化,分析和预测才是重头戏。正如第一章所述,大数据的一个重要功效就是预测。预测营销是通过一系列的工具和算法,在营销方面实现预测未来客户行为、将客户分类等功能,从而达到提高营销质量的一种方法。

另外,通过用户大数据描绘消费者的用户画像,对消费者消费前和消费后的行为进行有效预估,并提供针对性的引导服务,还能真正实现场景化的精准个性化营销[77]。

同时,大数据的预测功能是可对营销过程进行实时优化的。如今的技术已经让营销决策者实现了从庞大的繁杂的数据当中快速获取需要的信息,近似实时的反应类型使商业智能从增量改进飞速提升到预测业务流程甚至创造出了全新的商业模式。

在美国,以 EverString、Mintigo、Infer 为代表的提供潜在客户预测服务的公司已形成成熟市场,为包括IBM、微软、VMware等大型 To B(to-business)企业提供销售预测分析服务。大数据预测服务提供商通过不断地收集全网企业信息,结合公司内部 CRM 的客户数据,利用机器学习自动建立量化的客户模型,帮助企业找到精准的潜在客户,降低销售成本[78]。

三、提高营销活动的个性化

在当今互联网时代，电子商务企业的网络营销理念已从"自我导向"开始向"受众导向"转变[79]。以往的网络营销活动总是以企业本身为导向，选择浏览量大、知名度高的网站进行投放。如今，电子商务企业开始以受众为导向进行营销，因为大数据技术可让他们定位用户群、分析用户行为偏好、分析用户内容偏好等一些精准数据，从而实现对消费者进行个性化营销。

以往的市场营销只是用同一个广告到处轰炸式宣传，而如今大数据使营销人员可以根据用户的个人偏好和特定消费媒介有针对性地向不同客户群体投放不同广告[80]。

时趣首席科学家王绪刚认为，在荧光屏时代，营销的核心是品牌形象传递；在互联网门户时代，营销的核心是数字化媒介购买；而在以移动、社会化为代表的互联网 3.0 时代，营销的核心是实现"大规模的个性化互动"[75]。这里的互动指的是更加广义上的接触点策略，如更加有针对性的传播内容、更加人性化的客服信息、千人千面的个性化页面，而实现这一核心的基础就是消费者大数据的管理。

在大数据时代，想要保持市场的相对领先，就必须善于利用客户数据进行客户细分，提高客户价值，并针对不同的客户群采取差异化的市场营销策略[81]。数据挖掘技术能对大量的客户资料和历史消费数据进行详细及有效的分析，已成为进行针对性营销时可利用的有效工具。

例如，在电影行业，可以利用大数据分析整合运用脑电专注度对比、物料眼动测试、剧本概念测试、成片测试、舆情监测等数据内容监测，并深入电影营销全流程，如试映、营销计划、电影拍摄、路演、宣传、排片等各个环节，更进一步地提升影视宣发效率。以自然纪录片《我们诞生在中国》为例，影片上映第一周，排片率只有 1.9%、票房不足 300 万元。但北京猫眼文化传媒有限公司通过平台大数据分析得出，这部影片的主要用户其实是女性用户，同时，北京猫眼文化传媒有限公司平台对这部影片评论用户原创内容（user generated content,

UGC）的关键词进行了分析提取，发现用户对这部影片口碑评价比较多的几个词是"萌""自然""成长""亲情""父母之爱"。北京猫眼文化传媒有限公司发现这部影片其实不是一部常规意义上的纪录片，而是特别适合母亲和孩子一起去看的一部"亲子片"。因此，通过和新美大亲子频道合作线上、线下活动，以及引导式话题预热及定向营销引导，引发持续观影热潮，排片率翻了一番[82]。

四、满足互联网时代消费者的需求

互联网时代，消费者的消费行为和习惯已经与以往大不相同。进入营销 3.0 的数据时代，我们要对每个消费者进行个性化匹配，一对一营销，甚至精确算清楚成交转化率，提高投资回报比[83]。

如何把最合适的信息展现在最需要的客户面前，用尽量少的资源消耗去获取最佳的营销效果，已经成为大数据营销亟待解决的问题。把产品推荐给真正需要的客户，保证营销的效率和效果，实现真正的精准营销，将是大数据背景下市场营销发展的大方向[63]。

北京西单大悦城的客户感知系统，基于 Wi-Fi、蓝牙技术，三年共计捕捉到 5000 多万消费者将近 500 亿条的记录。经营团队可以精确获取商场客流楼层分布、时段分布、品牌店铺到达率，以及每个顾客在商场内的停留时长、路线，甚至连顾客的步速都可记录在案。而由支付宝口碑提供的用户淘宝、天猫、支付宝、蚂蚁花呗数据，构成了西单大悦城全新的偏好信息数据库，用于了解顾客的行为偏好与真实需求。通过移动支付和在线会员体系，这两方面的数据很好地被结合起来了。双方的合作力求更好地发现用户需求，预测用户需求，在"双十二"的活动中，商场客流量和客单价均有明显上升，线上、线下的数据相结合，为合作双方都带来了利好[84]。

第三节　大数据营销能力图谱

当今的大数据营销所需要的人才必定是复合式的人才，即不仅仅在某一方面有所专长,还需要有足够广的知识面以及对大数据营销的全盘理解能力,具体而言,大数据时代的营销专家需要掌握的能力包括以下几个方面。

一、市场营销的相关理论基础

大数据营销虽然已经颠覆了市场营销领域,但传统营销理论仍然是其重要的基础。因此,要想掌握大数据营销方法,首先需要有扎实的传统市场营销理论基础。以下是一些经典的市场营销相关理论。

1. SWOT 分析法

SWOT 分析法,又称态势分析法或优劣势分析法,将与研究对象密切相关的各种主要内部优势(strength)、劣势(weakness)、机会(opportunity)和威胁(threat),通过调查列举出来,并依照矩阵形式排列,然后用系统分析的思想,把各种因素相互匹配起来加以分析,从中得出一系列相应的结论,而结论通常带有一定的决策性。运用这种方法,可以对研究对象所处的情景进行全面、系统、准确的研究,从而根据研究结果制定相应的发展战略、计划以及对策等。SWOT 分析法常常被用于制定集团发展战略和分析竞争对手情况,在战略分析中,它是最常用的方法之一[85]。

与其他的分析方法相比较,SWOT 分析法从一开始就具有显著的结构化和系统性的特征,注重对公司的资源和能力的分析。

2. 4P、4C、4R、4I 理论

4P 理论是指企业在市场营销策划时依据产品(product)、价格(price)、渠道(place)、促销(promotion)四大要素进行策略组合,以满足市场需求为导向的基础理论[86],也是市场营销领域的一大经典理论。

4C 理论由美国营销专家劳特朋教授提出,与传统营销的 4P 理论相对应,它以消费者需求为导向,重新设定了市场营销组合的四个基本要素,即消费者(customer)、成本(cost)、便利(convenience)和沟通(communication)[87]。它强调企业首先应该把追求顾客满意放在第一位,其次是努力降低顾客的购买成本,然后充分注意到顾客购买过程中的便利性,而不是从企业的角度来决定销售渠道策略,最后还应以消费者为中心实施有效的营销沟通。

4R 理论是由美国整合营销传播理论的鼻祖唐·舒尔茨在 4C 理论的基础上提出的新营销理论。4R 分别指代关联（relevance）、反应（reaction）、关系（relationship）和回报（reward）[88]。该营销理论认为，随着市场的发展，企业需要从更高的层次上以更有效的方式在企业与顾客之间建立起有别于传统的新型的主动性关系。

4I 理论即"整合营销"理论，产生和流行于 20 世纪 90 年代，是由美国西北大学市场营销学教授唐·舒尔茨提出的。随着网络媒体的发展，信息开始过剩，按照传统的营销理论，已经很难适应新媒体的传播，把内容整合得有趣（interesting）、给用户带来利益（interests）、做到和用户互动（interaction）、让用户彰显个性（individuality），这一理念应运而生。

3. 波特五力模型

波特五力模型是迈克尔·波特于 20 世纪 80 年代初提出的。它认为行业中存在着决定竞争规模和程度的五种力量，这五种力量综合起来影响着产业的吸引力以及现有企业的竞争战略决策。五种力量分别为同行业内现有竞争者的竞争能力、潜在竞争者进入的能力、替代品的替代能力、供应商的讨价还价能力、购买者的讨价还价能力[89]。

可以看出，市场营销理论是一个不断迭代的体系，这就需要营销从业者和研究者不断钻研最新的理论，用理论指导营销实践。

二、统计学知识

统计学（statistics）是应用数学的一个分支，主要通过利用概率论建立数学模型，收集所观察系统的数据，进行量化分析、总结，做出推断和预测，为相关决策提供依据和参考。

统计实务是一个包含各不同阶段的全过程，从统计设计到基础数据收集、数据处理、数据分析、统计信息发布，环环相扣。统计学要为统计实务提供理论和方法论指导，需要针对不同阶段的各自特点进行科学研究。如果说原来的统计实务的重心在于收集基础数据，难点在于如何获取数据，那么在大数据时代，则更在于如何选择有用数据[90]。

统计学被广泛应用在各门学科之上，从物理和社会科学到人文科学，甚至应用于工商业及政府的情报决策上。随着数字化的进程不断加快，人们越来越希望能够从大量的数据中总结出一些经验规律从而为后面的决策提供一些依据。统计学不仅仅只是统计数字，而是包含了调查、收集、分析、预测等，应用的范围十分广泛[91]。

统计学知识的重要组成部分包括基本概念、数据的收集、数据的描述、回归和分类、多元分析、概率及分布、参数估计、假设检验等。对这些知识有所了解将帮助我们培养数据分析思维，更好地利用已有的数据。

三、计算机知识

对于大数据营销从业者来说，需要掌握的计算机知识主要集中在数据挖掘与分析领域。若要深入学习，成为专业的数据科学家，必定需要从基础的 C 语言、Java、Python 等学起，进而为学习数据分析工具的运用打下良好的基础。

具体到大数据分析的各个环节，需要掌握的主要计算机技术包括多个方面。关于这些技术的具体应用将会在后续章节中详细展开，以下只做简单介绍。

1）数据存储

Hadoop 是一个能够对大量数据进行分布式处理的软件框架，能以一种可靠、高效、可伸缩的方式进行数据处理。Hadoop 现在几乎已经等同于大数据，它提供了对任何种类的海量数据的存储、强大的处理能力和几乎无限的并行工作能力。

2）数据采集

数据挖掘中经常使用到的工具是 Python。它是一种面向对象的解释型计算机程序设计语言，由荷兰人 Guido van Rossum 于 1989 年发明，第一个公开发行版发行于 1991 年。Python 拥有丰富的资料族，提供大量的工具包和统计特征，因此对于中等规模的数据处理是相当好的工具[92]。同时，Python 用途宽广且灵活、易学，所以现在 Python 成为大数据最受欢迎的编程语言之一。

3）数据分析

SPSS 和 SAS 作为统计软件，可以提供研究常用的经典统计分析（如回归、方差、因子、多变量分析等）处理，从而发现数据之间的关系。但未来对于海量数据的分析仍有待数据科学家给出更加科学、高效的算法。

4）数据可视化

Tableau 是一种被广泛运用的数据可视化工具，它将数据运算与美观的图表完美地嫁接在一起。它的程序很容易上手，各公司可以用它将大量数据拖放到数字"画布"上，很快就能创建好各种图表。

上面提到的关于大数据分析需要掌握的计算机技术并不表示大数据分析对非计算机专业的人们关上了大门。如今已经有许多容易入门的数据分析工具面世，学会运用这些工具，对于数据营销师的日常工作以及与数据分析师的沟通都有帮助。

四、对互联网的洞察能力

如今大数据营销与互联网，尤其是与移动互联网已经日益密不可分。要做好大数据营销，必须拥有对互联网足够的了解以及其未来发展趋势的洞察。

比尔·盖茨就因为他对互联网发展强大的洞察能力而闻名。例如，在 1996 年，他就发表论断，未来互联网上真正赚钱的将是内容，用户生成内容的网站将占领互联网，传统媒体公司能否在互联网时代取得成功一直是个问号，付费墙这种机制将会出现，它允许内容提供商对内容收取少量费用；而互联网将为大多数公司提供各种机遇，不管提供信息还是娱乐，不会有公司会因为规模太小而无法参与竞争[93]。

而当今成功的互联网产品以及互联网营销案例，无不是深入了解人性以及用户需求后的成果。

麦肯锡公司在 2015 年的一项调查证实了这一点：许多公司，尤其是传统公司还没有从大数据项目获得预期的结果，或者还没有获得相当高的投资回报率。也就是说，很少有人搞明白如何将所有的大数据信息转化为洞察力[94]。

可见，如今营销者面临的最大问题已经不是数据量的不足了，但很有可能过多的数据反而会造成迷惑，导致一个营销项目在数据清洗和挑选上浪费太多时间。这就需要大数据营销从业者具有足够的洞察能力，清醒地认识到什么样的数据才是有价值的，怎样运用手中的数据和相关技术取得最佳的效果，实现营销目标。

也就是说，在数据量越来越大的情况下，洞察能力更为关键。因为随着互联网和移动互联网的普及，每天积累的大量信息，无论任何一个品牌还是任何一家媒体公司在这方面积累的信息都足够多，关键是从这些杂乱无序的信息里挖掘出有用的内容[95]。当然，这种洞察能力不是一朝一夕就能养成的，而是需要长时间的阅读与积累。

第四节　大数据营销中存在的主要问题

大数据热潮的兴起虽然已经有一段时间了，但大数据在营销领域中的应用在数据质量和隐私等方面仍存在着一些比较突显的问题。

一、数据质量待提升

大数据营销的理念虽然已经被反复提及，但能够在真正意义上开展大数据营销的企业，应该同时满足三个条件：一是所从事的业务与市场营销相关；二是拥有足够多有价值的数据；三是具备大数据处理方面的技术。目前，国内能满足这三个条件的企业并不是很多，典型的为BAT厂家，即百度（Baidu）、阿里巴巴（Alibaba）、腾讯（Tencent），另外还有很多电商平台也在纷纷推出大数据营销服务[96]。因此企业大数据营销的发展还面临其他诸多挑战，首先是数据来源，大部分企业认为大数据营销面临的主要困难是数据源不充分，很多普通企业没有足够体量的数据获取方法，没有深刻体会获得数据的过程，没有与数据的提供者深度沟通。其次，大数据因"大"而闻名，但并不代表带给企业的价值大，反而会因为大而产生纷繁的数据垃圾。数据量越大，确保大数据的准确性及有效性就越困难[97]。

当前企业大数据营销的发展仍处于起步阶段，企业在数据采集、挖掘和分析方面的能力和水平尚未成熟，搜集的数据不全、挖掘分析不透彻等问题使大数据营销难以落地实施，大数据的商业价值并未完全体现出来。

更有甚者，政府部门之间、企业之间、政府和企业间信息不对称、制度法律不具体、缺乏公共平台和共享渠道等多重因素，导致大量政府数据存在"不愿公开、不敢公开、不能公开、不会公开"的问题，而已开放的数据也因格式标准缺失无法进行关联融合，形成孤岛[98]。

另外，企业在搜集到消费者信息之后，很少有做数据挖掘，形成结构化数据，然后用来指导营销和产品改进的。更多的时候，消费者所提供的信息，不过是让这些企业有了一个推销的渠道而已[99]。

垃圾数据还会带来成本问题。虽然IT设备的单价在迅速下降，但远远比不上数据量的增长，收集、存储、处理数据的成本越来越高，人们花费很大的代价和成本去处理海量数据，与此同时IT系统又在不断生产创造着更多的数据，不仅IT系统的建设成本高，包括数据的识别、使用、处理等所消耗的人力成本也越来越高[100]。

二、专业营销人才较为缺乏

目前，大数据营销正处于起步阶段，各类数据处理技术及处理工具亟须进一步发展与完善，更为重要的是企业组织结构的完善和营销思维的转变。另外，大数据分析、挖掘、应用方面的专业营销人才较为缺乏。国家信息中心专家委员会副主任宁家骏、百度大数据部副总裁陶海亮等专家认为，与信息技术其他细分领域人才相比，大数据产业对人才的复合型能力要求更高，不仅要具备数学、统计学、机器学习等基础知识，拥有数据分析和数据挖掘能力，还要拥有大数据思维，懂得具体业务领域[101]。

不过，这对于想要从事大数据营销行业的人们来说也是难得的机遇——人才缺口大，那么就能够提供很多就业机会，帮助他们实现自己的理想和抱负。

对于企业来说，一方面可建立独立的大数据部门，充分利用现有的大数据技术工具，有效挖掘大数据，充分实现数据的价值；另一方面，增大在专业人才培养方面的投入，加强对现有数据分析人才的培养；再一方面，积极引进和挖掘大数据营销方面的复合型人才，快速推进企业大数据营销的发展[97]。

三、大数据营销中的隐私问题

网络跟踪与隐私权的碰撞在网络时代时时刻刻都在发生。网络这种匿名、开放的监视状态对隐私的侵犯，以及网络管理与个人隐私权的平衡已经成为一个严重的现实问题[102]。

作为一种新型的社会资源，数据资源在法律上的权限尚不明确，对于数据被利用甚至出售，用户有没有知情权和否决权，对于关系到用户切身利益的数据有没有删除权和被遗忘权，哪些数据是可以用的，哪些是绝对不可以用的，对这些数据挖掘分析的限度在哪，都没有明确的法律规定[103]。

2017年6月1号，《网络安全法》以及最新刑事司法解释正式施行，明确"出售"和"非法发布"都是非法提供行为，而对于非法获取，不仅包括"窃取"，只要无法提供获取的正当性，或者违反国家有关规定，都可以视为犯罪。规则改变之后，大数据的发展将转入新阶段[100]。

四、大数据精准营销广告面临着"难信"的尴尬

IAB（interactive advertising bureau 的简称，它是一个全球性广告业务组织，其主要职能是制定广告行业标准、发起行业研究、为在线广告提供法律支持）最新研究显示，有24%的用户在计算机端使用广告拦截软件，15%的用户在移动端使用广告拦截软件，除了"被拦截"之外，更大的水分在于新媒体领域的"数据造假"[104]。这些都会影响用户对网络信息的信任，造成用户不再愿意相信大数据营销者精心布置好的广告，这样，大数据营销中的其他步骤都将失去效用。

例如，不少微博用户对微博推送类广告信息持反感态度，主要原因就在于"不精准""与我无关"。用户会认为这些推送来的与自己没有关系的广告就是一种骚扰。根据目前的调查来看，新浪微博在精准营销或精准广告推送方面的确做得不尽如人意，并受到各方诟病[105]。

第三章 大数据营销的理论基础

大数据营销脱胎于市场营销理论,与市场营销的关系非常密切。关于市场营销是什么,西方市场营销学者从不同的角度和不同的发展观点对市场营销做了不同的解释。从宏观的角度来讲,国外学者麦卡锡把市场营销理解为一种社会经济活动的动态发展过程,其目的在于满足社会或人类不断发展的物质需要,实现社会发展总体目标[106]。

20世纪60年代初麦卡锡对市场营销从微观方面做了解释,他认为,市场营销"是企业经营活动的职责,它将产品及劳务从生产者直接引向消费者或使用者以便满足顾客需求及实现公司利润"[107]。

科特勒和阿姆斯特朗对市场营销做出的解释是:市场营销是指企业的一种职能,"认识目前未满足的需要和欲望,估量和确定需求量大小,选择和决定企业能最好地为其服务的目标市场,并决定适当的产品、劳务和计划(或方案),以便为目标市场服务"[108]。

美国市场营销协会于1985年对市场营销做了更完整和全面的释义:市场营销"是对思想、产品及劳务进行设计、定价、促销及分销的计划和实施的过程,从而产生满足个人和组织目标的交换"[109]。这一定义也被认为是最为完整和科学的关于市场营销的阐释。

传统的市场营销活动可分为三个步骤:第一是选择顾客价值,对于企业的营销实务来讲,即分析市场机会,研究和选择市场目标;第二是价值创造阶段,也是企业制定营销策略的阶段;第三是企业的营销战略和策略实施阶段[110]。而随着互联网的发展，市场营销的流程、目标均有所变化，以期进一步满足当代消费者的需求。不少学者认为，当代市场营销的核心，就是进一步认识到消费者分析的重要性，识别消费者和探询消费者价值，使企业和消费者建立一种"紧密的消费者关系"。

对于市场营销行业来说，最高级的营销不是建立庞大的营销网络，而是利用品牌符号，把无形的营销网络铺建到社会公众心里，把产品输送到消费者心里[111]。由此，营销者可以为产品占领市场打下坚实的基础，赢得消费者信赖，真正创造收益。因此，掌握市场营销相关的理论知识，将为我们运用大数据实现最好的营销效果打下良好的基础。本章将主要梳理大数据营销的理论基础，即市场营销相关理论。

第一节　市场分析工具：SWOT 分析法

SWOT 分析法，又称态势分析法或优劣势分析法，SWOT 是四个英文单词的首字母缩写，它用来确定企业自身的竞争优势、竞争劣势、机会和威胁，从而将公司的战略与公司内部资源、外部环境有机地结合起来[85]。

SWOT 分析法作为企业竞争情报分析方法之一，最早是由哈佛大学商学院的安德鲁斯于 1971 年在其《公司战略概念》一书中首次提出的。安德鲁斯把面临竞争的企业所处的环境分为内部环境和外部环境，其中内部环境分析包括企业的优势分析和劣势分析，而外部环境分析则包括企业面临的机会分析和威胁分析[112]。如此进行区分是因为，企业战略的制定与选择主要依据对企业战略制定时期内外影响因素进行综合的分析，一方面要对企业面临的外部环境有一个充分的认识，另一方面又要对企业自身的情况有一个客观评价。与其他的分析方法相比较，SWOT 分析从一开始就具有显著的结构化和系统性的特征，注重对公司的资源和能力的分析。

具体而言，SWOT 分析中的四个影响因素是指以下因素。

（1）优势是组织机构的内部因素，具体包括：有利的竞争态势；充足的财政来源；良好的企业形象；技术力量；规模经济；产品质量；市场份额；成本优势；广告攻势等。

（2）劣势也是组织机构的内部因素，具体包括：设备老化；管理混乱；缺少关键技术；研究开发落后；资金短缺；经营不善；产品积压；竞争力差等。

（3）机会是组织机构的外部因素，具体包括：新产品；新市场；新需求；外国市场壁垒解除；竞争对手失误等。

（4）威胁也是组织机构的外部因素，具体包括：新的竞争对手；替代产品增多；市场紧缩；行业政策变化；经济衰退；客户偏好改变；突发事件等。

针对上述战略制定过程中的四个影响因素，按其内外因素的两两组合，分析人员可以制订出四种不同的战略计划[113]。

（1）SO：发挥优势、利用机会战略。这是一种最为理想的竞争态势，能够最大限度地发挥企业内部的优势和充分利用外部环境的机会。

（2）WO：利用机会、改变劣势战略。这种战略是利用外部机会来弥补内部劣势，使企业的劣势地位有所改变，当由于内部劣势造成的困难制约外部机会的利用时，采用此战略为好。

（3）ST：发挥优势、规避威胁战略。这种战略是利用企业自身的优势回避或减轻外部威胁或风险，通过内部资源的合理配置，利用自身优势将外部威胁对企业发展造成的不利影响降到最低。

（4）WT：克服劣势、规避威胁战略。这是一种应付危机的战略，当企业内忧外患、时时面临危险时，需要在克服内在劣势的同时回避外在威胁。

因为企业的运营始终处在一个动态的变化过程中，企业的内外环境也并非一成不变，所以战略计划的选取主要依据特定时期企业内外环境的具体情况而定。

SWOT 分析法作为一种企业战略的基本分析方法，被广泛运用于各行各业中。例如，蒲蓉采用 SWOT 分析法分析目前我国村镇银行在发展中的优势、劣势、机会及威胁，并根据相关因素的战略组合给出建议，以期实现村镇银行的可持续发展战略目标，认为村镇银行实现可持续发展的根本之路是累积信用，创新信贷产品，避免信贷产品的同质性，创新中间产品和服务，创新担保体系，建设优秀的企业文化，同时注重规模的扩大、体制和模式的创新，在发展经营中不断总结经验、汲取教训,保持村镇银行的生气和活力[114]。

郭卫萍和王丽霞采用 SWOT 分析法对我国跨境电商的优势、劣势、机会和威胁进行分析,在明确我国跨境电商自身的优势和劣势以及外部的机会和威胁的情况下,从物流、产品、政策以及平台四个层面对我国跨境电商未来的发展路径指明了方向,认为目前我国跨境电商只有充分利用自身优势,抓住机遇,以现有的资源、技术、政策、人才及平台作为支撑,不断探索跨境电商发展的新模式和新途径,构建自身核心竞争力,才能为我国跨境电商的发展迎来更广阔的天空[115]。

聂丹运用 SWOT 分析法分析了北京马拉松的内部与外部环境,认为北京马拉松的内部优势主要是主办方的办赛经验和资源,独特的比赛路线和人文景观,丰富多彩的赛事活动,市场与公益结合的办赛理念,相对完善的安全、医疗保障;内部劣势是赛事投入和奖金不高、赛事服务水平有待提高、赛事衍生产品开发不足;外部机会是政府职能转变的时代背景、比赛承办单位的变化、逐渐扩大的群众基础;外部威胁是体育法治环境尚不健全、国内外同类赛事竞争力的加剧[116],并根据分析提出了相应的对策。

除了市场营销领域,SWOT 分析法还被应用在职业生涯规划、决策分析中,帮助人们确定自身的优势与劣势,更好地决策。具体而言,SWOT 分析法在职业生涯决策的过程中可以转换为个体自身的优势和劣势分析,而企业外部环境中的机会分析和威胁分析,就相当于对职业环境因素以及各种可供选择职业的前景的分析。综合自身的优势和劣势,认清周围的职业环境和前景,个体可以减少职业决策的难度,更容易进行职业选择[117]。

第二节 4P、4C、4R、4I 理论

市场营销理论是一个不断发展的过程,其中一个重要的标志就是 4P、4C、4R、4I 理论的不断演化。在这个过程中,研究者对于营销、市场、消费者的理解不断加深,市场营销活动也由此变得更为灵活、有效,更加真实地触及目标消费者群体。

一、4P 理论

4P 理论在 20 世纪 60 年代由美国营销学学者密西根大学教授麦卡锡提出，是指企业在市场营销策划时依据产品、价格、渠道、促销四大要素进行策略组合的以满足市场需求为导向的基础理论[86]，是市场营销领域的一大经典理论。

具体而言，产品的组合主要包括产品的实体、服务、品牌、包装。它是指企业提供给目标市场的货物、服务的集合，具体包括产品的效用、质量、外观、式样、品牌、包装、规格、服务和保证等因素。

价格的组合主要包括基本价格、折扣价格、付款时间、借贷条件等。它是指企业出售产品所追求的经济回报。

渠道通常称为分销的组合，它主要包括分销渠道、储存设施、运输设施、存货控制。它代表企业为使其产品进入和到达目标市场所组织实施的各种活动，包括途径、环节、场所、仓储和运输等。

促销组合是指企业利用各种信息载体与目标市场进行沟通的传播活动，包括广告、人员推销、营业推广与公共关系等[61]。

以上是市场营销过程中可以控制的因素，也是企业进行市场营销活动的主要手段，对它们的具体运用，形成了企业的市场营销战略。4P 理论被认为是市场营销学成熟的一个标志，为营销管理与规划提供了一个系统方法，是现代营销理论战术部分的基本内容，其功能与作用的正常发挥离不开营销战略功能的发挥[118]。

不过，4P 理论没能把消费者的行为和态度变化作为思考市场营销战略的重点，不能完全适应市场的变化，使得这一理论只能是一种静态的营销理论。

二、4C 理论

4C 理论由美国营销专家劳特朋教授提出，与传统营销的 4P 理论相对应，它以消费者需求为导向，重新设定了市场营销组合的四个基本要素，即消费者、成本、便利和沟通[87]。它强调企业首先应该把追求消费者满意放在第一位，其次是努力降低消费者的购买成本，再次要充分注意到消费者购买过程中的便利性，而不是从企业的角度来决定销售渠道策略，最后还应以消费者为中心实施有效的营销沟通。

4C 理论强化了以消费者需求为中心的营销组合，其内涵与应用如下[61]。

（1）消费者指消费者的需要和欲望。企业要把重视消费者放在第一位，强调创造消费者比开发产品更重要，满足消费者的需求和欲望比产品功能更重要，不能仅仅卖企业想制造的产品，而是要提供消费者确实想买的产品。

（2）成本指消费者获得满足的成本或消费者为满足自己的需要和欲望所肯付出的成本价格。这里的营销价格因素延伸为生产经营过程的全部成本。包括：企业的生产成本即生产适合消费者需要的产品成本；消费者购物成本，不仅指购物的货币支出，还有时间耗费、体力和精力耗费以及风险承担。新的定价模式要求：消费者支持的价格−适当的利润=成本上限。因此企业要想在消费者支持的价格限度内增加利润就必须降低成本。

（3）便利指购买的方便性。相比于传统的营销渠道，新的观念更重视服务环节，在销售过程中，强调为消费者提供便利，让消费者既购买到商品也购买到便利。企业要深入了解不同的消费者有哪些不同的购买方式和偏好，把便利原则贯穿于营销活动的全过程，售前做好服务，及时向消费者提供关于产品的性能、质量、价格、使用方法和效果的准确信息。售后应重视信息反馈和追踪调查，及时处理和答复顾客意见，对有问题的商品主动退换，对使用故障积极提供维修服务，大件商品甚至终身保修。

（4）沟通指与用户沟通。企业可以尝试多种营销策划与营销组合，如果未能收到理想的效果，说明企业与产品尚未完全被消费者接受。这时，不能依靠加强单向劝导顾客的方法，要着眼于加强双向沟通，增进相互的理解，实现真正的适销对路，培养忠诚的顾客。

4C 理论的提出引起了营销传播界的极大反响，也成为后来整合营销传播的核心。营销学家科特勒认为，企业所有部门为服务于顾客利益而共同工作时，其结果就是整合营销。其意义就是强调各种要素之间的关联性，要求它们成为统一的有机体。具体地讲，整合营销更要求各种营销要素的作用力统一方向，形成合力，共同为企业的营销目标服务[119]。但 4C 理论没有体现既赢得客户又长期拥有客户的营销思想。

三、4R 理论

4R 理论是由美国整合营销传播理论的鼻祖唐·舒尔茨在 4C 理论的基础上提出的新营销理论。4R 分别指代关联、反应、关系和回报[88]。该理论认为，随着市场的发展，企业需要从更高层次上以更有效的方式在企业与顾客之间建立起有别于传统的新型的主动性关系。4R 理论强调企业与顾客在市场变化的动态中应建立长久互动的关系，以防止顾客流失，赢得长期而稳定的市场。

4R 理论的具体内涵包含以下几个方面[120]。

（1）关联指紧密联系顾客：企业必须通过某些有效的方式在业务、需求等方面与顾客建立关联，形成一种互助、互求、互需的关系，把顾客与企业联系在一起，减少顾客的流失，以此来提高顾客的忠诚度，赢得长期而稳定的市场。

（2）反应指提高对市场的反应速度：多数公司倾向于说给顾客听，却往往忽略了倾听的重要性。在相互渗透、相互影响的市场中，对企业来说最现实的问题不在于如何制订、实施计划和控制，而在于如何及时地倾听顾客的希望、渴望和需求，并及时做出反应来满足顾客的需求，这样才利于市场的发展。

（3）关系指重视与顾客的互动关系：4R 理论认为，如今抢占市场的关键已转变为与顾客建立长期而稳固的关系，把交易转变成一种责任，建立起和顾客的互动关系，而沟通是建立这种互动关系的重要手段。

（4）回报指回报是营销的源泉：由于营销目标必须注重产出，注重企业在营销活动中的回报，所以企业要满足客户需求，为客户提供价值，不能做无用的事情。一方面，回报是维持市场关系的必要条件；另一方面，追求回报是营销发展的动力，营销的最终价值在于其是否给企业带来短期或长期的收入能力。

4R 理论的优势在于以下几方面。

（1）以竞争为导向，在新的层次上提出了营销新思路。根据市场日趋激烈的竞争形势，4R 理论着眼于企业与顾客建立互动与双赢的关系，不仅积极地满足顾客的需求，而且主动地创造需求，通过关联、关系、反应等形式建立与它独特的关系，把企业与顾客联系在一起，形成了独特的竞争优势。

（2）4R 理论真正体现并落实了关系营销的思想。4R 理论提出了建立关系、长期拥有顾客、保证长期利益的具体操作方式，这是关系营销史上的一个很大的进步。

（3）4R 理论是实现互动与双赢的保证。4R 理论的反应机制为建立企业与顾客关联、互动与双赢的关系提供了基础和保证，同时也延伸和升华了营销便利性。

（4）4R 理论的回报使企业兼顾成本和双赢两方面的内容。为了追求利润，企业必然会实施低成本战略，充分考虑顾客愿意支付的成本，实现成本的最小化，并在此基础上获得更多的顾客份额，形成规模效益。这样一来，企业为顾客提供的产品和追求回报就会最终融合，相互促进，从而达到双赢的目的。不过，在数字化蓬勃发展的历史浪潮中，4R 理论的关系营销仍是粗放型的。

四、4I 理论

4I 理论即"整合营销"理论，产生和流行于 20 世纪 90 年代，是由美国西北大学市场营销学教授唐·舒尔茨提出的。4I 理论包含趣味原则、利益原则、互动原则、个性原则四要素，各要素具体含义如下。

（1）趣味原则。新媒体的发展和智能终端的普及使人们对娱乐的需求更为突出，互联网的发展使娱乐精神得以充分显现，提升了整个社会的欢乐和趣味度，原来单一的娱乐创作模式变成网民集体创作的结晶，这就给新媒体环境下的网络营销提出了新的要求，它需要对网络用户的心理进行精准把脉，营销模式和营销内容需要更加注重娱乐化和趣味性。媒介营销对趣味性的重视与突出已经成为新媒体条件下的泛娱乐化时代营销活动成功所必须遵守的原则之一。

（2）利益原则。不断地追逐利益是人类社会发展的一大本质特征，作为一项基本需求的利益无时无刻不在各个领域发挥影响，移动互联网下的移动媒介平台也不例外。互联网的到来使营销进入网络整合营销阶段，稳定性和客观性的加强是利益原则在互联网时代发挥作用的过程中体现出来的。用户的潜在利益是天然存在的，要想达到营销模式的成功，就必须遵循利益原则开展营销模式构架和活动组织。

（3）互动原则。著名美国营销学家莱维特曾在表达其营销的哲学时说道"成功的营销就像是一场成功的婚姻，会不可避免地转变成一种长久的关系，而买卖双方之间的交往界面也就变成了相互依存"[121]。成功的营销需要成功的互动作为前提和基础，互动原则就是整合营销能够达成的基石，互动性的加强和全民参与已经成为万物互联时代的必然产物，遵循互动原则的程度正成为决定营销模式成功与否的关键。

（4）个性原则。互联网时代的营销开展过程中个性原则必不可少，买方市场下的营销活动，产品独树一帜的个性是其成功的重要前提，个性化使产品真正能在消费者心目中占据独特的位置，产品的成功既离不开时代的锻造，同时更得益于它们能够深入且准确了解消费者的个性化需求。可以说，也正是个性原则，在追求产品差异化的基础上，推动着市场不断走向分化，使市场上的产品日益丰富多彩[122]。

当然，4I 理论也绝非完美，仍然有待时间和实践的检验。可以看出，在技术和社会不断发展的大背景下，市场营销理论也是一个不断迭代的体系，这就需要营销从业者和研究者不断去钻研最新的理论，用理论指导营销实践。

第三节　定位理论

定位理论由美国著名营销专家里斯和特劳特于 20 世纪 70 年代提出。里斯和特劳特认为，定位要从一个产品开始，产品可能是一种商品、一项服务、一个机构甚至是一个人，也许就是你自己。但是定位不是你对产品要做的事，定位是你对预期客户要做的事。换句话说，你要在预期客户的头脑里给产品定位，确保产品在预期客户头脑里占据一个真正有价值的地位[123]。

定位理论被认为是数据营销的开山之作，是指企业由开发潜在的客户转向制订针对现有客户的方案，旨在通过这些方案增加现有客户为公司带来的营业收入。同时，企业还应该通过数据分析来建立客户偏好模型，使企业能够从逻辑上判断，哪些产品可能登上各家企业今后的采购单,从而相应地部署销售力量。这样的做法,经由《大数据营销:定位客户》一书的作者 Maex 和 Brown 在思科公司的实践,被证明可以显著提高公司的投资回报率[124]。

定位理论想要告诉营销者的是,在不同阶段如何正确地策划分析方法、使用分析工具。在设定目标阶段,企业应该确定对于自身来说有价值的客户,并将客户价值具体表现为与企业息息相关的、可以测量和追踪了解的对象,同时按照价值高低对客户进行划分,对不同类型的客户采取各自相应的营销行动。在用户访谈阶段,企业应该与少数有代表性的客户进行交谈,获取企业所需要满足的潜在需求,进而借助定量调查判断哪些需求对客户最为重要,了解客户的具体需求后,才能有针对性地开发产品或服务。在寻找适于分析的目标客户时,企业首先应该做的是让客户更容易找到自己,主动尝试,努力接触客户,并同时利用内部数据库、外部数据库、数字网络和社交网络来挖掘数据。在制定预算阶段,应当让各种有效的工具发挥作用,更加理智地形成决策,并列出三个最重要的营销目标,判断哪些工具会有助于目标的实现。在衡量业绩指标阶段,企业应该明确自己的目标以及为达到这些目标应该采取的措施,每个目标和每一步骤都与测量指标挂钩。具体而言,这个过程分为五步。

(1)设定目标:探讨怎样辨别对企业而言最有价值或可能最有价值的客户。在此基础上,还需要确定哪些客户会成为长期忠诚不渝的客户,以及由此估算这样的客户会给企业带来多大的价值。

(2)和客户交流的内容:怎样收集与分析数据,以便更好地理解企业的目标客户有何动机。为此,需要根据客户群的需求或动机的相似程度寻找分类的方法,将客户分为不同的类别,通过一些技巧帮助企业预测客户会对哪些产品或服务最感兴趣。同时还将探讨如何从社交网络和其他方面获取的一些免费数据中获知客户的需求和愿望。通过探知客户内心的想法,可以帮助企业理解怎样更好地为客户服务。

(3)怎样找到客户:不同于传统的寻找客户的方法,大数据工具可以帮助企业找到具体的客户,而非笼统的客户群。如果将信息表达得更具体、更有针对性,企业的成功率会更高。具体的方法包括:为企业网站建立数据库、利用搜索引擎、购买外部数据库、借助广告网络和社交网络等。这些透露迹象的数据能用来更准确地寻找企业想交谈的确切对象。

（4）投入与预算：企业应该如何确定自己的预算，又该以怎样的指标进行衡量？为此，需要创造一些既易于理解又可以迅速掌握的测量方法。

（5）优化选择：优化是借助分析与测试提高企业的营销效果，是一种周而复始的测量、分析、优化的持续改善过程。其中的重要内容包括怎样推行确保企业始终持续提高业绩的流程，从而有助于他们开发客户真正希望听到的营销信息，在此后反复循环的周期中，企业也变得越来越好。

第四节 精益创业理论

精益创业即快速和高效开发产品与业务，其核心是"构建-衡量-学习"的过程。另外一个重要概念是开发"最小化可行产品"（minimum viable product，MVP），即足以向市场传达所主张的价值的最小化产品。MVP 侧重于对未知市场的勘测，用最小的代价来验证产品的商业可行性，让产品尽快地接触用户，并通过用户反馈对产品进行修改[125]。

精益画布是早期创业者用于梳理创业思路（主要是商业模式）的一种方式，它是呈现在一张纸上的可视化简明商业计划书，体现正在进行的、可付诸行动的商业计划。精益画布即精益创业前需要认真厘清的问题，当不确定是否真的找到了一个好的创业机会时，建议考虑如下几个问题[126]。

（1）问题：找到真正的问题所在了吗？

（2）客户群体分类：目标市场是什么？如何把信息定向传给特定群体？

（3）独特卖点：产品的优异之处是什么？

（4）解决方案：现存问题的正确解决方案是什么？

（5）渠道：如何将产品或服务送到客户手中？如何收取客户支付的款项？

（6）收入分析：营收来自哪里？交易为一次性营收还是常续性营收？

（7）成本分析：公司的直接、可变和间接成本是哪些？

(8)关键指标：哪些指标能让你了解公司的经营状况？

(9)门槛优势：胜过竞争对手的地方在哪里？

精益创业的过程中，分析数据的重要性不言而喻，但关键是如何构建合适且有效的分析指标，将有限的注意力放在核心指标的优化上。对于还未找到商业模式的创业公司来说，关键指标并不好确定，具体来说，需要结合定性指标与定量指标；摒弃虚荣指标；关注探索性指标；通过先见性指标预测未来趋势，通过后见性指标分析已经存在的问题；尽可能在相关性指标上更进一步，追求因果性的指标；不断地根据实际情况合理地调整指标。

对于创业者来说，在足以验证商业假设的前提下，选择尽可能少的指标作为日常跟踪的对象是更为明智的选择。在某一特定时间，应该关注的是第一关键指标。因为它回答了现阶段最重要的问题，使创业者得出清晰的目标，关注的是整个公司层面的健康并且鼓励实验文化。持续地关注第一关键指标可以预测未来，了解企业的惯常模式与趋向。

赚钱的方式决定了创业中应该关注的指标。这句话非常值得深思。虽然衡量一个创业模式是否成功有很多指标，但很多创业项目之所以失败，最大的原因在于没有足够的资金撑到下一轮融资。有很多怀着良好愿景的创业公司，最终都非常可惜地、无可挽回地走向了失败。

例如，近几年来流行的共享单车，作为其中重资产的单车被不少人占为己有，同时也面临容易损坏等问题，其中小黄车在收入本来就十分微薄的情况下还大幅调低了收费，并且加大了对用户的补贴。虽然在如今竞争激烈的单车出行市场，为了获取亮眼的用户数据这可以理解，但从用户手中赚到的钱若无法弥补巨额的单车维护费用和其他成本，那么小黄车的商业模式也就岌岌可危了。而作为知识服务商和运营商的《逻辑思维》之所以获得13亿美金的估值，正是因为吸引了一批稳定地为内容付费的用户。在《逻辑思维》看来，付费的用户才是真正有价值的用户。

所以在资本的眼中，产品并不需要那么多情怀，剥开情怀的外衣，产品发展的关键是盈利能力，赚钱是识别一个商业模式是否可持续的终极指标。产品的价值最终体现在让流量在最短的时间内实现性价比最高。专注于此，可以让创业者的目标更加明确。

精益创业商业模式具体可分为电子商务模式、软件即服务（software-as-a-service，SaaS）模式、移动应用、媒体网站、用户生成内容、双边市场，创业阶段可分为移情阶段、黏性阶段、病毒性阶段、营收阶段和规模化阶段。创业的第一关键指标由商业模式和创业阶段共同决定。不同的商业模式及所需要关注的关键指标如下。

电子商务模式：主营业务是让访客在网店上购买物品。需要关注的关键指标包括：购买转化率、年均购买率、客单价、起卖率、客户获取成本、导入流量最多的关键字、热门搜索词、推荐引擎的有效性、病毒性、邮件列表有效性。

SaaS 模式：按需提供软件的公司。需要关注的关键指标包括：吸引访客的效果、访客转化为真正用户的概率、用户黏性、付费转化率、平均每客营收、客户获取成本、病毒性、追加销售、系统正常运行时间和可靠性、用户流失率、客户付费总额。

移动应用：移动端上使用的产品。需要关注的关键指标包括：下载量、客户获取成本、应用运行率、活跃用户比例、付费用户率、首次付费时间、用户平均每月营收、用户点评率、病毒性、用户流失率、客户终身价值。

媒体网站：以提供内容为主要业务的产品，广告收入意味着一切。需要关注的关键指标包括：访客与流失率、广告库存、广告价格、点击率、内容与广告间的平衡。

用户生成内容：培养一个能够生成优质内容的活跃用户社区。需要关注的关键指标包括：活跃访客数、内容生成、用户参与度、内容分享的病毒性、消息提醒的有效性。

双边市场：即平台型产品。需要关注的关键指标包括：买卖双方的人数增长、库存增长、搜索有效性、评分及欺诈迹象、定价指标[127]。

对于上述不同商业模式，创业者应该定下一个最低指标，即上述关键指标如何才能称得上达标或优秀。定下一个基准，就能够决定是继续优化某个指标，还是转而解决下一个问题。针对不同的商业模式和创业阶段，底线的设定也有所不同。

总之，关键指标和最低基准的设定，能让创业更有目标，也能让创业者厘清哪些数据是真正需要优化的，又该优化到何种程度。由此使精益数据分析理论成为一种重要的大数据分析思想。

第五节 关键时刻理论

从营销的角度来说，要想抓住消费者的心，和他们建立长久的关系，就要抓住那些在他们的生活及消费决策过程中稍纵即逝的关键时刻，在他们需要你的时候，出现在他们的视野里或为他们提供相应的帮助，有朝一日，当他们遇到待解决的问题，需要借助某件商品或某个品牌来达成心愿的时候，你一定会成为最先跃入消费者脑海中的那一个。在竞争激烈、瞬息万变的市场环境下，关键时刻理论为迷茫中的企业，提供了一种点"时"成金的全新视角。关键时刻理论的核心理念是：在正确的时机，用正确的方法，打动正确的人[127]。

早期的"关键时刻"理念是以北欧航空公司前首席执行官（chief executive officer, CEO）卡尔松提出的"15 秒钟理论"为代表的。卡尔松指出，2005 年，北欧航空公司总共运载 1000 万名乘客，平均每人接触 5 名员工，每次 15s。也就是说，这 1000 万名乘客每人每年都对北欧航空公司"产生" 5 次印象，每次 15s，全年总计 5000 万次。这 5000 万次"关键时刻"便决定了公司未来的成败。因此，我们必须利用这 5000 万次的关键时刻来向乘客证明，搭乘我们的班机是最明智的选择[128]。关键时刻理论指的是在大数据时代背景下，一种以消费者为原点及主体的新营销方法论。从营销的角度来说，如果想抓住消费者的心并和他们建立长久的关系，就要抓住在消费者的生活及消费决策过程中稍纵即逝的关键时刻，即在正确的时机，用正确的方法，打动正确的人。

关键时刻理论战略需结合整合营销传播创始人唐·舒尔茨所提出的以消费者为中心的消费者行为模型——SIVA [SIVA 即寻找解决问题方案（solutions）、寻找信息（information）、评估价值（value）、寻找入口（access）] 进行考量。这个过程中，包含着多个关键的营销时刻。通过分析消费者解决问题的路径，企业能够从中得到许多消费者洞察，并且能够根据这些洞察来抓住关键时刻，制定相应的品牌传播策略。

"关键时刻"涉及的主体，包括生活者、企业、企业伙伴，从企业的视角来看，关键时刻就是对企业有价值的时刻。当每一个生活者的生活轨迹都可以被勾画出来的时候，企业就可以很容易地从中发现与之建立关系的"关键时刻"。

对于不同的企业来说，"关键时刻"不同；对于同一企业的不同目标来说，"关键时刻"也不同。根据不同的主体和目标，"关键时刻"分为以下三种类型：生活关键时刻、消费关键时刻、伙伴关键时刻。生活关键时刻是旨在和生活者建立并维持关系的时刻；消费关键时刻是旨在影响消费行为的时刻；伙伴关键时刻则是和伙伴（包括渠道伙伴、投资伙伴、政策事务伙伴、媒体伙伴等利益相关者）建立并维持关系的时刻。如何发掘以及利用这些关键时刻，企业要做的就是，将消费者的"生活时刻"转为"消费时刻"，促进消费者在关键时刻做出付费的决策[128]。

第六节 波特五力模型

波特五力模型是迈克尔·波特于20世纪80年代初提出的。它认为行业中存在着决定竞争规模和程度的五种力量，这五种力量综合起来影响着产业的吸引力以及现有企业的竞争战略决策，是一种从全盘进行考虑的市场营销分析模型。五种力量分别为同行业内供应商的讨价还价能力、潜在竞争者进入的能力、替代品的替代能力、现有竞争者的竞争能力、购买者的讨价还价能力[129]。

具体而言，波特五力模型中五力是指下面的五种能力。

1. 供应商的讨价还价能力

供方主要通过其提高投入要素价格与降低单位价值质量的能力，来影响行业中现有企业的盈利能力与产品竞争力。供方力量的强弱主要取决于他们所提供给买主的是什么投入要素，当供方所提供的投入要素的价值构成了买主产品总成本的较大比例、对买主产品生产过程非常重要或者严重影响买主产品的质量时，供方对于买主的潜在讨价还价力量就大大增强。一般来说，满足如下条件的供方集团会具有比较强大的讨价还价力量。

（1）供方行业为一些具有比较稳固市场地位而不受市场激烈竞争困扰的企业所控制，其产品的买主很多，以至于每一单个买主都不可能成为供方的重要客户。

（2）供方各企业的产品各具有一定特色，以致买主难以转换或转换成本太高，或者很难找到可与供方企业产品相竞争的替代品。

（3）供方能够方便地实行前向联合或一体化，而买主难以进行后向联合或一体化。

2. 潜在竞争者进入的能力

新进入者在给行业带来新生产能力、新资源的同时，将希望在已被现有企业瓜分完毕的市场中赢得一席之地，这就有可能会与现有企业发生原材料与市场份额的竞争，最终导致行业中现有企业盈利水平降低，严重的话还有可能危及这些企业的生存。竞争性进入威胁的严重程度取决于两方面的因素，即进入新领域的障碍大小与预期现有企业对于进入者的反应情况。

进入障碍主要包括规模经济、产品差异、资本需要、转换成本、销售渠道开拓、政府行为与政策、不受规模支配的成本劣势、自然资源、地理环境等方面，这其中有些障碍是很难借助复制或仿造的方式来突破的。预期现有企业对进入者的反应情况，主要是采取报复行动的可能性大小，取决于有关厂商的财力情况、报复记录、固定资产规模、行业增长速度等。总之，新企业进入一个行业的可能性大小，取决于进入者主观估计进入所能带来的潜在利益、所需花费的代价与所要承担的风险这三者的相对大小情况。

3. 替代品的替代能力

两个处于同行业或不同行业中的企业，可能会由于所生产的产品是互为替代品，从而在它们之间产生相互竞争行为，这种源自替代品的竞争会以各种形式影响行业中现有企业的竞争战略。

现有企业产品售价以及获利潜力的提高，将由于存在着能被用户方便接受的替代品而受到限制。由于替代品生产者的侵入，现有企业必须提高产品质量，或者通过降低成本来降低售价，或者使其产品具有特色，否则其销量与利润增长的目标就有可能受挫。

总之，替代品价格越低、质量越好、用户转换成本越低，其所能产生的竞争压力就越强；而这种来自替代品生产者的竞争压力的强度，可以具体通过考察替代品销售增长率、替代品厂家生产能力与盈利扩张情况来加以描述。

4. 现有竞争者的竞争能力

大部分行业中的企业，相互之间的利益都是紧密联系在一起的，作为企业整体战略一部分的各企业竞争战略，其目标都在于使自己的企业获得相对于竞争对手的优势，所以，在实施中就必然会产生冲突与对抗现象，这些冲突与对抗就构成了现有企业之间的竞争。现有企业之间的竞争常常表现在价格、广告、产品介绍、售后服务等方面，其竞争强度与许多因素有关。

一般来说，出现下述情况将意味着行业中现有企业之间竞争的加剧，这就是行业进入障碍较低，势均力敌的竞争对手较多，竞争参与者范围广泛；市场趋于成熟，产品需求增长缓慢；竞争者企图采用降价等手段促销；竞争者提供几乎相同的产品或服务，用户转换成本很低；一个战略行动如果取得成功，其收入相当可观；行业外部实力强大的公司在接收了行业中实力薄弱的企业后，发起进攻性行动，结果使刚被接收的企业成为市场的主要竞争者；退出障碍较高，即退出竞争要比继续参与竞争代价更高。在这里，退出障碍主要受经济、战略、感情以及社会政治关系等方面的影响，具体包括资产的专用性、退出的固定费用、战略上的相互牵制、情绪上的难以接受、政府和社会的各种限制等。

5. 购买者的讨价还价能力

购买者主要通过其压价与要求提供较高的产品或服务质量的能力，来影响行业中现有企业的盈利能力。影响其购买者议价能力的主要原因在于：购买者的总数较少，而每个购买者的购买量较大，占了卖方销售量的很大比例；卖方行业由大量相对来说规模较小的企业所组成；购买者所购买的基本上是一种标准化产品，同时向多个卖主购买产品在经济上也完全可行；购买者有能力实现后向一体化，而卖主不可能实现前向一体化[130,131]。

波特五力模型被广泛运用于企业决策分析中,李鹤和刘伟健基于波特五力模型,对顺丰速运的竞争力进行分析,最后提出顺丰速运要想在竞争中继续保持自身优势,必须实行差异化战略、成本领先战略、技术开发战略及人才战略[132]。

李苏苏和骆敏婷构建的五力竞争分析模型,结合企业对消费者(business to customer,B2C)电商企业的微观营销环境进行分析,针对 B2C 企业面临的现状,就如何把握竞争、选择正确的发展策略提出建议,认为企业应该实行低成本策略,优化供应链系统,实施无缝连接;选择合适的盟友,建立战略联盟;并实行差异化策略,建设自有品牌,提升个性化服务体系,开拓垂直细分电商,注重顾客的评价体系,保证售前、售后的良好服务,以顾客为核心构建一个完整的服务体系[133]。

迈克尔·波特对于管理理论的主要贡献,是在产业经济学与管理学之间架起了一座桥梁。其竞争力模型的意义在于,五种竞争力量的抗争中蕴含着三类成功的战略思想,那就是总成本领先战略、差异化战略、专一化战略。

第七节　RFM 营销理论

根据美国数据库营销研究所 Arthur Hughes 的研究,客户数据库中有三个神奇的要素,这三个要素构成了数据分析最好的指标:最近一次消费、消费频率、消费金额,这三个要素即组成了 RFM 模型。这三个指标用来衡量客户对企业的忠诚度以及客户的个性化需求情况,这样不仅可以帮助企业进行个性化精准营销,也可以提高客户的再次购买频率[134]。

RFM 模型中,R(recency)表示客户最近一次购买的时间有多远,F(frequency)表示客户在最近一段时间内购买的次数,M(monetary)表示客户在最近一段时间内购买的金额。一般原始数据为三个字段:客户 ID、购买时间(日期格式)、购买金额,用数据挖掘软件处理,加权(考虑权重)得到 RFM 得分,进而可以进行客户细分、客户等级分类、客户等级价值得分排序等,实现数据库营销[135]。

具体而言,RFM 中各指标的意义如下。

R 指客户最近一次的购买时间是什么时候。最近一次消费时间越近的客户越有可能是对提供的商品或服务也最有反应的群体。如果数据显示上一次购买很近的客户人数增加，则表明客户在短期内刚有过购买行为，可以认为客户重复购买的可能性较大，这类客户的价值可能比较高，企业应该多多关注这类客户，提高对这类客户的重视，把企业的各种优惠活动告知这类客户，以较小的投入得到较大的回报，提高企业经营业绩，保持公司的稳健发展；反之，若客户很久没有购买，那么客户重复购买的可能性就会较低，客户价值会减小，是迈向不健全之路的征兆。企业应该采取一定的策略保留这部分客户，毕竟保留一个客户的成本比增加一个客户的成本低很多。要吸引一个几个月前才上门的客户购买，比吸引一个一年多以前来过的客户要容易得多。营销人员如接受这种强有力的营销哲学——与客户建立长期的关系而不仅是卖东西，会让客户持续保持往来，并赢得他们的忠诚度。

F 是指客户在限定的期间内所购买的次数。最常购买的客户，也是满意度最高的客户。如果相信品牌及商店忠诚度，最常购买的消费者，忠诚度也就最高。增加客户购买的次数意味着从竞争对手处偷取市场占有率，从别人的手中赚取营业额。一般来说，客户购买频率越高，这类客户越忠诚，客户价值越大。很多时候，购买频率要和最近购买时间联合起来考虑，如果客户购买频率很高，但最近购买时间很长，那么认为这类客户流失的可能性比较大，客户价值较小。如果客户购买频率很低，但最近购买时间很短，可以认为客户重复购买的可能性比较大，客户价值增加。

M 是指客户的购买金额（可分为累积购买及平均每次购买）。一般来说，客户购买金额越高，客户越忠诚，客户价值越大。Marcus 建议最好用平均金额来代替总金额，他指出用平均金额可以减少金额变量和最近购买时间、购买次数之间的共线性[136]。消费金额是所有数据库报告的支柱，也可以验证"帕累托法则"——公司 80% 的收入来自 20% 的客户。

通过 RFM 模型，可以划分出用户的层级，如表 3-1 所示[137]，企业可以根据自身的需求以及不同时期公司的发展策略，向自己想要抓住的客户群体发力，实现客户价值的最大化，进而实现自身的营销目标。

表 3-1　RFM 模型中用户层级

客户类型	RFM 值		
	R（最近一次消费时间）	F（一段时间消费频次）	M（累计消费金额）
重要价值客户	高	高	高
一般价值客户	高	高	低
重要发展客户	高	低	高
一般发展客户	高	低	低
重要保持客户	低	高	高
一般保持客户	低	高	低
重要挽留客户	低	低	高
一般挽留客户	低	低	低

RFM 模型较为动态地展示了一个客户的全部轮廓，这为个性化的沟通和服务提供了依据，同时，如果与该客户打交道的时间足够长，也能够较为精确地判断该客户的长期价值（甚至是终身价值），通过改善三项指标的状况，从而为更多的营销决策提供支持。RFM 非常适用于生产多种商品的企业，而且这些商品单价相对不高，如消费品、化妆品、小家电、日用品等；它也适用于一个企业内只有少数耐久商品，但是该商品中有一部分属于消耗品的情况，如复印机、打印机、汽车维修等消耗品；RFM 对于加油站、旅行保险业、运输业、快递业、快餐店、KTV、超市、证券公司等也很适合。

在大数据营销时代，消费者相比传统媒体时代更为主动，洞察客户心理，抓住客户价值的重要性更是远胜于昔日。而大数据超强的计算能力也赋予了 RFM 模型良好的技术支持，使这一模型能更好地得到利用。

准确的客户分类结果是企业优化营销资源分配的重要依据，客户分类越来越成为客户关系管理中亟待解决的关键问题之一。国内外很多的研究者和企业都采用了 RFM 模型进行客户的分类和管理。例如，宗阳等在 RFM 模型基础上依据 xMOOC [xMOOC 是大规模在线开放课程慕课（massive open online courses，MOOC）的一种新型发展形式，接近于传统教师授课的在线教学模式] 在线学习过程特点，提出中国 MOOC 学习者的价值衡量模型 ML-RFT（ML 为 MOOC-learning 的简称，RFT 分别指 recency、frequency 和 time，即最近一次学习时间、一段时间内的学习频率和一段时间内的学习时间），采用模型指标原始值与所有学习者平均值比较的方法将 MOOC 学习者分为八类。并借鉴 RFM 衡量顾客价值的方法，构建 ML-RFT 模型，对 MOOC 平台上一门 xMOOC 进行学习者价值识别分类，并有针对性地对每类学习者提供个性化的学习支持策略。研究认为采用 RFM 模型方法可以对 MOOC 学习者价值进行有效的识别和区分，学习者分类结果可以成为 MOOC 教师或管理人员为在线学习者提供个性化学习支持服务的重要依据[138]。

李品睿等基于 RFM 模型，阐述保险企业核心客户的分类与识别思路，认为对核心客户进行识别和管理是企业获取竞争优势的重要活动，提出保险企业核心客户管理系统的构建和管理策略。具体而言，对企业核心客户进行科学识别与分类和针对性的客户关系管理，有助于保险企业在利润、客户忠诚度和客户满意度等方面创造价值，赢得市场竞争。保险企业应进一步充分发挥本土企业自身的优势，发掘具有重要价值的客户数据用于分类，加强客户关系管理建设[139]。

研究者认为，只有通过客户分类，区分无价值客户和高价值客户，企业才能针对不同价值的客户采取不同的营销策略，将有限的营销资源集中于高价值客户；建立针对不同类型客户的服务体系，实现差异化的服务策略。通过这种针对性的客户服务，留住高价值客户；通过延长高价值客户的生命周期，从他们身上获取更多的利润。企业通过客户分类结果了解客户的不同价值属性，基于企业对客户当前价值及潜在价值的认知，依据一定标准，将客户划分为不同的重要等级，分析不同等级客户的价值差异，制订优化的个性化服务方案，将客户分类结果应用于企业客户关系管理实践中，实现企业利润最大化这一终极目标[140]。这也是运用 RFM 模型进行营销分析的重要意义所在。

第八节　STP 营销理论

市场细分的概念最早是美国营销学家温德尔·史密斯在 1956 年提出的，

此后美国营销学家科特勒在进一步发展完善市场细分理论的概念后,最终形成了成熟的 STP 营销理论——市场细分(segmentation)、目标市场选择(targeting)和定位(positioning)。STP 营销理论是指企业通过消费者洞察与市场调查,了解消费者有哪几类(市场细分),自己最有优势的是哪类消费者(目标市场选择),自己要在这类消费者大脑中占据"最"什么或"第一"什么的位置(定位)。

STP 营销理论的根本要义在于选择确定目标消费者或客户。STP 营销理论认为,市场是一个综合体,是多层次、多元化的消费需求集合体,任何企业都无法满足所有的需求,企业应该根据不同需求、购买力等因素把市场分为由相似需求构成的消费群,即若干子市场,这就是市场细分。企业可以根据自身战略和产品情况从子市场中选取有一定规模和发展前景,并且符合公司的目标和能力的细分市场作为公司的目标市场。随后,企业需要将产品定位在目标消费者所偏好的位置上,并通过一系列营销活动向目标消费者传达这一定位信息,让他们注意到品牌,并感知到这就是他们所需要的[141]。

具体而言,STP 营销理论的运用可分为以下几步。

1. 市场细分

市场细分是指营销者通过市场调研,依据消费者的需要和欲望、购买行为和购买习惯等方面的差异,把某一产品的市场整体划分为若干消费者群的市场分类过程。每一个消费者群就是一个细分市场,每一个细分市场都是具有类似需求倾向的消费者构成的群体。

市场细分理论是指根据消费需求的差异性,把某一产品或服务的整体市场划分为在需求上大体相似的若干个市场部分,形成不同的细分市场,从而有利于企业选择目标市场和制定营销策略的企业活动的总称。

常用的市场细分方法包括以下几种。

(1)地理因素市场细分法。地理因素市场细分法就是根据顾客所在的地理区域进行市场细分。地理因素市场细分法可以实现企业区域化管理和服务,由此形成区域市场,一般采用渠道管理模式,在不同的区域设置管理机构,来负责管理该区域的市场开拓、管理。例如,在本土可以划分出西南、华北、华东、东北、西北等区域。设置相应的办事处、分支机构；国际上，可以划分出欧洲、亚洲、北美等洲际区域。

（2）消费行为市场细分法。消费行为市场细分法指按客户消费的行为特征进行市场细分。按消费性质可把市场分为企业对企业或企业对消费者服务市场两个细分市场。

（3）人文因素市场细分法。人文因素市场细分法指的是根据客户的社会特征进行市场细分。根据人文因素确定目标市场，推出不同的服务。例如，根据学生和商人，我们可以把手持产品分为学生用机和商业用机等。

（4）利益因素市场细分法。利益因素市场细分法是指先界定客户和潜在客户的真正需求，以及满足这些需求后能享受到哪些利益，以此为基础把客户分往不同的市场区域。由此，我们可以确定出一些行业市场和具有提升价值的行业客户。

市场细分对企业的生产、营销起着极其重要的作用，主要体现在以下几方面。

（1）有利于选择目标市场和制定市场营销策略。市场细分后的子市场比较具体，比较容易了解消费者的需求，企业可以根据自己的经营思想、方针及生产技术和营销力量，确定自己的服务对象，即目标市场。针对较小的目标市场，便于制定特殊的营销策略。同时，在细分的市场上，信息容易了解和反馈，一旦消费者的需求发生变化，企业可迅速改变营销策略，制定相应的对策，以适应市场需求的变化，提高企业的应变能力和竞争力。

（2）有利于发掘市场机会，开拓新市场。通过市场细分，企业可以对每一个细分市场的购买潜力、满足程度、竞争情况等进行分析对比，探索出有利于本企业的市场机会，使企业及时做出投产、异地销售决策或根据本企业的生产技术条件编制新产品开拓计划，进行必要的产品技术储备，掌握产品更新换代的主动权，开拓新市场，以更好地适应市场的需要。

（3）有利于集中人力、物力投入目标市场。任何一个企业的资源、人力、物力、资金都是有限的。通过细分市场，选择适合自己的目标市场，企业可以集中人、财、物及资源，去争取局部市场上的优势，然后占领自己的目标市场。

（4）有利于企业提高经济效益。企业通过市场细分后，可以面对自己的目标市场，生产出适销对路的产品，既能满足市场需要，又可增加企业的收入；产品适销对路可以加速商品流转，加大生产批量，降低企业的生产销售成本，提高生产工人的劳动熟练程度，提高产品质量，全面提高企业的经济效益。

2. 目标市场选择

企业在划分好细分市场之后，可以进入既定市场中的一个或多个细分市场。目标市场选择是指估计每个细分市场的吸引力程度，并选择进入一个或多个细分市场。

对于目标市场的选择标准，主要从三个方面进行考虑。

（1）细分市场的规模和发展潜力。企业进入细分市场是为了获取利润，如果市场规模过小或者趋于萎缩状态，企业进入后不能获利，此时，应审慎考虑，不宜轻易进入。市场的增长潜力高低与企业可能面临的竞争大小直接相关。对于有增长潜力的市场，企业获利的可能性高，但是极有可能面临激烈的竞争。

（2）细分市场的吸引力。细分市场可能具备理想的规模和发展特征，然而从营利的观点来看，它未必有吸引力。如果细分市场上已经有较多实力强大的竞争对手，则该细分市场就失去了吸引力。

（3）是否符合企业自身的目标和能力。某些细分市场虽然有较大的吸引力，但不能推动企业实现发展目标，甚至分散企业的精力，使之无法完成其主要目标，这样的市场应考虑放弃。另外，还应考虑企业的资源条件是否适合在某一细分市场经营。只有选择那些企业有条件进入、能充分发挥其资源优势的市场作为目标市场，企业才会立于不败之地。

目标市场选择策略是指企业决定选择哪些细分市场为目标市场，然后据以制定企业营销策略。它实际上是决定企业能进入哪些目标市场的策略问题。根据各个细分市场的独特性和公司自身的目标，共有三种目标市场选择策略可供选择。

（1）无差异性市场策略。无差异性市场策略就是企业把整个市场作为自己的目标市场，企业向整体市场提供标准化的产品，采取单一的营销组合，并通过强有力的促销吸引尽可能多的购买者，这样不仅可以增强消费者对产品的印象，也会使管理工作变得简单而有效率。

（2）差异性市场策略。差异性市场策略就是把整个市场细分为若干子市场，针对不同的子市场，设计不同的产品，制定不同的营销策略，满足不同的消费需求。企业采用差异化营销策略，可以使顾客的不同需求得到更好的满足，也使每个子市场的销售潜力得到最大限度的挖掘，从而有利于扩大企业的市场占有率。同时也大大降低了经营风险，一个子市场的失败不会导致整个企业陷入困境。差异性市场策略大大提高了企业的竞争能力，对于财力雄厚、技术强大、拥有高质量的产品的企业，差异性市场策略是良好的选择。

（3）集中性市场策略。集中性市场策略是指企业不是面向整体市场，也不是把力量分散使用于若干个细分市场，而只选择一个或少数几个细分市场作为目标市场。资源有限的中小企业多采用这一策略。这种策略的优点是适应了本企业资源有限这一特点，可以集中力量迅速进入和占领某一特定细分市场。生产和营销的集中性，使企业经营成本降低，但该策略风险较大。如果目标市场突然变化，如价格猛跌或突然出现强有力的竞争者，企业就可能陷入困境。

3. 定位

市场定位是在 20 世纪 70 年代由美国营销学家里斯和特劳特提出的，其含义是指企业根据竞争者现有产品在市场上所处的位置，针对顾客对该类产品某些特征或属性的重视程度，为本企业产品塑造与众不同的、给人印象鲜明的形象，并将这种形象生动地传递给顾客，从而使该产品在市场上确定适当的位置。市场定位的实质是使本企业与其他企业严格区分开来，使顾客明显感觉和认识到这种差别，从而在顾客心目中占有特殊的位置。

传统的观念认为，市场定位就是在每一个细分市场上生产不同的产品，实行产品差异化。事实上，市场定位与产品差异化尽管关系密切，但有着本质的区别。市场定位是通过为自己的产品创立鲜明的个性，从而塑造出独特的市场形象来实现的。一项产品是多个因素的综合反映，包括性能、构造、成分、包装、形状、质量等，市场定位就是要强化或放大某些产品因素，从而形成与众不同的独特形象。产品差异化乃是实现市场定位的手段，但并不是市场定位的全部内容。市场定位不仅强调产品差异化，而且要通过产品差异化建立独特的市场形象，赢得顾客的认同。

根据 STP 营销理论，企业可以在一定的市场细分的基础上，确定自己的目标市场，最后把产品或服务定位在目标市场中的确定位置上。简单地讲，市场细分是指根据顾客需求上的差异把某个产品或服务的市场逐一细分的过程。目标市场是指企业从细分后的市场中选择出来的决定进入的细分市场，也是对企业最有利的市场组成部分。而市场定位就是在营销过程中把其产品或服务确定在目标市场中的一定位置上，即确定自己的产品或服务在目标市场上的竞争地位，也叫"竞争性定位"[142]。

通过前述内容，我们回顾了市场营销领域的一些经典理论。可见市场营销理论的一个重要思想就是从交易营销转向关系营销，强调赢得用户和长期地拥有用户。在互联网环境下企业与客户的关系已经发生了本质性变化，抢占市场的关键已转变为与顾客建立长期而稳固的关系，营销正从交易变成责任，从顾客变成拥趸，简言之，以消费者为中心是市场营销理论的核心思想[143]。由此也启发我们，在大数据时代，仍然不能忘记要以消费者需求为中心，要学会了解消费者的真正行为，把营销信息有效地传播到目标消费者的脑海中，在这样的基础上再对企业的营销策略进行考量。

第四章　大数据营销数据的获取

2013年愚人节期间，全球第二大食品公司卡夫旗下的"趣多多"品牌完成了一次大数据营销活动。在这次活动中，一共创造了6亿多次页面浏览并影响到近1500万独立用户，品牌被提及的次数增长了270%。这可以说是一次非常成功的大数据营销活动，通过对大数据进行挖掘和分析，制定合理正确的营销策略，广泛地发声，使"趣多多"的用户关注度得到了一次巨大的提升，诙谐幽默的品牌基因更加深入用户的意识层面[144]。

那么，"趣多多"到底是如何利用大数据营销做到这些的呢？

（1）通过对社交大数据的洞察和分析，"趣多多"确定了其主流消费群体是18~30岁的年轻人。

（2）确定了主流消费群体之后，"趣多多"聚焦于他们习惯并经常使用的主流社交和网络平台，如新浪微博、论坛、博客、百度搜索、各类社交移动应用程序（application，APP）以及视频APP等。

（3）在愚人节当天，"趣多多"展开了全天集中性的广告投放，在各种社交和网络平台上围绕企业品牌的口号来展开话题，广泛地与用户沟通交流，全面贯彻实时与用户沟通的机制，并进行进一步的深度渗透，这不仅使企业品牌在最佳的时机实现有效的曝光，同时也令目标消费者在愚人节这一天能得到幽默和有趣的体验。

（4）除此之外，"趣多多"还与当时深受年轻人喜爱的"今晚80后脱口秀"节目进行合作，通过节目的播出，"趣多多"以"有趣"为主题的品牌定位得到了进一步的强化。其中，节目的第一时间，主持人王自健和台下网友的互动与活动主题完美地相呼应，而多条搞笑的节目片段也被"趣多多"发表于官方微博上。

在整个过程中，全靠大数据营销数据为"趣多多"营销策略的制定提供了支撑。如果企业能够在大数据环境下以恰当的方式获得更多有价值的数据和信息，便可以通过这些数据和信息对未来的发展进行预测。企业掌握的大数据越多，对未来市场信息的掌握也就越准确，进而能够更加精准地对未来市场进行定位和分析，及时调整自身的发展方向以及营销决策，从而提升企业大数据营销的效率，并帮助企业占领市场，保持良性发展的态势。可见，大数据营销数据对于企业营销来说多么重要，那么，大数据营销数据该如何获取呢？

为此，本章主要从确定营销目标、找到需要的数据以及如何剔除无用的数据这三个方面进行阐述，对获取大数据营销数据的过程中所涉及的主要问题进行介绍。

第一节　确定营销目标

营销目标是指在本计划期内计划要实现的目标，是企业制订营销计划的关键部分，在销售团队拟定营销策略和行动方案的过程中起着指导性的作用，进而取得良好的销售结果。营销目标同时也是企业战略目标的具体表现，一般包括财务目标和营销目标两类。具体的指标有利润额、销售额、价格水平、市场占有率、品牌价值、行业排名等。

营销目标的制定十分重要，关系到企业的长期发展。营销目标制定的依据是对营销现状的分析并预测未来的机会和威胁，只有在了解营销的现状和趋势并结合企业的威胁和机会的前提下，才能制定和调整营销目标使其更符合实际的需求。所以在营销目标的确定过程中，对于积累的消费者信息，企业需要了解从其中能够分析出什么，得到什么样的分析结果，这个结果对于企业制定营销决策有什么意义。在这个过程中，企业可以客观有效地挖掘出潜在的消费群体，并针对这一消费群体制订最优的营销计划，提供一系列个性化的精准服务，从而达到利益最大化。

一、与增加盈利直接挂钩的指标

与增加盈利直接挂钩的指标中较为典型的有以下这些。

1. 细分市场盈利能力

细分市场盈利能力是指企业在进行市场细分后对细分市场评估出的盈利水平。一个细分市场的盈利能力决定了这个市场是否具有盈利潜力，是否能达到细分市场的目标，是否能完全满足目标市场营销的需求，并可以保障企业能够更有效地针对细分市场中的每一个顾客提供产品和服务。与传统市场细分方法相比，按盈利能力进行市场细分显得更行之有效。

2. 顾客忠诚度

顾客忠诚度是指顾客出于对企业或品牌的偏好而经常性重复购买的程度。一般会用整体的顾客满意度、重复购买的概率、推荐给他人的可能性这三个主要的评价指标来衡量顾客忠诚度。它受到多种因素的影响，如产品的价格、质量、服务等。通过这些积极影响使顾客对某个企业的产品或者服务产生依赖，而使顾客长期购买该企业的产品或者服务。

3. 顾客满意度

顾客满意度是指顾客对某个企业产品或服务的态度，它本身是一种对内心需求和期望已被满足的程度的表现。顾客满意度是一个变动的不确定的目标，某企业的一种产品或者服务能使某一个顾客满意，但不一定会使另一个顾客满意。反之，一个顾客对企业的某一种产品或服务满意，但不一定会对另一个产品或服务满意。企业只有对不同的顾客群体的满意度影响因素非常了解，才有可能使绝大部分的顾客满意。

4. 新产品购买率

新产品购买率是指购买企业的新产品或服务的消费者数量占购买同类产品或服务的消费者数量的比例。可以通过新产品销售预测来评估销量、预测新产品购买率并确定销售方式，具体方法包括产品概念测试、样品试用、市场模拟等。

5. 客户成本

客户成本包括客户获取成本和客户保留成本两种。客户获取成本指的是企业获取一个新客户的平均成本，客户保留成本指的是企业为了保留已有客户而花费的平均费用。客户获取和客户保留要齐头并进，不能忽略任何一个，否则难以培养较高的忠诚度，一般来说开发新客户的成本是维系老客户成本的 4~5 倍。

6. 客户盈亏平衡分析

客户盈亏平衡分析是通过比较企业的收入和成本，分析出企业生产经营状况。企业可以找出企业真实生产经营状况中影响成本的各种因素，通过有效的手段来降低企业成本。企业还可以根据实际生产经营状况的收入情况来决定是否调整产品或服务的销售价格，以及用什么样的方式调整销售价格。最后，企业可以通过实际生产经营状况来决定是否需要修改企业生产量，以及如何修改企业生产量。通过以上的调整使企业更好地从事各种经济活动，在竞争激烈的市场中求得生存与发展。

二、企业的长远目标

在信息化和数据大爆炸的当下，堆积如山的数据对于企业来说就好比是一座矿山，只要对其进行认真的开采和挖掘，便能获得宝贵的矿资源。因此，企业迫切需要充分挖掘"大数据"中蕴藏的宝藏，掌握数据之间存在哪些内在的、有意义的联系，从而辅助企业进行理性的营销决策，使其能为企业带来可观的经济效益，并帮助企业在当下甚至是未来的大数据竞争中树立竞争优势，立于不败之地。

随着大数据时代的到来，传统的营销已经逐渐适应不了市场的变化，仅靠传统的手段和方式远远不能准确地获知媒体到达效果、广告到达效果、受众心理变化效果以及行动效果等信息。企业的营销决策体系为了能更好地适应市场需要进行很大的整改，预测营销也随之变成了企业的长远目标，故企业的长远目标从图4-1中可以很直观地看出来。

1. 市场估计与预测

随着信息时代和全媒体时代的到来，传统的市场预测方法已经不能满足对市场估计和预测的需求，因为其预测的结果与实际情况往往出现偏差较大的情况，使企业所制定的营销策略的效果大大减弱。

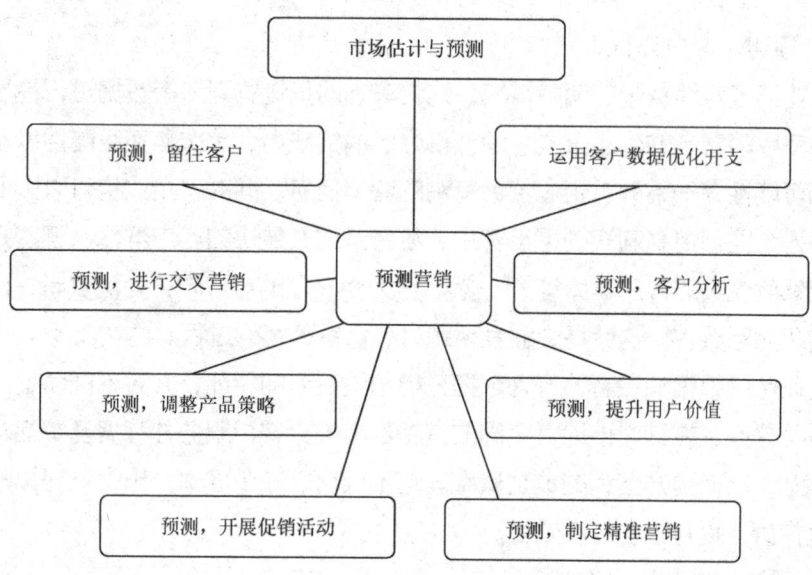

图 4-1 企业的长远目标

而在大数据时代下,企业"大数据"库中包含了企业市场供求变化的数据,基于对这些数据的挖掘分析,并设计出相应的模型,可以掌握市场的竞争现状、变化趋势及其发展规律,使企业能在如此变幻无常的市场中准确地对市场进行预测,把握市场动态,进而为企业营销决策的制定提供指导,更好地为企业营销带来实际效益。

2. 运用客户数据优化开支

企业根据客户获取、保留和再激活等相关数据,分别制订相应的投资计划。企业根据自身实际情况,对新客户的获取和现有客户的保留进行相应的投资,同时,对于不同价值的客户,需要进行区别投资,使成本降到最低。

企业还可以根据相关的销售数据,对产品的生命周期价值进行评定,了解能带来最高生命周期价值的产品。同时,对处于不同生命周期阶段的产品采取与之相应的产品组合方式,不一概而论。不同渠道产生的客户生命周期价值存在较大差异,可通过大数据找到客户贡献率最高的渠道,便可以有针对性地对该渠道加大投资力度,使企业效益达到最高。

3. 预测，客户分析

企业通过对消费者的消费情况、购物车、网页浏览习惯等数据进行挖掘，可以从中获取消费者的生活方式、消费偏好、消费能力、首次购买可能性以及重复购买的可能性等一系列对企业营销有利的营销信息。同时，企业也可以因此确定哪些是为企业创造高利润的重点客户、哪些是增长最快的客户群体、哪些是已经流失或即将流失的客户群体等[145]，然后努力将潜在的客户转化为消费者，再将消费者转化为回头客。这就是企业发现顾客、保留顾客的过程。

企业可以根据消费者的行为数据分析出消费者的特征，并对不同特征的消费群体进行分类，有针对性地对不同的消费群体提供客户服务并开展营销活动，使客户满意，从而提升营销的成功概率。这不仅可以减少成本支出，还可以增加企业的销售量，提升企业经济效益。

4. 预测，提升用户价值

数据研究表明，如果消费者首次购买某产品，他们进行第二次购买的概率平均只有30%，但是如果企业可以说服消费者对其进行二次购买，那么他们未来再次主动购买的可能性就会大幅提高。因此，企业需要做好客户关系管理，才能有效地提升企业的经济效益。

在大数据的支持下，企业营销团队可以进行消费行为分析、流失分析、忠诚度分析等一系列的数据分析，结合这一系列的分析结果，可以制定相应的客户关系管理的各方面策略。例如，对新用户采取欢迎购买活动，包括感谢信和下次购买推荐信；对老用户采取刺激再次购买活动，包括发送一些促销邮件、使用说明邮件、组合产品信息等，从而实现企业客户关系管理目标，与客户建立长期的联系，随时了解客户消费动态与需求变化等信息，并制定相应的营销策略来提升客户的购买力，从而提升客户价值[146]。

5. 预测，制定精准营销

每一个企业的营销资源都是有限的，企业不可能对所有的客户投入相同的营销资源，选择正确的客户或细分市场，可以降低成本的支出，减少不必要的浪费，从而使企业得以盈利。然而，向谁推荐以及什么时候推荐是首先需要解决的问题。如果企业在某产品的销售过程中，过多地针对没有意向的客户进行推荐和销售，反而对有意向的客户推荐和销售其不喜欢的产品，这势必会给企业造成销售成本的浪费，从而导致企业经济效益的下降[147]。

通过对客户相关数据进行分析和挖掘，可以掌握客户感兴趣的商品、功能需要、价格接受程度等信息，然后为其提供一系列精准的个性化推荐，进行针对性的销售。将大数据作为企业制定营销策略的支撑，明显减少了成本和支出，为企业带来了极大的经济效益。

6. 预测，开展促销活动

企业在新产品上市时或者为了解决产品积压库存、扩大市场份额时都会开展一系列的促销活动，其目的不仅仅是拉动企业产品的销售数量，更重要的是要使企业品牌得到推广，并提升企业品牌的影响力，从而进一步扩大消费者对企业品牌的忠诚度，使企业品牌在市场中能够占领一席之地并能持续长久地发展。通过促销方式、广告促销量的变化，并结合客户群体的特点和需求，预测出消费者的消费趋势，从而确定广告的内容、投放地点、投放时段、投放方式等内容，并采取合适的促销方式，帮助企业取得良好的销售效果。

7. 预测，调整产品策略

企业一般在产品或服务被成功销售出去的一定时间后，会对产品或服务的销售信息进行数据挖掘，挖掘的信息包括产品的销售量、销售量的分布、顾客对产品的评价等。通过这些数据可以进行销售趋势、顾客对产品的需求差异等分析，这些分析使企业可以更好地调整产品销售策略和方案。例如，通过历史销售量可以分析出某个地域节假日前后产品需求的变化，企业通过这个变化信息可以提前调整生产计划。通过对销售量的监督可以及时了解到企业产品销售量的下降情况，然后用数据挖掘分析的方法可以分析出产品存在的缺陷和其生命周期。接着企业可以采取有效的措施对产品进行完善和升级，并制定相应的产品营销策略，确保企业的市场占有率[146]。

8. 预测，进行交叉营销

由关系理论可知，要想获取更大的利润水平，对现有客户进行交叉营销是一个有效的方式。交叉营销是指将新的产品和服务提供给现有的客户，在这个过程中，客户和商家在合作中实现互利共赢，客户能够从中得到更优质、更贴心的服务，而商家也能从不断增加的销量中获益[148]。

大数据对于企业实现交叉营销具有重要作用。一个成功的企业一般都掌握着数量众多的客户信息，在这些客户信息中客户购买行为信息显得尤为重要，这是因为在过去的购买行为信息中包含着影响客户重复性购买的关键因素。在大数据的基础上，营销人员可以通过建模的方式对客户的行为信息进行探讨，利用所建立的客户预测模型来预测其可能出现的行为，并对该行为进行评分。根据所得到的评分向不同的客户提供有针对性的产品和服务，这种将客户预测模型与客户关系管理系统中的营销模块相结合的方式，有利于企业交叉营销的最终实现。

9. 预测，留住客户

在管理客户的过程中，企业可以根据自己所处行业的特点，建立相应的模型来监控客户流失的可能性，做好流失管理。在客户流失的可能性过高的情况下，企业应随即查找出流失的根本原因，并通过建立数学模型来预测哪些客户最可能流失，然后尽快采取开展相应促销活动等手段以争取在客户流失之前挽留他们。

如果没能在客户流失之前及时挽留住他们，企业还可以对他们进行再激活。企业可以通过各种渠道搜集这些客户的消费信息，并与积累的历史数据进行整合、分析，从中确定需要激活哪一部分客户以及哪一部分客户最容易受影响。销售团队由此可对营销策略进行深度优化，进而将流失的客户找回来。

三、确立最低指标

企业在制订营销计划的时候要尽量避免与当前的经济背景、消费需求、社会潮流脱节。虽然有大数据的支撑，但若政治、经济、社会、法规等发生变动及市场需求发生变化，那么企业制定的营销策略也需要进行相应的调整。但是，无论在什么时候，企业要确立最低指标，在设计营销策略的过程中都要确保其能达到最低指标，这样才能保证此次营销是值得的。企业的最低指标可由下面的若干个指标组合而成。

1. 产生咨询

很少有消费者会盲目地购买某一件商品，他们的购买行为大多数都是建立在对该商品的认识和了解的基础之上的。消费者是否会购买某种产品，在一定程度上取决于他对这个商品的熟悉程度。

从某种意义上讲，为顾客提供顾客咨询服务相当于对顾客进行有效的、有针对性的广告促销。成功的营销策略应该能促使消费者对企业销售人员进行咨询。企业销售人员面对消费者的咨询，应该积极地帮助消费者解答有关的疑惑，为其提供相关商品的咨询服务，进而帮助消费者对本企业产品产生了解和认识，消除消费者对商品的各种疑虑。在这个过程中，销售人员可以对消费者进行启发和诱导，使其做出购买企业产品的决定。一般有信件咨询、电话咨询、当场咨询等方式可供消费者选择。企业要以咨询方式为依据，提供相应的咨询服务。

2. 创造销售额

创造企业的销售额除了可以通过做好产品推广之外，拥有一个优秀的销售团队也是十分必要的。企业要根据消费者数据的分析结果，掌握消费者的偏好，然后对销售人员进行相应的培训，提高销售人员的能力。销售人员的主动性越高，销售态度越积极，就能越有效地吸引消费者，交易成功的可能性也就越大。此外，销售人员还可以接收到消费者的反馈意见，这有助于企业制定适当的营销活动，使消费者满意，从而提高销售效率，对企业销售业绩产生积极的影响。

因此，企业在制定营销策略时，不能忽略为销售团队制订有效的管理方案，如精心制订一个奖励计划，提高销售人员的积极性，鼓励销售人员拓展业务。

3. 吸引准顾客

万事开头难，然而好的开始就是成功的一半，在销售领域也是如此。新产品的上市如何得到消费者的关注是一大难题，若能吸引准顾客，那便是好的开始。随后对消费者进行诱导消费，从而成功地促成消费。吸引准顾客的方法花样百出，企业可以通过对消费者行为数据进行分析，从而了解消费者的生活方式、兴趣爱好和消费偏好等信息，使用相应的方法来吸引准顾客。较为典型的方法有以下几种。

（1）赠送小礼品。赠送小礼品往往能够很好地吸引准顾客的注意，如包装上印有产品广告的一包纸巾、一张实用的鼠标垫、一个精美的笔记本等。

（2）推销。推销员可以通过其良好的语言表达能力，找到顾客所感兴趣的话题，为准顾客提供一个良好的听觉体验，以此来吸引准顾客的注意力。

（3）展示商品。可以通过一些有趣的方式来展示企业产品，使准顾客看到之后能暂时停下脚步来进行关注。例如，制作特大产品的模型、将产品摆放成有趣的形状、放置若干数量的产品试用装等。

4. 建立认知度

企业不要只是思考如何提升产品的销售额，还应该做好企业产品的推广，提升企业产品的知名度，让更多的消费者知晓企业产品。用户要先知道有该企业产品的存在，才能根据自身情况来判断自己是不是需要这款产品，进而决定要不要购买该产品。产品的推广过程本质上是一个信息传播的过程，一般可以分为广告推广和公关推广两个大类。一般也称广告推广为"硬"推广，称公关推广为"软"推广。广告推广一般有两种常见的形式：一是媒体广告，企业可以通过电视、广播电台、报纸等传播媒介发布产品广告，从而直接对企业的产品进行推广；二是网络推广，企业可以通过举行品牌发布会、庆典活动、媒体答谢会、公益活动等方式侧面烘托企业的品牌或产品。想要利用推广来提升企业的销售量，最好的方式是将两种方式相互结合。

如今的推广方式百花齐放、层出不穷，企业应通过大数据分析了解哪个推广渠道更能被受众所接受，合理地将"硬"推广和"软"推广两种方式相结合，利用相关的推广方式，帮助企业建立好品牌认知度。

5. 树立品牌形象

在市场竞争日益激烈的当下，企业品牌形象的竞争逐渐成为最高层次的竞争，品牌的形象在一定程度上决定了企业最终的销售量。因为谁能树立良好的品牌形象，谁就能赢得消费者的青睐，就能稳固自己的市场地位，并从中赚取源源不断的利润，而且能使企业在激烈的市场竞争中立于不败之地。

在现代竞争经济中，树立一个良好的品牌形象有助于企业争取更多的发展机会。如今，大多数企业进行推广的主要目的都是树立企业的品牌形象，使消费者对企业品牌有一定的认知，并能接受企业品牌。而企业要想将自己的品牌形象推广出去，并使其能在市场中长期立足，就必须制定适合自己的营销策略。企业要努力取得消费者的认知和信赖，并建立相对稳固的客户关系。在掌握并分析企业产品对消费者的影响力以及这种影响力所造成的认知度、满意度、忠诚度等信息后，能够及时制定并实施相应的战略，使企业品牌能走进并扎根于消费者或潜在消费者的生活中，争取在消费者心里占据第一位置，进而树立良好的企业品牌形象。

6. 指导分析目标市场

随着大数据时代的到来，企业的营销方式逐渐从以产品为中心到以客户为中心进行转变。企业经营想要获得成功，始终离不开对消费者的研究，只有在足够了解消费者并对消费者进行细分的前提下，企业才能"对症下药"，最大限度地满足消费者的需求，同时还可以为消费者创造需求。

企业可以利用数据挖掘技术对开展的营销活动效果进行分析和评价，吸取相关的经验和教训，然后根据反馈结果建立相应的模型。利用此模型准确地分析目标市场，预测符合营销条件的目标顾客，从而为其提供一系列精准服务和推荐，开展有针对性的精准营销活动。

7. 重复购买

企业可以根据积累的消费者数据分析消费者的心理，刺激消费者的需求和再次购买动机，为企业争取再次销售的机会。为刺激消费者对企业产品进行重复购买，企业可以通过对消费者行为数据进行分析，掌握消费者的消费习惯、消费偏好、优惠券使用情况等信息。在制定营销策略时选择向消费者提供优惠券，这样可以刺激他们重复购买企业产品。或者企业可以选择进行广告宣传，告知初次消费者在下一次回购时可以享受相关的折扣优惠。

同时要注意的是，售后服务是一个至关重要的环节，所以企业要做好产品的售后服务，良好的售后服务使消费者不仅会对企业产品有一个良好的体验效果，还会对企业有一个良好的印象，从而会乐于再次购买企业产品，企业也因此可以轻松地提升产品销售额。

第二节　找到需要的数据

在当今的互联网新媒体时代下，企业之间的竞争越来越激烈且竞争方式日益丰富。面对如此巨大的竞争压力，企业进行数字化发展是有效地适应新媒体时代企业营销需求的必由之路。有效地对企业数据库进行数据挖掘，将海量的数据转化为有价值的信息和知识，进而辅助企业制定更好的营销决策，是企业树立竞争优势和实现自身长足发展的重要手段。然而，数据挖掘与应用的前提是拥有数据，因此，企业如何获取数据在营销决策中起着决定性的作用。

一、如何确定与营销相关的数据

近年来，在信息爆炸的环境下，信息应用于人们生活中的各个领域。随着网络技术和电子商务的不断发展，各大商业环境中的信息和数据不断地膨胀，并且呈越来越丰富和密集的趋势，企业也因此积累到了浩瀚的数据。例如，消费者网页浏览记录、网页点击率、购买历史记录以及售后服务记录等。企业亟须从积累的海量数据中提取隐藏在其中的与营销相关的信息，用以进行市场预测、产品决策以及销售分析等来创造更多潜在的利润。

"顾客是上帝"，顾名思义，企业的营销始终是围绕着消费者来进行的。企业只有掌握了消费者在生活中的多层次、多维度的数据，才能够较为全面和准确地透析消费者的"真面目"，并以此作为制定营销决策的支持和依据，进而对消费者进行合理的营销。在海量的消费者生活数据当中，到底哪些才是与营销相关的数据呢？从生活者的角度出发，我们可以将与营销相关的数据划分为身份属性数据、消费行为数据、地理位置数据、社交网络数据、Web 数据等[149]。

1. 身份属性数据

一个人的身份属性可以说是一个人的标识。掌握了消费者的身份属性数据，有助于企业对消费者进行定位和分层管理，进而进行市场细分和产品定价。身份属性数据一般包括消费者的年龄、性别、家庭成员数、学历、职业、收入等能体现一个人基本特征的静态属性数据。

当消费者在企业平台上注册账号或使用应用和服务的过程中，他们通常都会输入自己的姓名、年龄及性别等身份属性数据，这些数据可以被企业记录，从而建立起消费者群体的身份属性数据库。

2. 消费行为数据

消费行为数据不仅包含传统的线下实体消费数据，还包括线上的网络购物数据。其中主要包括购买和使用产品/品牌的消费者是谁、购买何种商品、何时何地购买和使用、如何购买和使用、购买和使用的数量及频率等信息。若企业可以掌握消费者的消费行为数据，便可以通过对积累的数据进行分析，把握消费者的消费偏好，预测其消费趋势，进而可以基于消费者的消费偏好对其进行个性化的推荐，促成有效购买和消费。同时，掌握了消费者的消费行为数据还可以帮助企业对线上经营和线下经营进行有机整合，扬长避短，为消费者提供全方位、个性化的综合体验。

企业可以通过一线销售人员、企业的经营统计、财务报表和销售统计等渠道来对消费者的消费行为进行持续的监测和记录，从而建立起消费者群体的消费行为数据库。

3. 地理位置数据

现如今，地理位置数据已经慢慢地渗透到我们生活中的各个领域，与我们的生活息息相关。对于行业来说，在移动互联网和物联网的快速发展与日益普及下，地理位置逐渐成为一个基本属性。对于个人来说，人们会以自己所处的位置为起点，利用智能移动终端来规划行车路线和旅游行程、查找附近的医院和美食等各种位置信息。有时还需要将自己的位置告知别人，例如，与好友进行位置共享、聚会地点的通知等。对于企业营销来说，地理位置数据一般指的是消费者在空间上的移动位置数据，通过对消费者实时的地理信息数据进行洞察和分析，可以大体了解消费者日常的主要活动范围，进而可以对消费者进行基于位置的精准营销。例如，当消费者所处的位置靠近某个商店时，系统便会给消费者的手机自动推送一系列相关的商品信息。

企业可以通过 GPS 位置采集与分享工具、手机信号塔数据、Wi-Fi 连接、IP 地址等渠道来获得消费者的地理位置数据。

4. 社交网络数据

随着 3G、4G 网络的快速普及，智能手机、笔记本电脑、平板电脑等移动智能终端的出货量增长迅猛，与此同时，各种社交软件也随之兴起。在如此快节奏的都市生活中，虚拟的网络社交往往比现实的面对面交往更为频繁。越来越多的人更愿意通过社交网络分享自己的生活，他们可以通过各种社交软件进行交友、与好友聊天互动、分享周边的新鲜事物或者对某件事发表自己的意见和看法等。通常人们的现实情感、内心的渴望以及个人需求等都会通过社交网络直接表达出来。由此可以看出，社交网络有着如此强大的传播功能，企业应该学会最大限度地合理利用社交网络平台来进行自媒体精准传播。

对此，企业应该充分利用人们常用的社交软件，如QQ、微博、微信、博客、论坛、社区等来搜集用户信息，然后通过对这些数据进行分析，进而对潜在的需求用户进行预期消费分析以及指导性预测。

5. Web数据

在互联网日益普及的当下，除了日常的网络社交，人们还会花大量的时间用于各种信息的搜索并浏览网页、查看相关图片以及播放相关视频等。这一系列的网络痕迹能够被追踪并加以分析利用，这些数据可以统称为Web数据，既包括传统的PC端数据，也包括移动端数据，如智能手机、平板电脑等。

随着大数据和现代科技信息的不断发展，企业可以借助移动网、物联网以及云计算等的运用，搜集人们访问的页面、网页点击次数、访问内容、访问时长等相关的行为数据。通过这些行为数据，可以帮助企业进行营销市场咨询、营销策略设计和制定、产品组合设计、资源投放策略设计等。

二、怎样搜集需要的数据

在互联网信息时代的背景下，用户在企业网站上发生的各种行为都有可能被记录下来，如网页的搜索和浏览、对商品的打分和点评、将商品加入购物车、购买某商品和退货、使用优惠券等，甚至发生在支付平台、社交网络、电子购物平台、即时通信工具等虚拟化的平台上的相关行为也会留下痕迹。这些海量的数据隐藏于网络的各个角落，如何搜集营销所需要的数据已成为企业关心的问题。目前，可以将搜集数据的方式分为以下三种。

1. 搭建自己的数字营销平台

如今，市场和消费者的行为都呈现出碎片化、互联网化和多样化的特点，因此为了能够尽可能地掌握市场的发展动向和消费者的行为习惯，企业应建立属于自己的综合性数字营销平台。其中可整合多个新媒体资源，包括官方网站、淘宝天猫旗舰店、企业官方微博、微信公众号以及手机 APP 客户端等。企业可以通过这些渠道来全方位、多维度搜集消费者信息。例如，通过 Cookie 技术来实现对消费者网页浏览记录的追踪，同时还可以利用网络爬虫技术来获取并记录消费者的网络行为，进而获得更多的消费者行为数据。通过消费者在淘宝天猫平台上的购物车、优惠券使用情况以及订单详情、售后服务申请等来了解消费者的消费特征和消费习惯。不定期地在官方微博和微信公众号上发布相关的新产品信息、产品组合优惠信息以及产品价格等信息，收集和记录消费者的反馈信息。洞察消费者在微博和微信上发布的内容、热门话题、关注的领域以及粉丝构成等来进一步了解消费者的消费偏好。企业 APP 可以注册的名义，通过网络消费者登记来收集客户基本信息数据等。

企业通过自身的网络数字平台，可以获取和完善更多的消费者信息，帮助企业抓住消费者的兴趣特征和消费偏好，为后续的精准营销打下牢固的基础。

2. 企业间资源共享

虽然企业在建立自身数字营销平台的基础上积累了大量的消费者数据，但是不管平台多大，都没办法做到面面俱到，很难覆盖到每个消费者生活的方方面面。因此，企业为了能获取更加完善的营销数据，可以与其他企业共享各自积累的数据资源，对数据进行有效的整合，进而达到数据优势互补。

以购物平台和社交平台为例，购物平台有了社交平台的支撑，能做到更有效地掌握消费者除了消费习惯之外的其他兴趣爱好和行为习惯。有了这些用户的社交信息，购物平台可以为消费者提供一系列的定制服务，进而进行精准营销。同样地，社交平台与购物平台合作后，可以很方便地掌握消费者的消费偏好和消费习惯，有助于其迎合用户的"口味"，为用户推荐更为精准的产品信息和广告。

3. 第三方数据服务供应商

除了建立数字营销平台和企业间资源共享，企业还可以通过采用第三方数据服务供应商的方式来获取相关的营销数据。随着互联网经济的快速普及和电子商务的广泛应用，企业对第三方数据服务供应商的需求有了明显增加。第三方数据服务供应商指的是那些专业搜集各行各业中相关的市场数据，并提供数据处理和数据解决方案的公司。这些公司会通过多种专业的渠道获取大量的数据。例如，搜集国家统计年鉴数据、购买企业年鉴以及分析报告数据、消费者行为调查数据等，并将这些来自各种渠道的数据信息组合在一起，应用超级计算机、并行处理、神经元网络、模型化算法等其他信息处理技术手段进行处理和整合，然后将这些信息有偿提供给企业使用[150]。

因此，数据基础薄弱的企业就可以通过从第三方数据服务供应商购买并使用数据。通过对这些数据进行洞察和分析，企业可以推断出消费者在现有消费需求的基础上，还可能会导致或诱发哪些与此相关的其他需求，企业如果能满足这些潜在的需求，就可以在原来的基础上挖掘出潜在的利润，提高盈利率。

无论通过何种方式，资源整合已然成为一种不可逆转的趋势。企业只有对数据资源进行全面有效的整合，才能真正拥有一个以消费者为中心的、能为企业所用的行为"大数据"库，才能真正做到从以产品为中心到以消费者为中心的营销方式的转变。这也是企业开展大数据挖掘的精准营销的前提。

第三节　如何剔除无用的数据

时至今日，众多企业都已经具备大数据、人工智能的通用能力。这就意味着，他们已经掌握了获取各类数据的渠道。虽说得数据者得天下，但是在数据的海洋中，企业往往不是使用长矛精准地捕捉鱼类，而是对鱼群进行一网打尽，结果它们收获的往往是一堆没有任何规律和结构条理的垃圾数据。对于积累的这些杂乱数据，企业需要对其进行整合、洞察并提炼，剔除无用数据，让有效的信息为营销决策的制定提供支撑。提升企业的竞争力，帮助用户解决问题，这是企业真正需要的，同时也是大数据正确的用途。

数据清洗的原理是按照事先设计好的清理步骤，利用相关的数据挖掘技术将未清洗过的数据（脏数据）转化为满足企业营销所需要的数据，如图4-2所示。

脏数据清洗过程大体可以分为四个步骤：首先，检查原始数据，剔除其中的

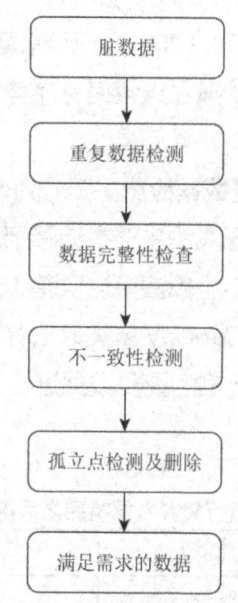

图 4-2 脏数据清洗原理

重复数据；其次，检测数据的完整性，有助于提高数据分析结果的正确率；再次，对数据进行不一致性检测并完成相应的修复，从而降低无效数据对后续数据分析造成的影响；最后，进行孤立点检测，并及时删除孤立点。

表 4-1 是某个小区的消费者数据。下面以这个原始数据的片段为例，具体阐述数据清洗的过程。

表 4-1 原始数据片段

序号	姓名	籍贯	QQ 邮箱
1	张三	北京	123456789@qq.com
2	李四	上海	987654321
3	张三	北京	123456789@qq.com
4	王五	Guangzhou	123789456@qq.com
5	赵六	女	456123789@qq.com

从表 4-1 中可以很容易地判断：①重复的数据有序号 1 和序号 3 所对应的数

据项；②不完整的数据有序号 2 中的 QQ 邮箱属性；③与其他数据项不一致的数据有序号 4 中的籍贯属性；④孤立点数据有序号 5 中的籍贯属性。具体的数据清洗步骤如下[151]。

（1）重复数据检测。重复数据检测主要分为两种：一是基于字段的重复检测，而常见的基于字段的重复检测算法主要有编辑距离算法、树编辑距离算法等；二是基于记录的重复检测，有不少算法可以供基于记录的重复检测使用，如优先队列算法、排序邻居算法以及 Canopy 聚类算法等[152]。

通过重复数据检测，对上例的重复数据进行删除后，得到如表 4-2 所示的数据片段。

表 4-2 进行重复数据检测之后得到的数据片段

序号	姓名	籍贯	QQ 邮箱
1	张三	北京	123456789@qq.com
2	李四	上海	987654321
4	王五	Guangzhou	123789456@qq.com
5	赵六	女	456123789@qq.com
被删除数据			
3	张三	北京	123456789@qq.com

（2）数据完整性检查。在数据库中经常存在含有缺失值的数据项，如对于某个消费者数据信息中的电子邮箱属性，可能在输入数据时漏写了邮箱的后缀，因此导致其电子邮箱在数据库中以一个无效值表示。对于缺失值的情况，可以根据数据不同的属性值来设计相应的算法类型，进而以实现缺失值填充，常见的算法有均值估算法，即将该数据项前 n 位数据的均值作为其缺失值填充。

上述例子在数据完整性检查并进行缺失值填充之后，得到如表 4-3 所示的数据片段。

表 4-3　进行数据完整性检查之后得到的数据片段

序号	姓名	籍贯	QQ 邮箱
1	张三	北京	123456789@qq.com
2	李四	上海	987654321@qq.com
4	王五	Guangzhou	123789456@qq.com
5	赵六	女	456123789@qq.com
缺失值数据			
5	李四	上海	987654321

（3）不一致性检测。常见的造成数据不一致的原因有：数据的形式、格式不一致，字段之间不对应，或者是系统硬件发生故障等。根据基于规则的专家系统，确定各属性项的约束规则，包括其合理的取值范围以及统一标准的定义方式，在这个过程中，根据约束规则对数据项进行合理的划分，剔除不满足约束规则的数据，并从约束条件中得到修复值，然后根据得到的修复值对不一致的数据项进行相关的修复，即将定义方式不同的属性项按统一的标准进行统一。

对上述例子进行不一致性检测并进行修正后，得到如表 4-4 所示的数据片段。

表 4-4　进行不一致性检测并进行修正后的数据片段

序号	姓名	籍贯	QQ 邮箱
1	张三	北京	123456789@qq.com
2	李四	上海	987654321@qq.com
4	王五	广州	123789456@qq.com
5	赵六	女	456123789@qq.com
不一致数据			
4	王五	Guangzhou	123789456@qq.com

（4）孤立点检测及删除。在数据清洗过程中，需要发现数据集中小部分异常的对象，这就是孤立点检测。孤立点就是那些明显偏离其他数据对象，与大

多数数据的特征不一致的数据。由此可看出，孤立点可以看作一种干扰信息或者异常数据，需通过对数据进行孤立点检测，以减少或删除孤立点，并避免有效信息丢失。常见的孤立点检测算法有基于统计学原理的孤立点检测算法、基于密度的孤立点检测算法、基于聚类的孤立点检测算法以及基于距离的孤立点检测算法等。

不难看出，上例序号 5 中的籍贯属性属于孤立点数据，应该删除，故经过孤立点检测之后得到的数据片段如表 4-5 所示。

表 4-5　进行孤立点检测并删除后得到的数据片段

序号	姓名	籍贯	QQ 邮箱
1	张三	北京	123456789@qq.com
2	李四	上海	987654321@qq.com
4	王五	广州	123789456@qq.com
5	赵六		456123789@qq.com
孤立点数据			
5	赵六	女	456123789@qq.com

数据质量问题会大大降低企业对大数据应用的效率，因为对低质量数据进行分析和查询将很容易造成营销者做出误导性的决策，从而导致错误的结果。而数据清洗无疑是企业提升大数据应用效率的好方法。通过对收集到的原始数据进行清洗，剔除无用数据，不仅可以提高数据的质量，还可以提升数据挖掘结果的准确度，为营销者做出正确的预测和决策提供强有力的支持。

本 章 小 结

在互联新媒体时代的当下，信息的传递与分析速度更快、更加详细，为企业的大数据营销带来了更多的机会。更快的数据分析能够为企业对自身未来的发展方向提供数据支持，减少营销过程中不必要的错误尝试，同时能够得到新的突破。大数据时代对于企业是一把双刃剑，它为每个企业带来了相同的机会，但也使企业在获取大数据营销的过程中花费了很大成本却无法取得科学的、有效的营销数据。这些问题阻碍了企业在大数据时代的发展。为解决这些问题，首先，企业要确定营销目标，识别出哪些是与增加盈利直接挂钩的指标，并根据这些指标制定相应的企业长远营销目标，在这个过程中，确立最低指标能保障企业营销得以盈利。其次，企业要确定哪些是与营销相关的数据，并采用合适的方法来搜集所需的数据。最后，企业要对搜集到的数据进行清洗，剔除无用的数据，保留有效的、有价值的信息，使其能为企业营销决策的制定提供强有力的支撑。

第五章　大数据分析工具

联合可口可乐瓶装公司（Coca-Cola Bottling Co. Consolidated，CCBCC）使美国东南部的人在炎热的夏天可以享受到冰可乐。CCBCC 作为美国最大的独立可口可乐瓶装公司，主要业务是对无酒精饮料的制造、销售以及配送，主推可口可乐公司的产品。该公司位于北卡罗来纳州的夏洛特市，其服务范围十分广泛，遍布了近 12 个州。自从 CCBCC 引进了商业智能软件 Tableau 之后，它给公司带来了巨大的经济效益。该公司在引入 Tableau 之前，存在许多和数据分析相关的问题。

（1）因为仪表板刷新一次视图要经过 1000 多个步骤，过于烦琐和困难，所以公司一个月才刷新一次视图。

（2）IT 部门和业务部门之间存在隔阂，两者都十分迫切地想了解彼此的需求。

（3）当数据报告需要从公司的数据仓库中生成时，相关人员需要使用程序语言，将所需数据或数据内容从庞大的数据仓库中取出，其产出的报告会以文本文件的形式呈现出来，数据分析则是使用简单的电子表格来呈现。所以现场销售团队和主管人员想要查看最新的数据报告，都必须要在办公室才能看到。

（4）因损耗造成价值达百万美元的问题一直找不到相应的解决方法。

该公司在引入 Tableau 之后，产生了一些变化。

（1）Tableau 可以帮助企业整合多个数据来源，非常轻松便能取得所需数据或数据内容，所以相关工作人员只需单击一次就可以轻松实现仪表板的更新。

（2）IT 部门和业务部门都共同使用 Tableau 软件，从此建立了十分良好的合作伙伴关系。

（3）公司内超过 800 名员工可以在任何时间和任何地点通过手机、平板电脑等移动设备，十分轻便地取得分享报告并通过 Tableau 服务器仪表板进行互动性浏览。

（4）营销部门通过 Tableau 软件来获取用户行为、市场趋势等数据，更有效地掌握了消费者的消费偏好，进而提高了跟踪和减少损耗的能力[153]。

在大数据发展的过程中，像这样获得巨大成功的案例已经不胜枚举。从以上 CCBCC 的案例中，我们大概已经了解到了数据处理与数据分析的神奇魔力以及其在当今时代的重要性。

数据分析需从数据出发，对大量杂乱无章的数据进行归纳、整理和提炼，从数据中找出内在规律和联系，并且结合当前实际情况预测未来的发展趋势，为决策提供参考依据。数据分析通常采用统计学的方法将目标数据进行整理、筛选、分类和汇总，深入发掘数据的有用信息，以发挥数据的最大效用，从过程、规律和变化的总结中得出结论。

通过各种分析技术，如统计运算、分析模型、分析工具和数据挖掘等来寻找数据与数据之间的关联、规律和变化趋势，从而为问题的解决，多种方案的抉择和决策提供数据支持。庞大的数据需要使用正确的数据方法、选择合适的侧面去分析，数据的动态变化也需要我们去仔细考虑和甄别，选择应该关注哪一部分。要学会将经典的方法与自身企业发展状况相结合，使之形成一套属于自己的优秀思路与分析方法[154]。

第一节　分析数据工具

在数据分析的过程中，可以通过使用相关的分析数据工具对各种数据资料进行全面分析，以最大化地挖掘大数据的用途，发挥大数据的价值和作用。从事数据分析的工作人员可以在实际的数据分析中结合企业的具体业务，利用有关分析数据工具，对海量数据进行预处理、分析、挖掘并且呈现出较为直观的分析结果，进而帮助相关人员对企业的相关业务做出评估和预测。以下是企业常用的两个分析数据工具。

一、JMP

JMP 是一款 SAS 公司旗下的高端数据分析软件，软件面向所有基于 Windows 与 Macintosh 平台开发的用户部门。这套软件十分方便，一如既往地继承了 SAS 软件在算法上的高效性。JMP 的设计以统计方法的实际应用为目标，拥有很强的交互性和可视化能力，使用非常方便，特别适合没有太强的统计学知识背景的数据分析人员使用[①]。

JMP 的主要功能就是要帮助使用者对资料进行分析与研究，它结合了高端交互分析、地图分析和图形分析的前沿技术，通过单击和菜单就可以实现相关功能，并且它的分析结果和图形都可以很方便地嵌入 Windows 和 Macintosh 下的文件编辑和处理软件中，在建模、数据挖掘、探索性数据分析、可靠性预测、实验设计等关键领域都有非常好的表现。事实上 JMP 在苹果、英特尔、特斯拉等高科技企业中都已经得到了广泛的应用。

纵观未来，对于大数据领域来说，企业要想颠覆传统的思想，遨游在大数据的海洋之中，就一定要随着大数据时代的发展而进行改革创新，而 JMP 具备数据分析和业务创新的理论基础，企业通过应用 JMP，才能实现对过去的持续改善，并进行一系列的创新突破。

JMP 可以为我们提供一个图形界面来显示并分析数据，其常用功能可以简单归纳为以下几点。

（1）在数据表单上浏览数据，并对数据进行编辑、输入以及处理。
（2）对表单里的数据进行排序、合并。
（3）对数据进行快速的分组和统计计算。
（4）拥有强大的、图形化的统计技术和数据分析功能。
（5）输出分析结果[155]。

以下是一个简单的对数据进行排序的操作案例。
首先，运行 JMP，得到如图 5-1 所示的窗口。

---

① 参考 JMP 官网：https://www.jmp.com/zh_cn/software.html。

图 5-1 JMP 主窗口

接下来,按照图 5-2 中所示,执行"文件"→"新建"→"数据表"命令,得到如图 5-3 所示的空数据表。

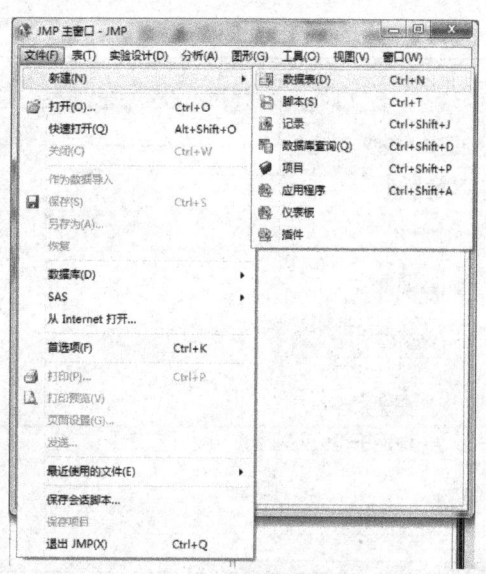

图 5-2 新建数据表

图 5-3 空数据表

将数据表中的列名改为"销售量",如图 5-4 所示,并输入相应的产品销售量,如图 5-5 所示。

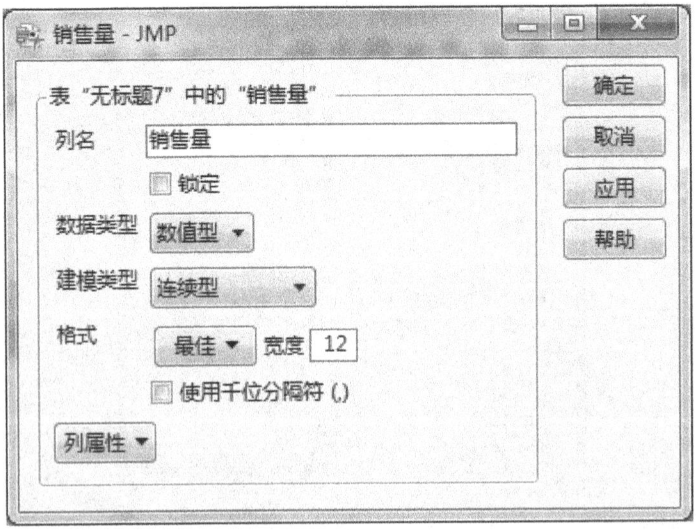

图 5-4 修改列名

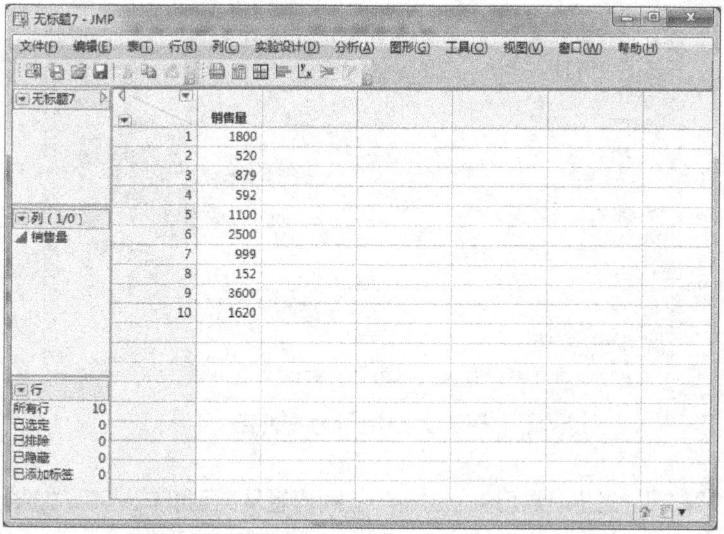

图 5-5 输入数据

如图 5-6 所示,单击 ▼ 按钮,执行"表"→"排序"命令,弹出"排序"窗口,在该窗口中选择销售量所在的列为依据,再单击 ▼ 按钮进行降序排序,如图 5-7 所示。

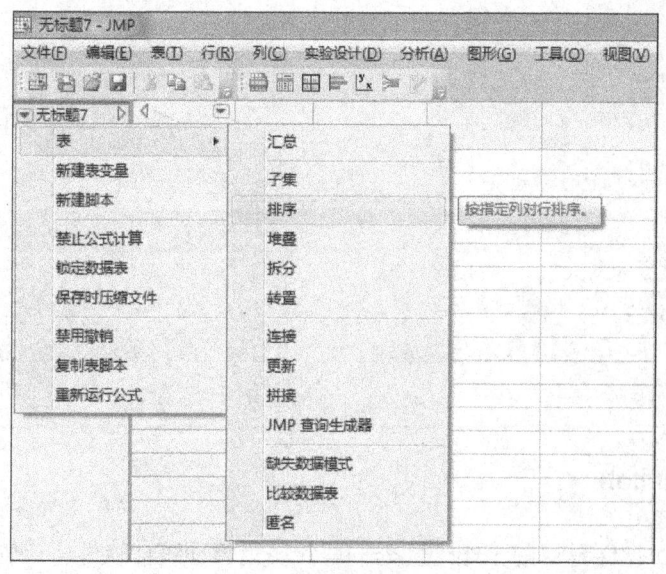

图 5-6 选择排序功能

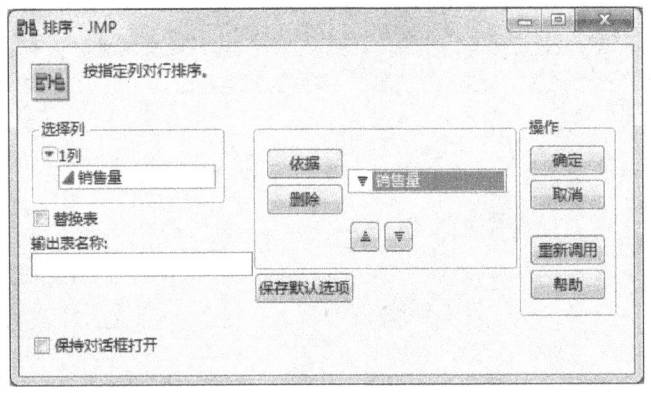

图 5-7　对排序进行设置

单击"确定"按钮，便可以得到各产品销售量从高到低的排序，如图 5-8 所示。

图 5-8　排序结果

二、Minitab

Minitab 软件是目前工作中优秀的现代质量管理统计软件，该软件以无可比拟的强大功能和简易的可视化操作深受广大质量学者和统计专家的喜爱。美国的宾夕法尼亚州立大学在 1972 年发布了 Minitab 软件。Minitab 软件是质量管理和六西格玛①实施的领先者，为质量改善和概率应用提供准确与易用的工具。它拥有十分强大的统计、计算及制表等功能且容易上手，能满足不同行业的需求，被广泛应用于医学、社会学等各大研究领域中。

Minitab 的绘图功能也十分强大，它不仅可以绘制单目标函数的等高线图，还可以绘制多目标函数的等高线图，这为多目标优化提供了更为直观的方法[156]。

此外，Minitab 的基本数据的输入、输出方式与 Excel 相似，因此可以很方便地、简单地输入数据，使复杂的数据统计分析简单化，便于我们理解分析结果。最高版本的 Minitab 允许用户对存储在二维工作表中的数据进行分析，包括基本统计分析、回归分析、方差分析、多元分析、非参数分析、时间序列分析、试验设计、质量控制、电子设计自动化（electronics design automation，EDA）、模拟绘制高质量三维图形等。

下面提供一个 Minitab 的简单操作案例。

企业为了能更好地升级产品，提高产品质量，对产品的成品进行检查，统计发现产品有部分缺陷，如表 5-1 所示。

表 5-1　产品缺陷情况

项次	不良项	数量
1	有划痕	200
2	缺角	350
3	强度不够	125
4	漏焊	600
5	其他	45

首先，收集缺陷项数据，将收集到的数据列成表，并输入 Minitab 中，如图 5-9 所示。

---

① 六西格玛（six sigma）是一种管理策略，它是由当时在摩托罗拉任职的工程师比尔·史密斯于 1986 年提出的。这种策略主要强调制定极高的目标、收集数据以及分析结果，通过这些来减少产品和服务的缺陷。六西格玛背后的原理就是如果你检测到你的项目中有多少缺陷，就可以找出如何系统地减少缺陷，使项目尽量完美的方法。

C1-T	C2	C3	C4	C5
缺陷项	数量			
有划痕	200			
缺角	350			
强度不够	125			
漏焊	600			
其他	45			

图 5-9　输入缺陷项数据

执行"统计"→"质量工具"→"Pareto 图"命令，如图 5-10 所示。

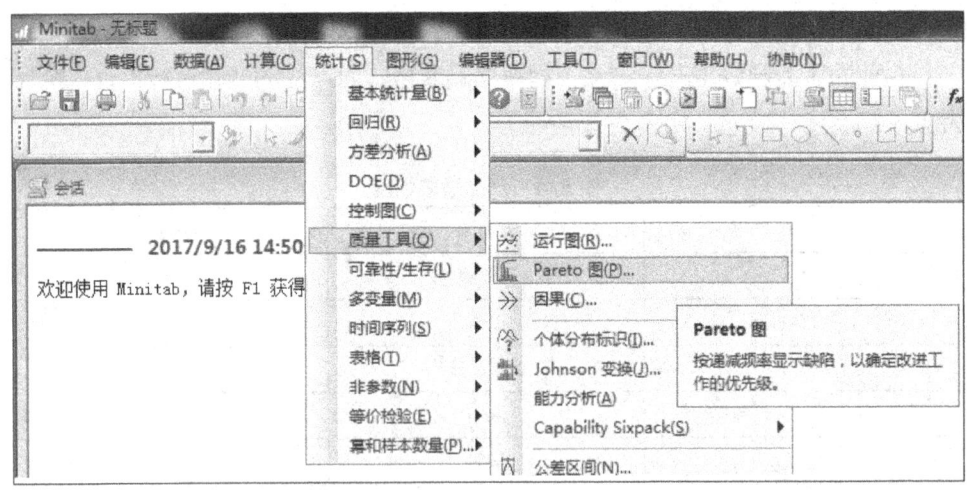

图 5-10　选择 Pareto 图选项

在 Pareto 图定义界面中将缺陷或属性数据以及频率分别选择进去，如图 5-11 所示。

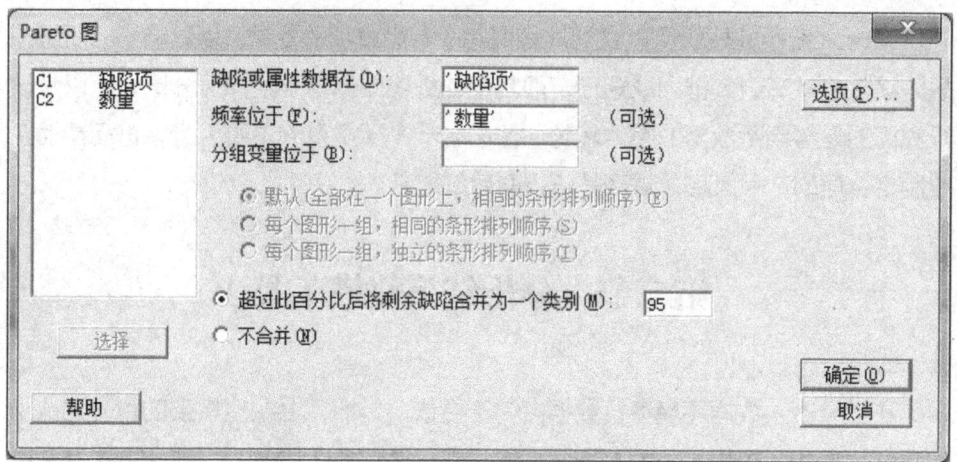

图 5-11 Pareto 图定义界面

单击"确定"按钮,输出相应的 Pareto 图,如图 5-12 所示。

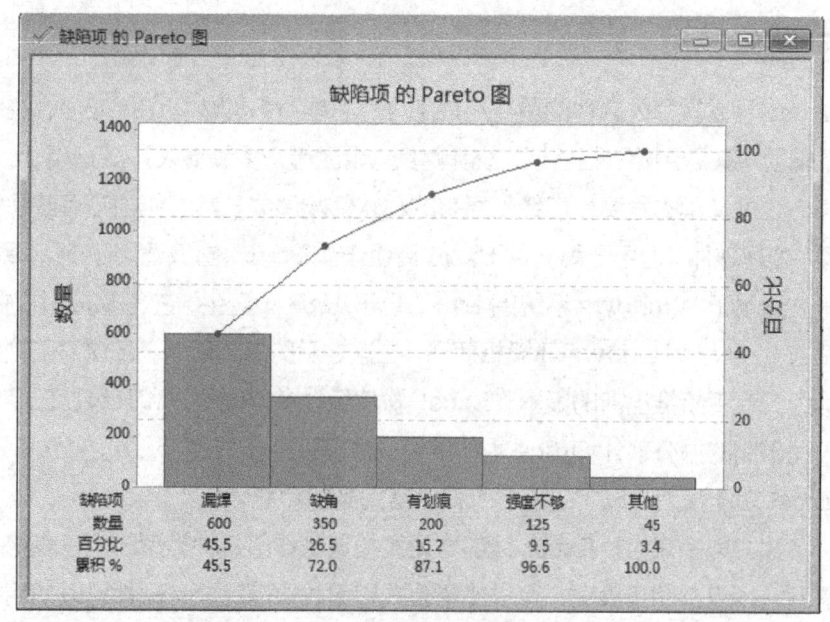

图 5-12 缺陷项的 Pareto 图

Pareto 图中的柱形可以直观地表现每个不满意项的数据，将影响产品质量的缺陷项数量从高到低排列成矩形，而其中的折线图体现了累计百分比，可以从该折线图的走势判断数据的整体趋势，找出影响产品质量的主要因素，进而帮助企业制定合理的产品策略，对产品进行有效的改善。

第二节　分析结果建模工具

在如今的大数据环境下，数据就等于金钱。然而，企业搜集到的百分之八十的数据都是非结构化的，因此需要根据不同的业务需求来建立不同的模型（例如，客户流失预警、购物篮分析、营销响应、欺诈检测等），将其转换为可理解的、可用的结构化形式，从中提取有价值的信息，进而掌握营销过程中各影响因素的关联关系。下面介绍几种对数据进行建模的工具。

一、Excel

Excel 是微软办公软件的重要组成部分，它能对各种数据进行处理、统计分析并且辅助决策的制定，在管理、统计财经、金融等众多领域被广泛运用。Excel 电子表格经过多年的发展，已经从原来的小软件发展成日常工作中不可或缺的数据管理、处理软件。世界上第一款 Excel 诞生于 1985 年，它只适用于 Mac 系统。而第一款适用于 Windows 系统的 Excel 也于 1987 年诞生，它在 Mac 中的版本号为 2.0，并且与 Windows 环境相捆绑。在这之后的每隔两年，微软为了扩大自身的优势，会不断推出新的版本。Excel 软件经过多年的改进和升级，已经成为微软公司研制的办公软件 Office 中的重要成员。

Excel 功能强大，以下是人们工作中常用到的功能。

（1）建立电子表格。Excel 能够方便快捷地制作出各种类型的电子表格，当数据需要进行复杂的运算时，可以使用公式和函数快速完成；软件可以使用各种图表来表示数据，使人一目了然；用户可以利用超链接的功能与世界各地的互联网用户共享文件。

Excel 为用户提供无数张空白的工作表，每张工作表由 256 列和 65 536 行组成，行和列交叉处组成单元格，每个单元格可容纳 32 000 个字符，因此 Excel 能满足大多数业务对数据处理的需要。运用 Excel 软件处理数据相当于将数据从静态变成动态，使数据的处理和管理发生了质的变化，并且能充分发挥计算机自动和快速的优点。在 Excel 中可直接利用软件自带的函数对数据进行分析，不需再一次进行编程，就可实现对数据的检索、分类、排序、筛选等操作。

（2）数据管理。打开 Excel 软件后，在屏幕上显示的空白表格直接输入数据，就可形成日常生活中的各种表格。例如，产品销售数量表、员工工资表、营销成本表、报价表等。表中不同栏目的数据有许多类型，对于日常建表的用户不用特别指定，并且 Excel 会对所输入的数据进行自动区分，区分的类型有数字型、文本型、日期型、时间型、逻辑型等。表格的编辑操作也十分简便，可任意输入和删除表格的行、列或单元格。在 Excel 中可对数据的字体、大小、颜色、底纹等进行相应的更改。

（3）制作表格。图表能够直观地表示数据的分布情况，即使是复杂的数据关系也能通过图表的形式让人一目了然。Excel 为用户提供 14 类共 100 多种基本的图表，包括柱形图、饼图、条形图、面积图、折线图、气泡图以及三维图。在 Excel 中同一组数据的展现形式可以通过不同类型的图表来改变，可对图表中的标题、坐标轴、网格线、图例、数据标志、背景等各种对象按照自己的意愿进行编辑，也可在图表中添加文字、图形、图像。在设计图表时可以用图表向导，使之能够更方便、灵活地完成精致的图表，让人眼前一亮。

（4）数据网上共享。Excel 与互联网衔接，为用户提供了强大的网络功能。用户可通过超链接的形式在网上获取共享数据，也可以将自己的工作簿保存在共享网站上，分享给其他互联网用户，做到信息共享。

下面是一个利用 Excel 来建立简单的数据分析模型，进而评估某淘宝店单品转化率的简单操作案例。

这里取 2017 年 9 月 1 日到 2017 年 9 月 7 日这 7 天作为这个 Excel 数据分析模型的分析评估周期，需要采集的指标有如下几个：成交转化率、访客量、咨询转化率、出店率。案例将通过简单的 Excel 数据分析模型来分析单品的成交转化率分别与访客量、咨询转化率、出店率之间的相关系数。

（1）录入 2017 年 9 月 1 日到 2017 年 9 月 7 日这个时间段的相关指标数据，如图 5-13 所示。

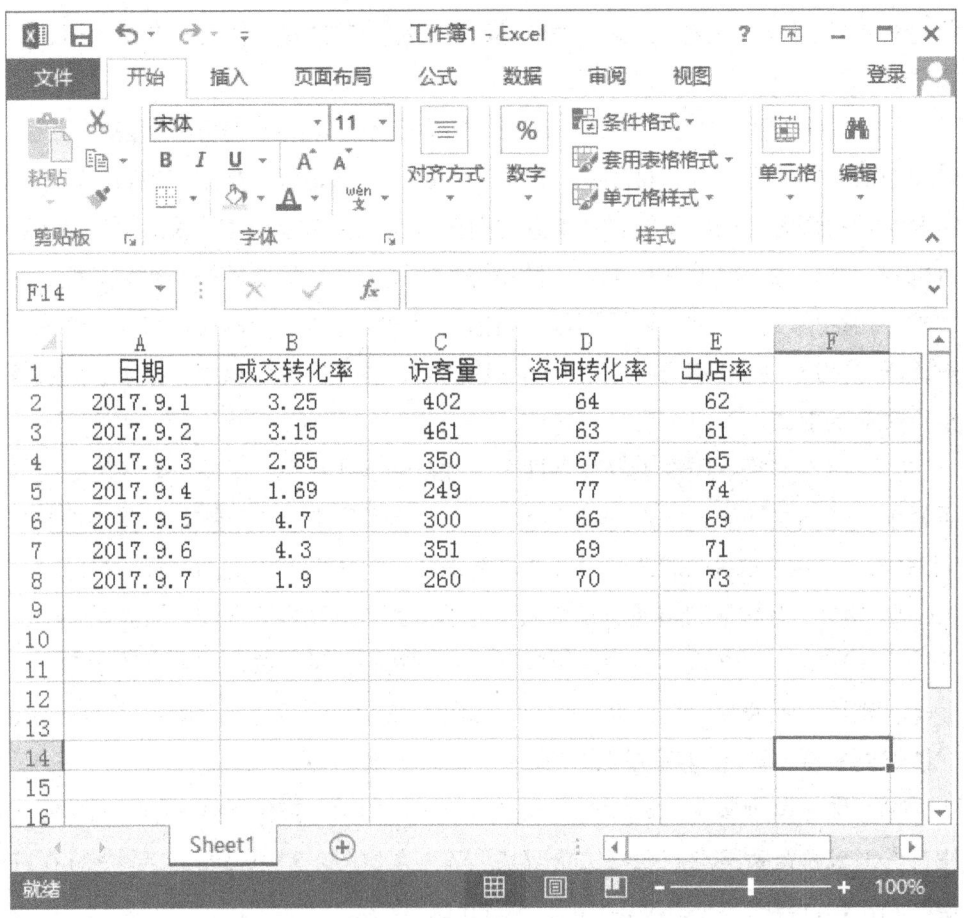

图 5-13　录入数据

（2）执行"公式"→"插入函数"命令，如图 5-14 所示。

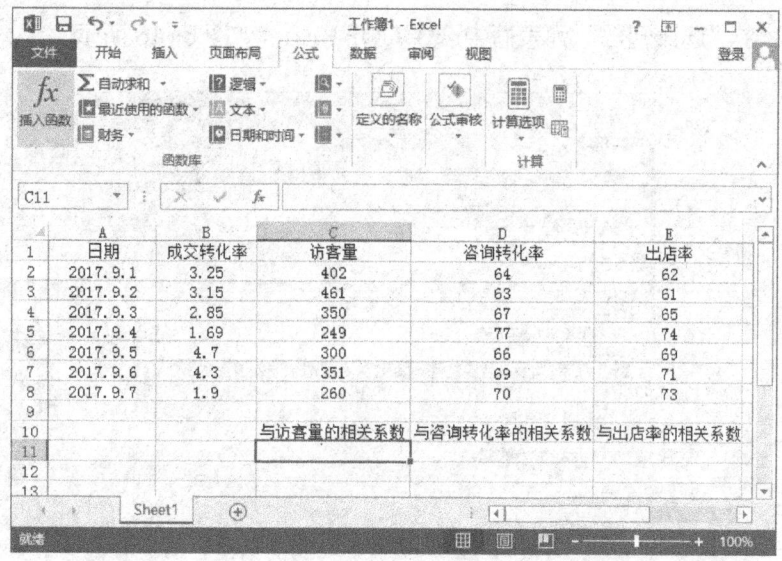

图 5-14 插入函数

（3）在"或选择类别"下拉列表框中选择"统计"选项，如图 5-15 所示。

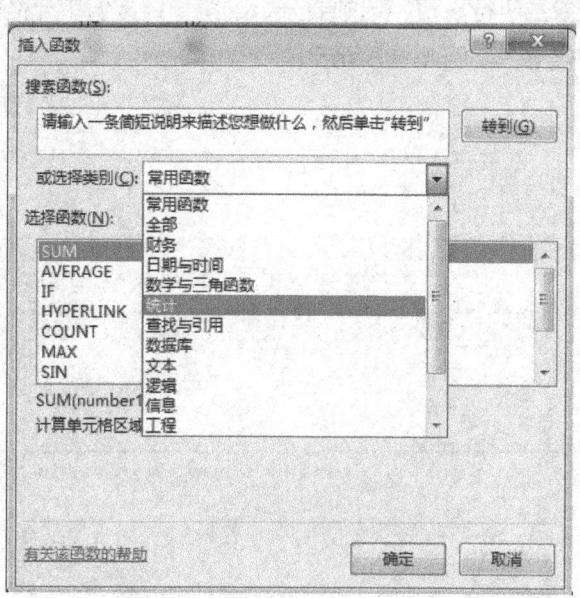

图 5-15 选择统计函数类别

(4)在"选择函数"列表框中选择 CORREL,如图 5-16 所示。

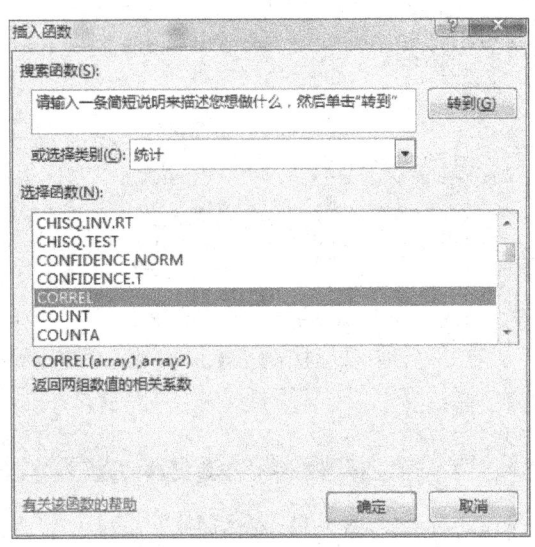

图 5-16　选择 CORREL 函数

(5)对函数参数进行设置,选中要分析的第一组数值单元格区域,这里需要选定的是成交转化率,如图 5-17 所示。

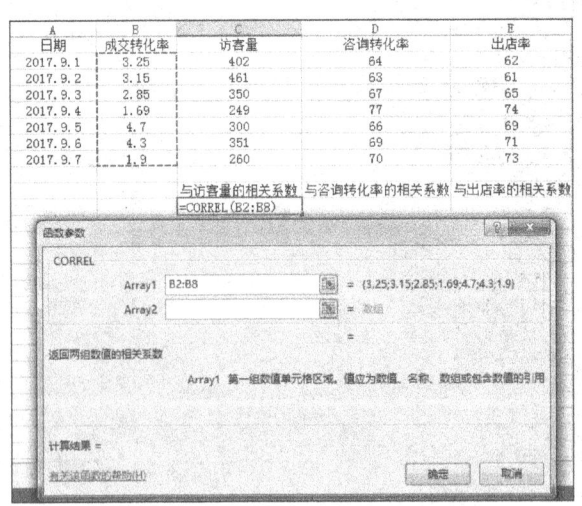

图 5-17　选择第一组数值单元格区域

（6）选中要分析的第二组数值单元格区域，这里需要选定的是访客量，如图 5-18 所示。

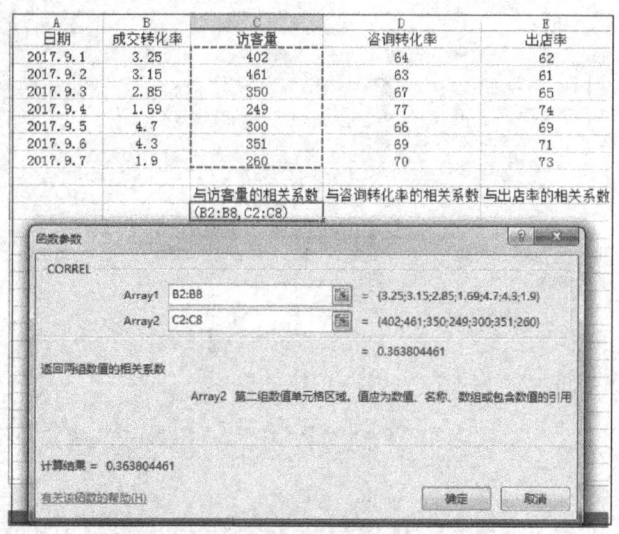

图 5-18　选择第二组数值单元格区域

（7）得出成交转化率与访客量的相关系数，如图 5-19 所示。

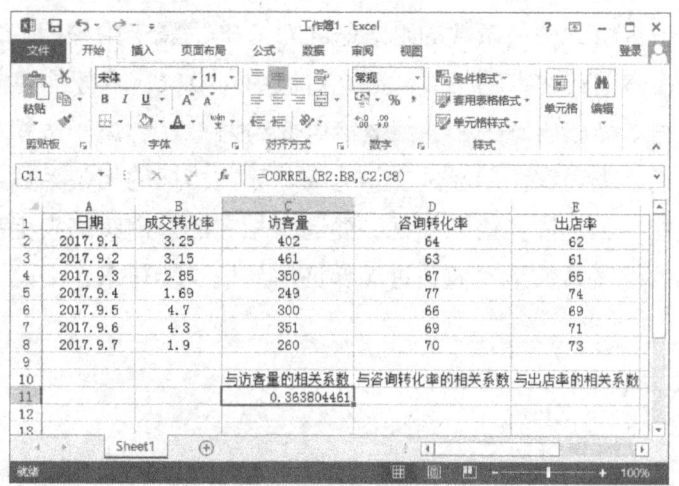

图 5-19　成交转化率与访客量的相关系数

（8）按照以上步骤可分别计算出成交转化率与咨询转化率、出店率之间的相关系数，计算结果如图 5-20 所示。

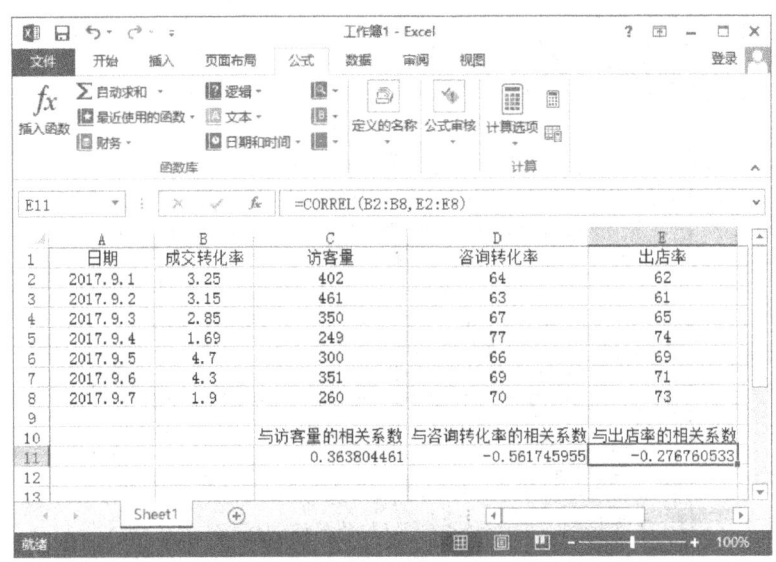

图 5-20　成交转化率与各指标的相关系数

通过这个简单的 Excel 数据分析模型，可以得出如下结论：单品成交转化率与单品访客量的相关系数的绝对值约为 0.36，属于中等相关；单品成交转化率与单品咨询转化率的相关系数绝对值约为 0.56，属于中等相关；单品成交转化率与单品出店率的相关系数绝对值约为 0.28，属于弱相关。从这个结论中，我们不难观察出单品成交转化率与哪些指标的相关系数是相对较弱的，对于这些指标应该要格外重视，要制定相应的营销策略来提高它与单品成交转化率的相关系数绝对值，进而保证单品成交转化率，使网店利益达到最大化。

二、LINGO

LINGO（linear interactive and general optimizer），即交互式的线性和通用优化求解器，是由美国的 LINDO 系统公司研发的一个针对最优化问题的软件包。它可以用于求解线性规划和二次规划的问题等。除此之外，LINGO 还默许优化模型中的决策变量为整数（即整数规划），并且其执行时间非常短。因为以上特点，LINGO 软件在教育、科学研究、经济领域都得到了广泛的应用，并成为求解优化模型的不二选择。

LINGO 作为一个出色的专业优化软件，其功能较为强大、计算效果十分好，与那些包含部分优化功能的非专业软件相比，具有明显的优势，且十分简单易学。其主要应用范围包括生产线性规划、投资分析、资本预算、财务金融、库存管理、资源配置等[1]。

LINGO 的主要功能特色如下。

（1）输入模型十分方便，且非常直观。

（2）运行速度相对较快。

（3）软件内置有建模语言，一共有几十个内部函数可供用户使用，用户可以以较少的语句、较直观的方式来描述较大规模的优化模型。

（4）编程语言引入了集合的概念，故实际问题可以很容易地转换为 LINGO 模型。

（5）能方便地与 Excel、数据库等其他软件进行数据交换。

当在 Windows 下运行 Lingo 17.0 时，在主窗口上弹出标题为 Lingo 17.0-Lingo Model-Lingo1（模型）的窗口，如图 5-21 所示。

其外层是主框架窗口，包含了所有菜单命令和工具条，在这之后的其他所有窗口将被包含在主窗口之下。从图 5-21 中可以看到，在主窗口内有一个标题为 Lingo Model-Lingo1 的窗口，它是 LINGO 的默认模型窗口，建立的模型都要在该窗口内编码实现。通常模型由三个部分组成，分别为：①目标函数，一般为求某个数学表达式的最大值或最小值；②决策变量，即目标函数值取决于哪些变量；③约束条件，即对变量附加一些限制条件，这些限制条件可以是等式，也可以是不等式。我们可以在该窗口内用基本类似于数学公式的形式输入小型规划模型。

---

[1] LINGO 官网：https://www.lindo.com/index.php/products/lingo-and-optimization-modeling.

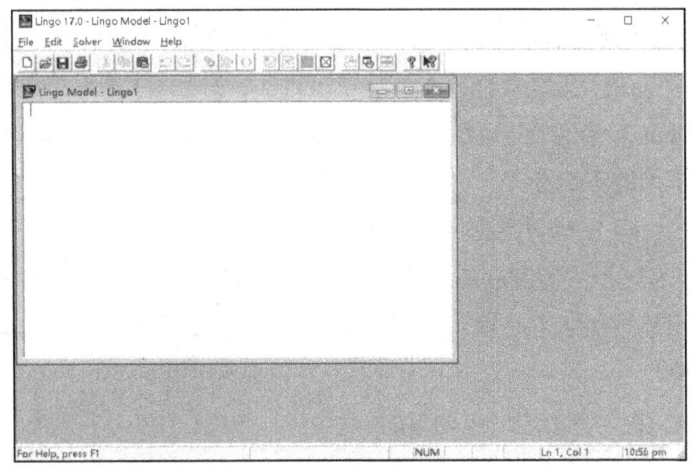

图 5-21　Lingo 17.0 初始界面

例如，某工厂调查发现，产品 A 和产品 B 在近段时间内很畅销，于是便计划开设 a、b 两条生产线，分别生产 A 和 B 两种型号的产品。A 产品的利润为 200 元/个，B 产品的利润为 150 元/个，a 生产线的最大生产能力为每日生产 180 个 A 产品，b 生产线的最大生产能力为每日生产 110 个 B 产品，而每生产一个 A 产品需要 2 个劳动日（一个劳动日指一个工人劳动一天）进行调试、检测等工作，每个 B 产品则需要 3 个劳动日。该厂每天只有 420 个劳动日可用，假如原材料等其他条件不受限制，问应如何安排生产计划，使获得的利润最大？设两种产品的生产量分别为 X_1 和 X_2，则该问题的数学模型如下。

目标函数：Max $z=200X_1+150X_2$。

约束条件：$X_1 \leqslant 180$，$X_2 \leqslant 110$，$2X_1+3X_2 \leqslant 420$，X_1，$X_2 \geqslant 0$。

为解决该问题，我们可以在 Model 窗口内输入：

Max=200*X1+150*X2;

X1<=180;

X2<=110;

2*X1+3*X2<=420;

如图 5-22 所示。

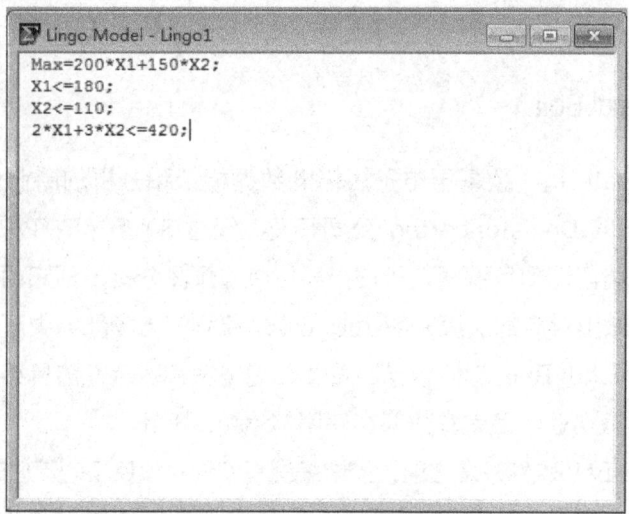

图 5-22　输入模型

然后单击工具栏上的 ◎ 按钮，便可得到如图 5-23 所示的结果。

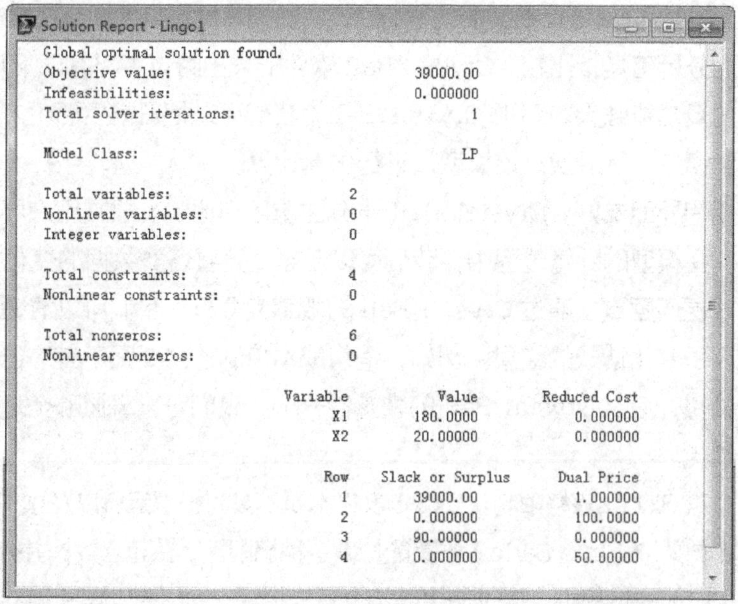

图 5-23　求解结果

所以，当 X_1 为 180，X_2 为 20 时，目标函数能达到最大值。

三、Crystal Ball

Crystal Ball 是一款基于电子表格的数据模拟和分析的商业仿真软件，在 1986 年由美国的 Decisioneering 公司开发。经过 30 多年的开发和不断改进，Crystal Ball 能帮助项目管理人员进行项目风险预测分析，预知项目风险大小并依据风险情况做出对应的决策，使企业在变幻莫测的市场环境中可以取得良好的竞争优势。Crystal Ball 软件包含层叠图、趋势图和敏感性仿真结果分析工具。当前世界 500 强企业中绝大多数都在使用 Crystal Ball。

在 Crystal Ball 软件开发之前，需要编程来实现对项目工期管理的模拟和仿真，使用计算机程序设计语言进行的编程不仅需要高配置的计算机硬件，还对编程者的能力提出了较高要求。而 Crystal Ball 软件简化随机变量的设置，通过鼠标与键盘的同时操作，在多种情况下模拟仿真的输出结果，帮助使用者理解和把握，可视化的过程增强了仿真的效果。Crystal Ball 与 Excel 能够有效衔接，它作为 Excel 的插件运行能够对项目的不确定性进行定量分析，充分有效地利用 Excel 的优势。

与其他分析工具相比较，Crystal Ball 软件的突出特点主要有以下几个。

（1）仿真功能强大。利用 Crystal Ball，我们可以把日常生活生产中的事件抽象为数学模型，然后通过该模型来进行仿真计算。

（2）用户界面友好。Crystal Ball 十分注重用户体验，故其用户界面设计得非常友好，在模型的计算过程中，我们可以动态地查看各类数据的变化情况。

（3）掌握问题点。通过 Crystal Ball 的敏感度分析，我们可以清楚地了解到不同影响因子变化造成的结果。例如，销售成本控制的主要因子有广告费用、包装费、运输费，通过 Crystal Ball 的敏感性分析，我们可以掌握哪个是降低成本的关键控制点。

（4）打破 Excel 表格限制。Excel 表格本身不具有模拟运行以及模拟分析的能力，而蒙特卡罗（Monte Carlo）仿真能打破这种局限性，在建立数据并分析其不胜枚举的潜在可能的过程中，通过使用蒙特卡罗模拟法，可以预测某个特定状况的所有可能的结果，然后运用图表对分析结果进行总结，并显示每一个结果的概率。

（5）停止猜测。生活中，大多数人都偏好于低风险，但是却往往因为看不见的风险而导致成本的增加。Crystal Ball 帮助我们分析所有的可能，让我们可以充分了解到项目的风险大小，进而依据风险情况选择最佳方案。

下面将以一个实例来介绍 Crystal Ball 的简单应用。

超轻超薄是时下笔记本电脑的主要发展方向，为了能适应潮流趋势，某公司打算生产一批厚度不超过 26mm 的笔记本电脑，也就是说，如果超过 26mm，就认为是不合格的产品。对于这个问题，传统的做法是首先通过试生产的方式，然后进行进一步的测量来分析产品是否能够达到计划中所要求的程度。这种方式存在众多缺陷，一是由于受到成本的许多因素影响，样本量会受到限制；二是影响项目进度；三是如果试生产的某一环节出现问题，修改的成本会很高。那么能否在设计的同时就对其进行同步分析呢？通过蒙特卡罗模拟的帮助，就能实现同步分析[157]。

经过分析，得知最终决定产品厚度的组成部分有屏幕外壳、液晶屏、键盘、主板、硬盘、背面底壳。表 5-2 所示是各部件供应商提供的数据。

表 5-2　各部件供应商提供的数据

组成部分	尺寸	偏差	下限值	上限值	出现偏差的概率
屏幕外壳	2mm	0.098mm	1.902mm	2.098mm	0.0355
液晶屏	1.3mm	—	1.3mm	1.3mm	—
键盘	2mm	—	2mm	2mm	—
主板	7.6mm	0.22mm	7.38mm	7.82mm	0.045
硬盘	9.5mm	0.098mm	9.402mm	9.598mm	0.0355
背面底壳	3.2mm	0.098mm	3.102mm	3.298mm	0.0355

由表 5-2 可以看出，如果每个部件都取上限值，那么笔记本电脑的厚度就会超过 26mm，我们的疑问是，到底有多少比例会超过 26mm？其造成的成本损失是不是在企业可以接受的范围之内？

（1）确定转换方程，Y（厚度）$=X_1+X_2+\cdots+X_6$（X_1，X_2，…，X_6 分别代表以上六个组成部件的厚度）。

（2）在 Excel 中输入各部件的相关数据，如图 5-24 所示。

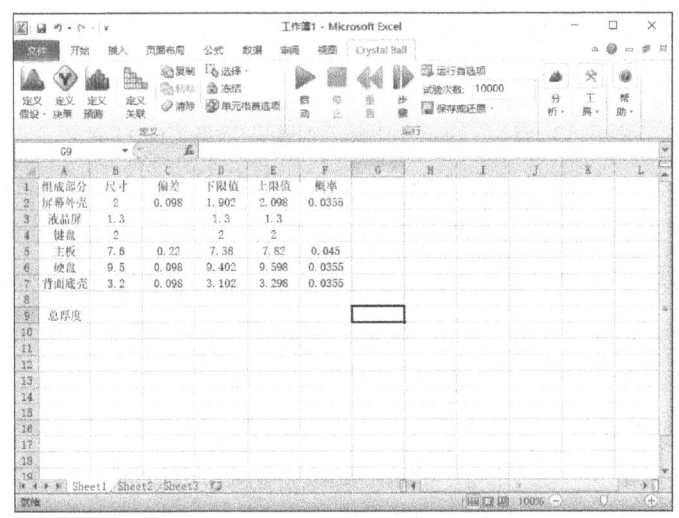

图 5-24 输入各部件相关数据

（3）对屏幕外壳的厚度进行定义假设，执行"定义假设"→"自定义"命令，如图 5-25 所示。

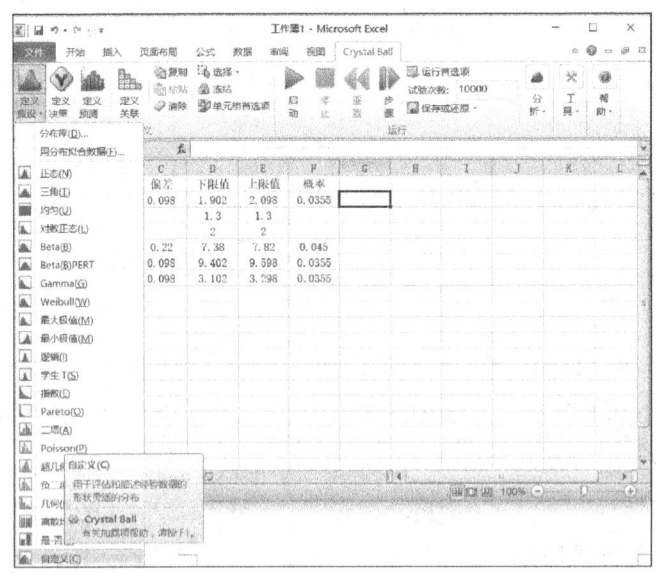

图 5-25 对屏幕外壳厚度进行定义假设

（4）在"参数"菜单中选择"连续范围"选项，并在下方输入屏幕外壳的最小值、最大值及其概率，如图5-26所示。

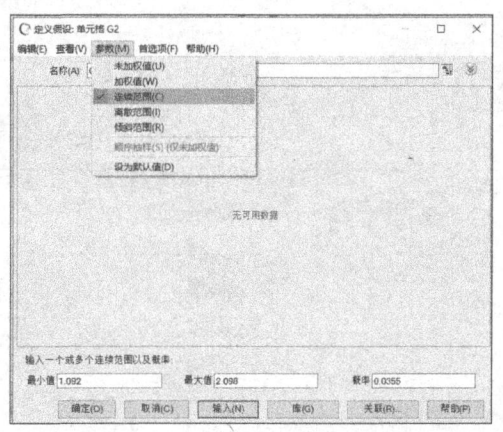

图5-26　定义假设参数设置

（5）分别对主板、硬盘、背面底壳的厚度执行第（3）、第（4）步操作，然后定义笔记本电脑厚度等于六个部件的厚度总和，如图5-27所示。

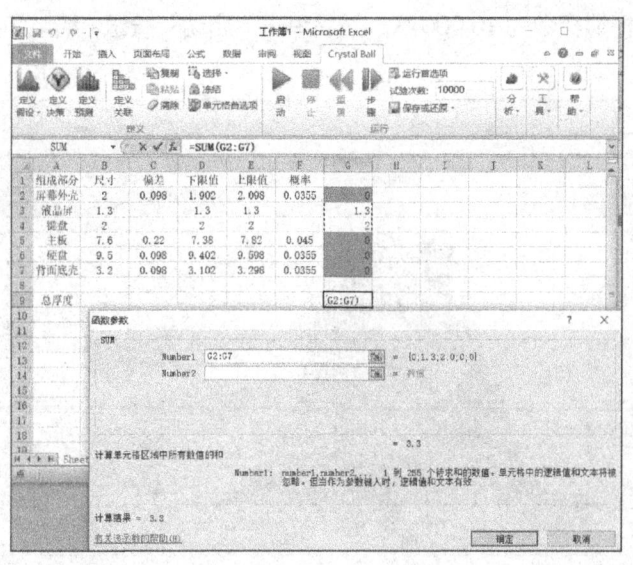

图5-27　定义笔记本电脑厚度等于六个部件的厚度总和

(6)对笔记本电脑厚度进行定义预测。选定 G9 单元格,然后单击"定义预测"按钮,在弹出的对话框中单击"确定"按钮,结果如图 5-28 所示。

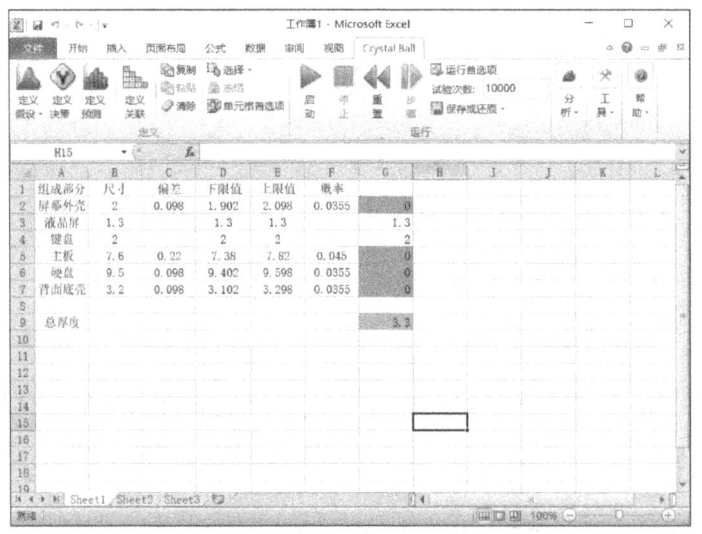

图 5-28　进行定义假设和定义预测后的结果

(7)设置模拟次数为 10 000 次,然后单击"启动"按钮,结果如图 5-29 所示。

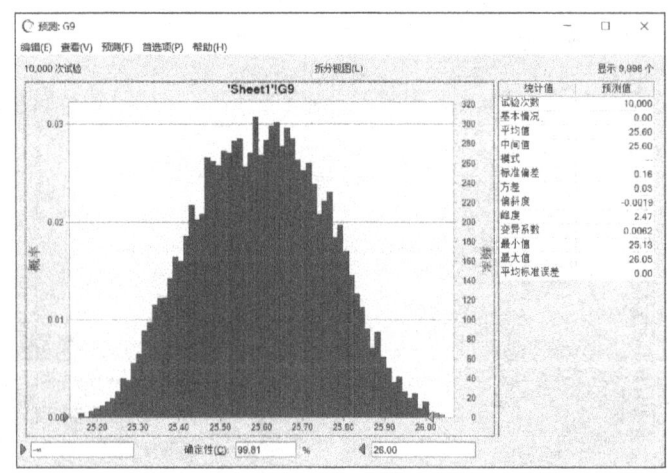

图 5-29　预测结果

从 Crystal Ball 模拟的结果可以看出,对于当前各部件的设计,产品的合格率为 99.81%,即只有万分之十九的缺陷率。根据这个分析结果,企业便可以进行相应的项目决策了。

第三节 分析结果可视化工具

在大数据时代,企业搜集到的大数据不仅庞大而且很烦琐,数据分析人员对数据进行分析之后,即使分析结果是正确的,但是如果没有运用适当的方法来解释,那么人们也很难理解所得到的分析结果,然而,要想帮助人们直观地发现海量数据中所蕴含的有用信息和知识,可视化是最有效的手段之一。通过交互式界面的支持来实现数据分析结果的可视化,不仅能监测并验证预测,还能帮助我们发现所没有预见到的内容。

一、Crystal Xcelsius

Crystal Xcelsius 中文名称为"水晶易表",是由全球领先的商务智能软件商 SAP 公司自主研发的最新产品。庞大复杂的商业数据在向客户和同事展示时容易使其感觉到疲倦和困惑,即使是通过图表和图形的形式来表达意见,效果也并没有得到更多改善。这是因为静止的、标准的表现形式是重复性的,不能持续性地吸引人的注意。

当今激烈的市场竞争和有限的资源使各种组织投身于科技海洋中,以科技的手段获取关于公司运营的数据。但是即使得到了数据,绝大多数公司也并未具有快速从众多数据中提取有意义的信息,为决策的制定提供支持并且保持在竞争前列的能力。科学家可通过"如果—那么会"(what if)分析对公司未来的绩效进行建模,但他们对于当事人需要根据数据结果做决策并改善业绩这一领域了解得并不是很透彻。

随着 Crystal Xcelsius 软件的推出,曾经的问题都可以得到有效的解决。通过简单的操作,可以将静态的 Excel 电子表格转变成生动的数据展示,将表格与图像进行可交互的可视化分析，还可以通过多种"如果—那么会"情景分析进行预测。最后，这些交互式的 Crystal Xcelsius 分析结果通过一键式整合就可以轻松嵌入 PowerPoint、便携式文档格式（portable document format，PDF）、Outlook 和网页中了。与其他的数据分析软件相比，Crystal Xcelsius 的突出优点主要有数据交互性较好、生成的文件容量较小、导出方式广泛等[158]。

只需通过简单的三个步骤，就可以将 Excel 和 Crystal Xcelsius 进行有效结合，从而实现交互式的可视化分析。

（1）导入一个已有的 Excel 电子表格。

（2）通过点击式操作界面，创建交互式可视化分析、图表、图像、财务报表等。

（3）将分析结果（Flash）直接嵌入 PowerPoint、PDF、Word、Outlook 和网页中。

与其他分析工具相比，Crystal Xcelsius 有如下优点。

（1）将交互式的数据可视化地呈现出来。

（2）可以动态地取得及分享实时的企业数据。

（3）可以对企业的营销数据的成长和变动进行预测。

（4）可利用相关的可视化模型来对商业行为以销售数据进行仿真。

（5）可以将复杂数据制作成有效的简报。

（6）允许用户根据自己的操作习惯来浏览数据、进行互动。

下面给出一个 Crystal Xcelsius 的简单操作案例。

打开 Crystal Xcelsius 2008，制作一个关于产品销售量和总销售量的表格，如图 5-30 所示。

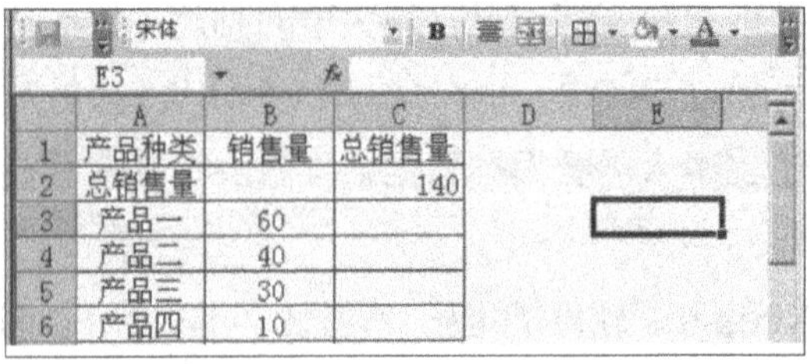

图 5-30　制作表格

在画布上拖拽一个堆积柱形图部件，如图 5-31 所示。

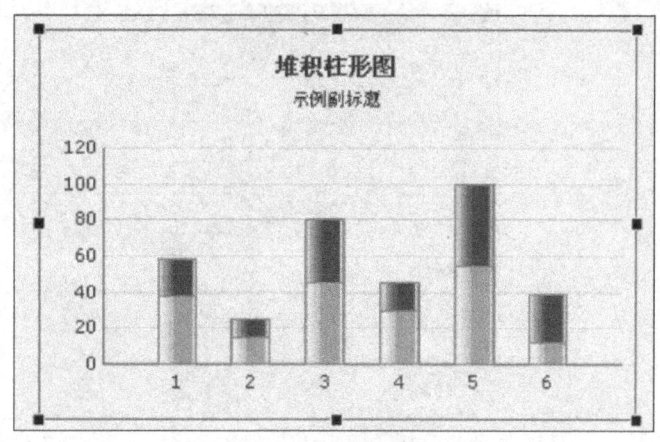

图 5-31　拖入堆积柱形图部件

在右侧工具栏的"常规"中，设置统计图的标题为"产品销售量的堆积柱形图"，副标题为"如何巧用堆积柱形图"，接着，设置数据的选择范围，将表格全选，如图 5-32 所示，单击"确定"按钮，然后如图 5-33 所示，选中"行数据"单选按钮。

图 5-32　选择数据范围

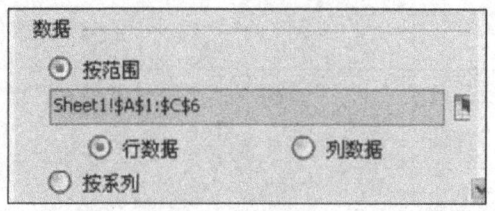

图 5-33　选中"行数据"单选按钮

在"外观"中,将图例的"位置"设置为"下",如图 5-34 所示。

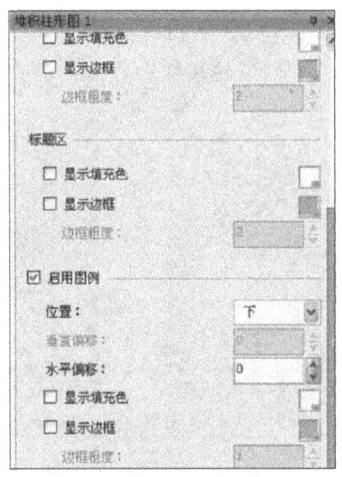

图 5-34 设置图例位置

为了更直观地将几个变量区分开来,我们可以将"外观"→"系列"→"标记重叠"设置为 0,如图 5-35 所示。

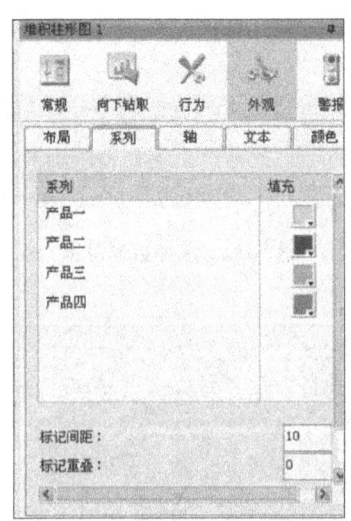

图 5-35 "外观"设置

完成以上设置之后，就可以得到一个形如瀑布的柱形图，如图 5-36 所示，从图中可以很直观地比较每一个产品的销售量与总销售量的大小。

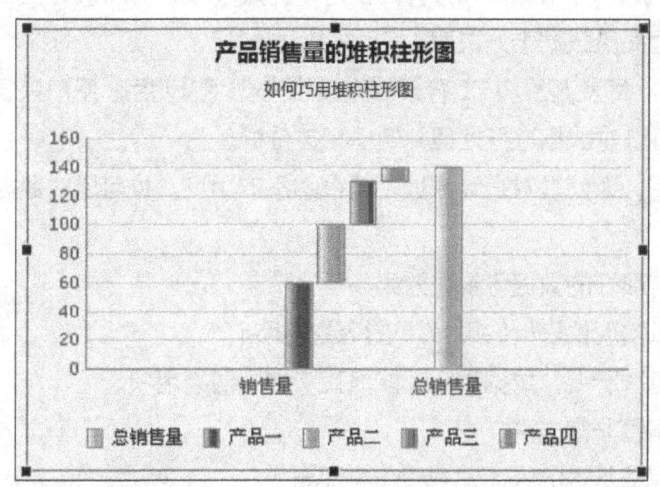

图 5-36　产品销售量的堆积柱形图

二、Tableau

Tableau 是桌面系统中最简单的商业智能工具软件，不同于其他的分析工具，Tableau 没有强迫用户编写自定义代码，新的控制台也可完全自定义配置。Tableau 的控制台十分灵活，具有高度的动态性，允许用户自定义视图、布局、形状、颜色等，帮助用户展现自己的数据视角。在控制台上，用户不仅能够监测数据信息，而且能够利用其完整的分析能力来对数据进行分析。

Tableau 将数据运算与美观的图表完美地嫁接在一起。用户可以通过简便的拖放式界面将大量数据展示到数字"画布"上，这样便能快速地创建好相应的图表，用直观的图表来展现数据，显得简洁、可靠。Tableau 可以适用于多种数据文件和数据库，如可以连接到本地的 Excel 表格、文本文档、统计文件等，也可以连接到数据库服务器。此外，Tableau 还拥有强大的计算引擎，用户只要输入简单的公式便可以实现复杂的数据分析。Tableau 作为一种可视化分析工具，它可以降低企业数据分析的难度，减少实施成本和运维成本，深受各大企业的青睐，有着十分广阔的应用前景[159]。

Tableau 具有一系列非常吸引人的特点。

（1）学习成本非常低，几分钟内便可以完成下载，可以快速上手。

（2）处理海量数据十分快速。

（3）易学，即使是没有 IT 背景的人员也完全可以使用，用户只要学会简单的拖放操作便可以对数据进行处理并做出相关分析。

（4）易用，即使是对统计原理不是很熟悉的用户，也可以对数据进行有价值的分析。

（5）具有很好的数据可视化效果。

（6）可以实现仪表板效果，并进行数据更新。

（7）所见即所得，数据和图都能很直观地展现给用户。

（8）数据源非常丰富。

（9）能完成基本的统计预测和趋势预测。

下面提供一个 Tableau 的简单案例。

首先，运行 Tableau，得到如图 5-37 所示的界面。

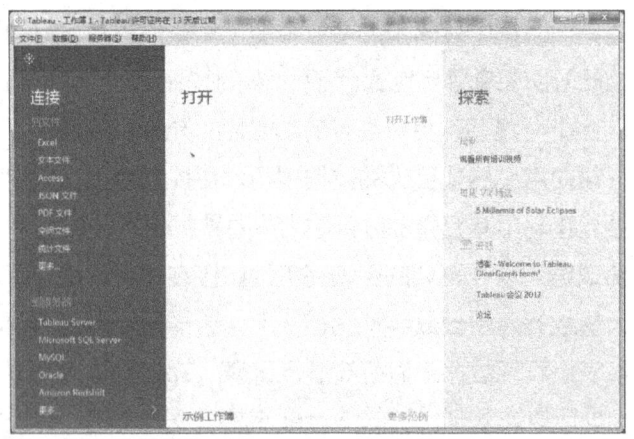

图 5-37　运行 Tableau

（1）连接 Excel 数据源。根据自己数据的格式，选择对应的方式连接到文件，然后选择 Excel，打开 Excel 文件所在目录，在 Tableau 中打开 Excel 之后，需要执行"转到工作表"命令，其位于图 5-38 中的左下角。

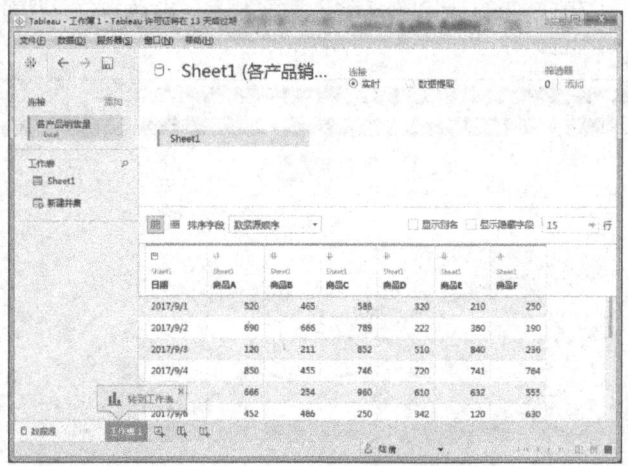

图 5-38　连接到 Excel 之后的界面

（2）将 Excel 数据完全在 Tableau 中展现。从图 5-39 中可以看到 Tableau 将数据类型分为维度和度量两种。其中，维度是不可统计的数据，而度量是可以统计的数据。原始数据中的日期理所当然就是维度数据，而各产品销量则是度量数据。

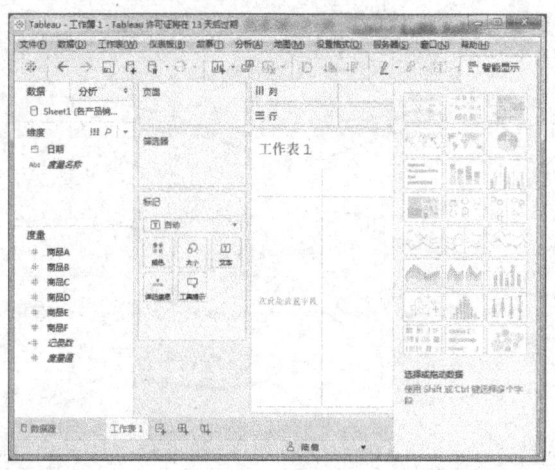

图 5-39　工作表界面

将日期拖到列标签，依次单击"年""季""月""日"前面的 按钮，将日期单位分别置为：年、季度、月、日，再依次将度量中的各商品拖入行标签中，然后选择"智能显示"中的第 14 个图表类型，如图 5-40 所示。

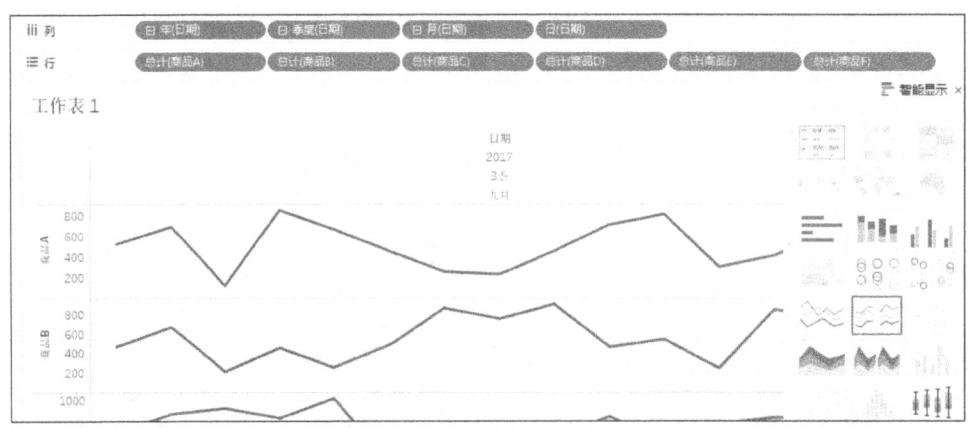

图 5-40　设置列标签和行标签

完成以上设置后，得出的结果如图 5-41 和图 5-42 所示。

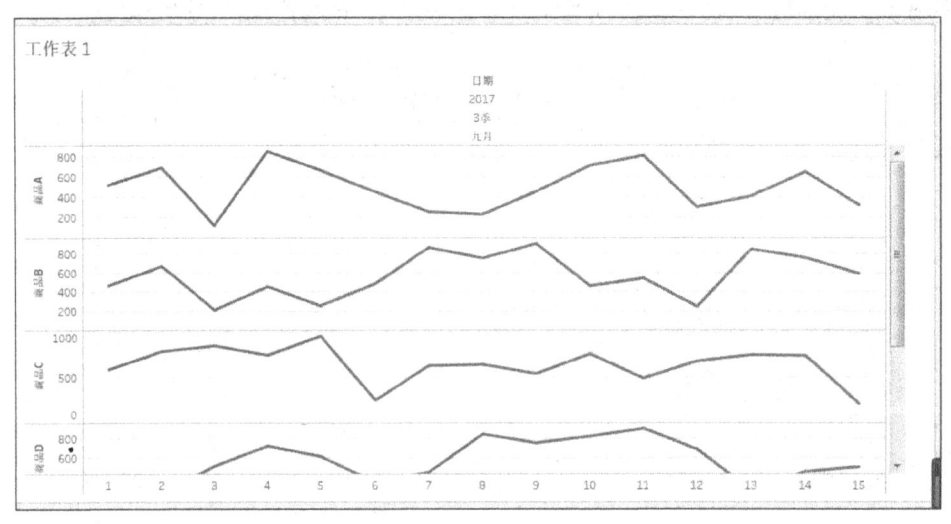

图 5-41　结果一

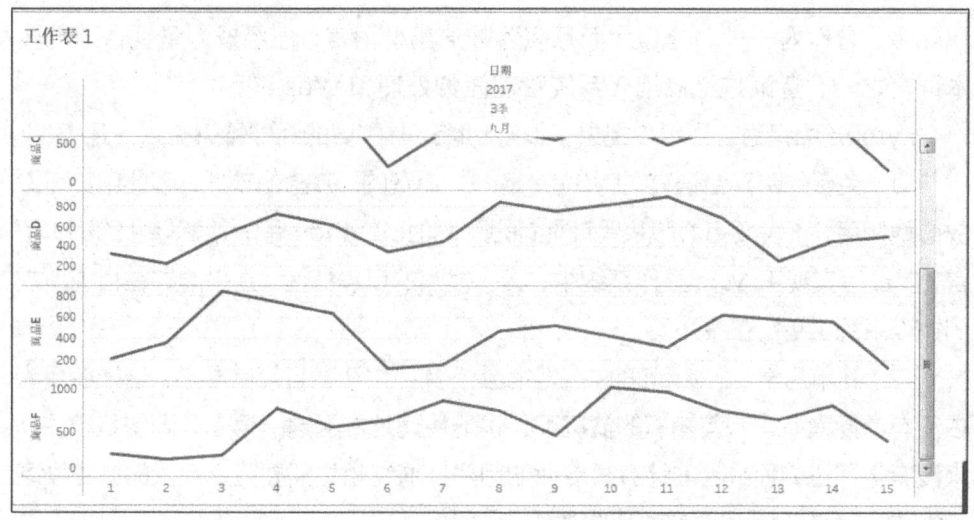

图 5-42　结果二

第四节　编程语言工具

在实际的数据分析工作中，编程语言工具起着不可小视的作用，这些编程语言工具配置简单、效率高、方便实用，能够大大降低数据处理分析工作中的重复性劳动所造成的成本消耗，而且能减少数据分析人员手工操作的工作量，对今后企业大数据营销发展过程中所涉及的数据统计分析工作具有重要的应用价值。

一、Python

Python 是一种面向对象的、解释性的计算机程序设计语言，它为用户提供非常高级的动态数据类型，而且支持动态类型检查。Python 语言于 20 世纪 90 年代初诞生，到现在已经具有二十多年的发展历史，成熟且稳定。自从 2004 年以后，Python 的用户量呈线性增长，2011 年 1 月，它还被 TIOBE（TIOBE 是一家专门评估和跟踪软件质量的公司）编程语言排行榜评为 2010 年度语言。

现如今，它作为一种功能强大而且完善的通用型语言，已经成为备受青睐的脚本语言之一，逐渐广泛应用于系统管理任务处理和 Web 编程中[160]。

Python 编程语言为用户提供了很多功能，其主要的功能特点有以下几个。

（1）免费的跨平台语言。Python 是一个免费的、开源的软件，因此用户可以放心地使用，不需要担心版权等商业问题。同时，Python 是一种解释性的脚本语言，其最早实现于 Mac 操作系统中，具有很强的可移植性，几乎能够在目前所有的操作系统上运行。

（2）简单易学。Python 的关键字很少，其语法清晰且简单易学，这样使用者在没有掌握太多的编程知识的情况下，也能快速地掌握这门语言。即使是那些从来没有学习过编程或者非计算机专业的用户，通常也只需要花上几天时间去学习和操作，就可以写出非常实用的脚本。

（3）交互模式。Python 有着良好的交互模式，支持交互式测试和调试代码段。

（4）数据库支持。Python 具有脚本语言中十分丰富和强大的类库，提供所有主要商业数据库的接口，可与数据库交互存储数据，足以支持绝大多数日常应用。

（5）代码易于阅读和维护。Python 的语法简捷，对代码的定义清晰可见，此外，对 Python 源代码的维护也是十分容易的。

（6）Arc GIS 作为主要支持。Arc GIS 是美国环境系统研究所公司（Environmental Systems Research Institute, Inc., ESRI 公司）为用户提供的一个可伸缩的、全面的地理信息系统（geographic information system，GIS）平台。从 Arc GIS 9.0 版本以后，Arc GIS 支持多种脚本语言，它可以轻松地与 JScript、C 语言、C++、Perl、VBScript 等任何支持组件对象模型（component object model，COM）技术的脚本语言达成全面的集成和兼容。其中，Python 随 Arc GIS 桌面版软件一同安装。在 Arc GIS 软件环境中，用户可以利用 Python 脚本语言来快速开发出批量处理数据的脚本，满足对海量数据进行快速处理的需要。

随着大数据时代的发展，Python 脚本语言的优势越来越得到凸显。Python 丰富的工具包使它能够广泛应用于文件处理、科学计算、数据处理、数据可视化等领域中,越来越受到大家的欢迎。下面是一个利用 Python 来分析数据的简单案例。

a、b、c、d 分别是某个公司的四个产品,分别以四个产品的名字建立文本文件 a.txt、b.txt、c.txt、d.txt 存储四个产品在 12 个月内的销量,现要求输出显示每个产品无重复销量最差的三个月份,这样方便营销人员针对这三个月及时制定出相应的营销策略,以吸引更多顾客,进而提高产品的销量。

首先要进行数据准备,以文件形式存放每个产品的销售量数据,并将这四个 txt 文件存放于 C:\User\Administrator\Desktop\data_product\中。四个产品的销售量在文件中的存储形式如下:

a.txt:01:367,02:312,03:122,04:463,05:265,06:123,07:278,08:179,09:98,10:134,11:276,12:357

b.txt:01:127,02:352,03:143,04:234,05:225,06:223,07:223,08:167,09:298,10:234,11:326,12:237

c.txt:01:267,02:332,03:232,04:213,05:432,06:257,07:128,08:269,09:358,10:214,11:276,12:217

d.txt:01:123,02:324,03:123,04:154,05:143,06:153,07:358,08:239,09:188,10:124,11:326,12:237

然后在 Sublime 2.0 中输入代码,并将其保存在 C:\User\Administrator\Desktop\test 文件夹中,代码如下:

```python
import os
os.chdir('C:/Users/Administrator/Desktop/data_product/')
def get_filedata(filename):
    try:
        with open(filename) as f:
            data=f.readline()
            return(data.strip().split(','))
    except IOError as ioerr:
        print('File Error'+str(ioerr))
        return(None)
def modify_time_format(sales_string):
    (month,count)=sales_string.split(":")
    return count+month
def get_prev_three(filename):
    sales_list=[int(modify_time_format(each_t)) for each_t in get_filedata(filename)]
    sorts_sales_list=sorted(sales_list)
```

```
            return [str(a)[-2:] for a in sorts_sales_list[:3]]
                print(get_prev_three("a.txt"))
                print(get_prev_three("b.txt"))
                print(get_prev_three("c.txt"))
                print(get_prev_three("d.txt"))
```

最后,通过 Python 解释器解释运行 test.py 文件中的 Python 代码,得出如图 5-43 所示的结果。

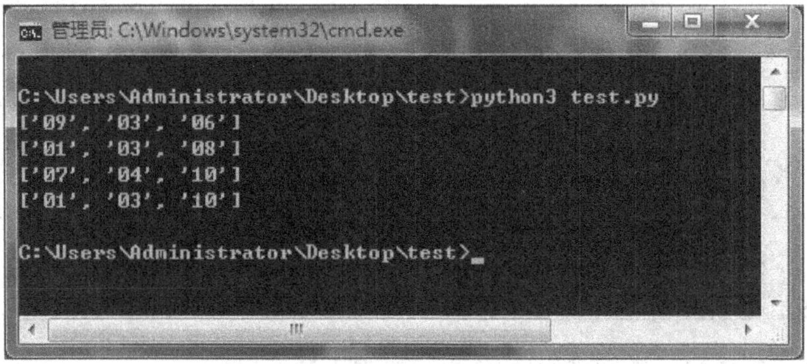

图 5-43 运行结果

二、R 语言

R 是一个拥有强大统计分析以及绘图功能的语言和操作环境,由来自新西兰奥克兰大学统计系的 Ross Ihaka 和 Robert Gentleman 共同创立(也因此称为 R)。R 是属于 GNU(GNU is not UNIX)系统的一个自由、免费、源代码开放的软件,简单实用,语句格式易于理解,只需具备基础的程序编制能力,就能快速上手,是一个用于统计计算和统计制图的优秀工具。

R 作为一个统计分析软件,就像传统的编程语言(如 C 语言和 Java)一样,R 语言也可以利用条件、循环等编程方法进行复杂的数据存储和数据处理,并利用数据、向量、矩阵的数学方法进行各种统计分析,并且因为它也是一个统计制图软件,所以它还可以将统计分析结果以图形方式展示出来[161]。

因为 R 语言的开放性、灵活性,其得到了业界的广泛支持,这也是它得以不断完善和发展的根本原因。经过那么多年的发展，R 语言的用户量一直保持上升的势头，越来越被学术界及业界认可，因此牢牢占据工具类的第一名。随着大数据时代的到来，人们对数据挖掘的要求越来越高，越来越多的人会使用 R 语言作为数据挖掘工具[162]。

R 语言的特点可以概括为以下几点。

（1）有效的数据处理和完善的保存机制。

（2）拥有完整的数组和矩阵的操作运算符。

（3）数据分析中间工具连贯而又完整。

（4）R 语言的图形统计可用于多种图形设备，直接对数据进行分析和显示，绘图功能可加入数学符号，所获得的图片可以直接用于印刷。

（5）R 语言包括条件语句、循环语句、用户自定义的递归函数以及输入输出接口，是一种完善、简洁和高效的程序设计语言。

（6）R 语言是一种可编程的语言，语法通俗易懂，很容易学会和掌握，是彻底面向对象的统计编程语言。

（7）R 语言能和其他编程语言、数据库进行很好的衔接。最近 Oracle 数据库正式接纳了 R 语言。

（8）R 是一款自由软件，其有着不输于 SPSS、SAS、MATLAB 等专业软件的实力。

（9）R 语言的各种数据包都可以在 R 语言官网下载使用，丰富的网上资源可满足一般用户的需求，当然也可自主写相关的数据包来满足自己的需求。

（10）R 平台上可使用简单而直接的方式编写新的统计方法，它为实现新的编程方法提供了一个便利平台。

（11）R 的源代码可自由下载使用，并且可以跨平台使用，包括 UNIX（也包括 FreeBSD 和 Linux）、Windows 和 Mac OS。

根据 R 语言的以上功能特点，我们可以利用 R 语言进行大数据处理和分析，实现对海量数据的快速、高效分析。下面是运用 R 语言进行数据分析的一个简单案例。

首先，运行 RGui（64bit）得到如图 5-44 所示的界面。

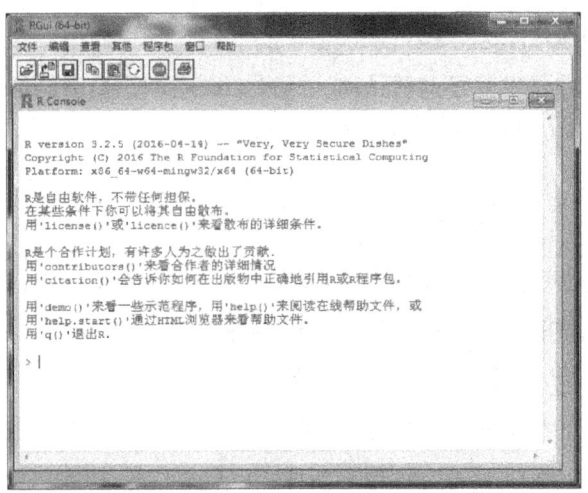

图 5-44 R 运行界面

选中消费者数据表格，将其复制到剪切板，如图 5-45 所示。

性别	年龄	所在地区	受教育程度	月收入	月支出
男	25	A区	高	4200	2000
男	36	A区	中	4500	1750
女	40	C区	低	3500	1600
女	35	B区	高	5000	2100
女	32	E区	中	4800	2400
女	20	D区	低	3000	1320
男	21	E区	低	2800	1560
女	25	C区	低	3600	2000
女	36	E区	中	4100	2100
女	40	C区	高	5500	3500
男	28	A区	高	6000	4000
男	23	A区	中	4200	2400
男	21	C区	低	3400	1670
女	22	B区	中	3300	1520
男	35	D区	高	5400	3600

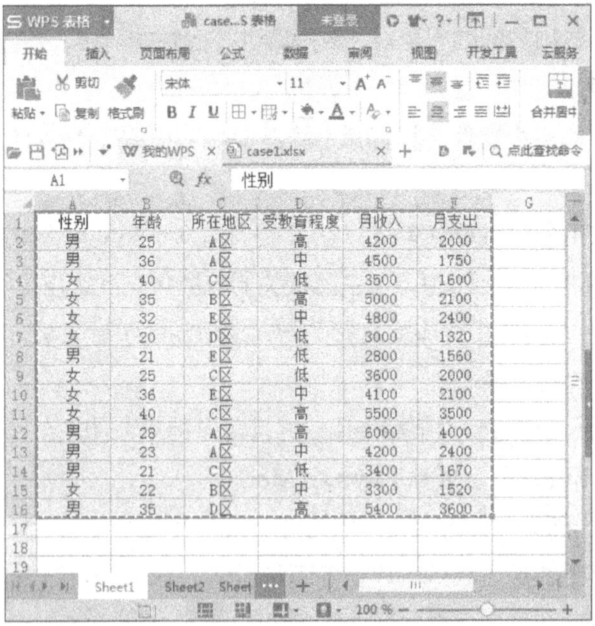

图 5-45 消费者数据表格

在 R Console 窗口中输入如下代码：

>case1<-read.table("clipboard",header=T,sep="\t")

>head(case1)

便得出如图 5-46 所示的结果。

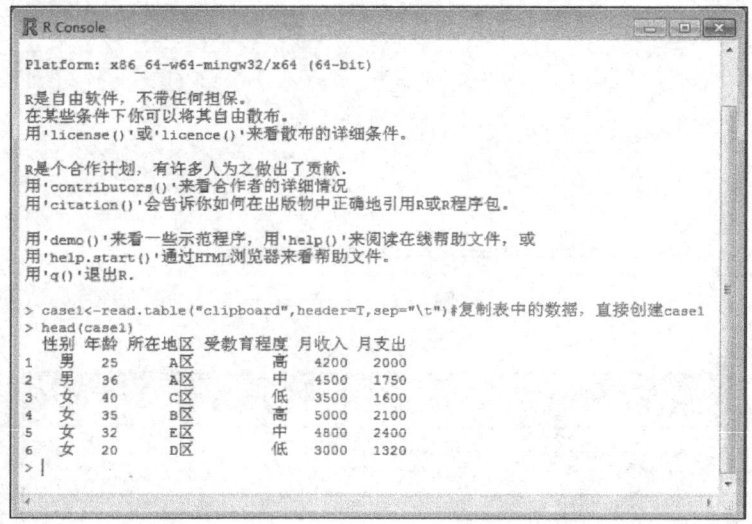

图 5-46　创建 case1

输入如下代码：

>summary(case1)

得到如图 5-47 所示的结果。

输入如下代码：

>attach(case1)#绑定数据

#进行地区分布分析

>T1<-table(所在地区)

>name=case1

>T1

得到如图 5-48 所示的结果。

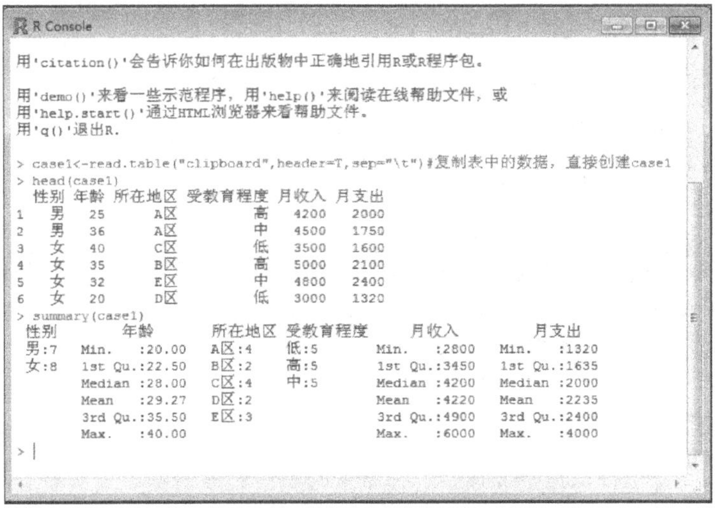

图 5-47 总结 case1

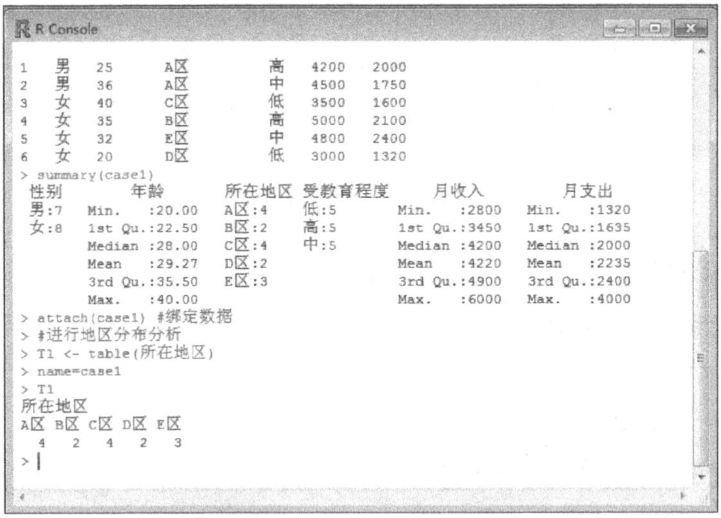

图 5-48 地区分布分析

输入如下代码：

>barplot(T1)#绘制条形图

得到如图 5-49 所示的结果。

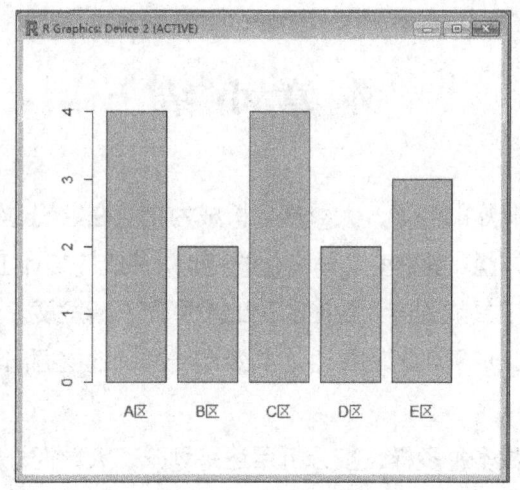

图 5-49 地区分布条形图

输入如下代码:

#进行月收入分析
>f<-hist(月收入)#绘制直方图

得到如图 5-50 所示的结果。

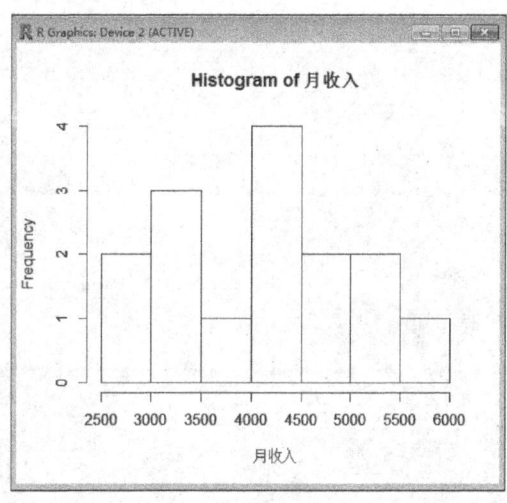

图 5-50 月收入直方图

本 章 小 结

在数据信息大爆炸的当下,大数据分析成为企业在营销过程中的一大难点。面对大数据的高数据量、多维度与异构化的特点,传统的统计工具已经难以应对,这便要求数据分析工具能顺应大数据时代的发展而不断发展。要衡量一个数据分析工具是否有价值,只需判断它是否能高效地、准确地挖掘出海量数据中蕴含的潜在价值。

大数据分析工具多种多样,按分析用途来划分,大数据分析软件可分为分析数据工具、分析结果建模工具、分析结果可视化工具以及编程语言工具,而常见的分析数据工具有 JMP、Minitab,常见的分析结果建模工具有 Excel、LINGO 以及 Crystal Ball,常见的分析结果可视化工具有 Crystal Xcelsius 和 Tableau,常见的编程语言工具有 Python 以及 R 语言。本章介绍了这些用于大数据分析的不同工具软件、语言的功能特点和适用场景。这些工具能够极大地增强营销人员在大数据环境下的分析能力,帮助企业制定有效的营销策略。

第六章　营销大数据的分析和挖掘

2017年8月7日，网易云音乐和农夫山泉宣布达成战略合作，联合推出合作限量款"乐瓶"(图6-1)，包装上附有网易云音乐黑胶唱片的图案和用户乐评，用任意APP扫描瓶身二维码，还可以体验网易云音乐的定制化增强现实（augmented reality，AR）[163]。其实，这款霸屏的营销活动和大数据息息相关。根据大数据的精准导向，网易云音乐推出农夫山泉"乐瓶"，开启了新一轮的走马圈地，在这过程中主要通过以下三个营销战略来实现网易云音乐的大数据营销之路。

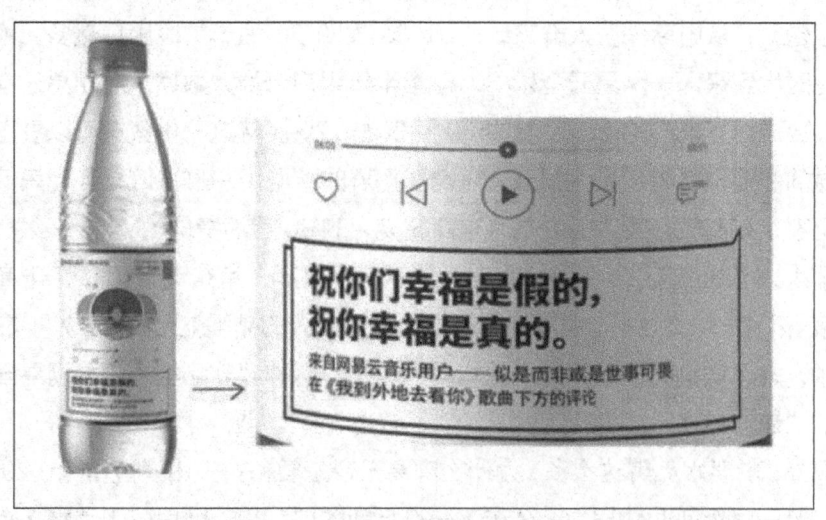

图6-1　网易云音乐和农夫山泉合作包装广告

1）覆盖三四线城市

据国内大数据移动检测平台 TrustData《2017 年上半年中国移动互联网发展分析报告》相关数据，2017 年 6 月网易云音乐月活跃用户数同比增长达 163.3%，是国内移动音乐应用中增长最快的 APP。那么，这些增长用户从何而来？2016 年 8 月网易云音乐公开发布了《听歌多元化时代到来——网易云音乐 2016 上半年用户行为大数据》，报告显示：网易云音乐中的流行、电音、摇滚、说唱以及其他类型的音乐风格的消费者主要集中在北京、上海、广州、深圳、成都、南京、杭州、武汉等一二线城市。作为网易云音乐的稀缺用户群，国内三四线城市以及县级城市自然是其寻求的黄金流量来源。

网易云音乐和农夫山泉合作的限量款"乐瓶"精准地抓住了这一部分用户。农夫山泉矿泉水的铺货渠道上至一二线城市，下至三四线城市、县级城市、城乡接合部。这次合作，"乐瓶"在北京、上海、杭州等全国 69 个城市首发。借助"乐瓶"，网易云音乐可以和三四线城市的消费者见面，让他们体验网易云音乐的歌单，感受网易云音乐个性化的表达方式，进而成为网易云音乐的新用户。

2）挖掘 80 后消费者

2017 年 1 月，京东商城联合 21 世纪经济研究院发布了《2016 中国电商消费行为报告》，从电商消费人群来看，26~35 岁的 80 后年龄段用户最多。《听歌多元化时代到来——网易云音乐 2016 上半年用户行为大数据》对网易云音乐用户年龄层进行了精准的分析，其中 80 后仅占 12%。从这一份数据可以看出，京东商城的主要消费者正是网易云音乐需要拓展的核心用户群。网易云音乐的"乐瓶"上架京东商城，看上的就是京东商城庞大的 80 后消费群体。

那么，网易云音乐为什么选择矿泉水这个门类呢？京东《2016 中国电商消费行为报告》指出，2016 年京东线上超市订单量最大的品类就是食品饮料。在所有品类中，食品饮料的销量和用户数均排名前三。这种爆款品类，正是网易云音乐相中的"最佳拍档"。

另外，矿泉水品牌这么多，为什么网易云音乐要和农夫山泉合作呢？2017 年 8 月，第一财经商业数据中心公布了一份品牌榜单，基于阿里巴巴消费大数据，根据销售额与复购率指标，综合评出了线上饮料十大品牌，农夫山泉排名第一位。

在京东商城上，农夫山泉矿泉水也是位列矿泉水品牌栏的首席。从上架哪个线上平台，到和哪个品类、哪个品牌合作，网易云音乐依托大数据分析，将线上80后潜在用户牢牢抓在手里。

3）打通多元化场景

从网易云音乐地铁、网易云音乐飞机到网易云音乐和滴滴出行合作推出"滴滴夜唱片"进军网约车领域，被网易云音乐攻陷的场景越来越多。如今，网易云音乐又攻陷了快消品的拳头产品——矿泉水。网易云音乐和这些消费场景产生联系，也和大数据有关。

网易云音乐在2017年3月20日和杭州地铁1号线合作推出网易云音乐地铁专列（图6-2），3月20日是星期一，很显然网易云音乐此次营销活动的目标受众是杭州的上班族。1号线是杭州地铁人流量最大的地铁线，工作日全线日均流量达到29万人次，能够实现营销效果的最大化[164]。

图6-2 网易云音乐地铁专列广告

2017年7月3日至7月13日，网易云音乐和滴滴出行合作在11座城市推出了"滴滴夜唱片"，其中在滴滴出行APP界面中显示有"滴滴夜唱片"的广告链接。这次活动选择的 11 座城市分别为广州、深圳、杭州、长沙、海口、三亚、佛山、中山、珠海、肇庆、韶关,为什么会选择这 11 座城市呢?对比滴滴出行前几天公布的全国 400 座城市出行大数据,就能看出一点门道。在滴滴夜间出行(22:00~6:00)占比最高的前十大城市中,有 4 座城市来自广东省,有 4 座城市是典型的旅游城市,有 8 座城市都是南方城市。"滴滴夜唱片"涉及的 11 座城市中有 7 座城市来自广东省,有 3 座城市是典型的旅游城市,并且这 11 座城市都是南方城市。这次活动和滴滴城市夜晚出行大数据基本吻合,可以判定为根据滴滴大数据分析做出的定制化营销方案。通过"滴滴夜唱片",网易云音乐将加班、吃夜宵等夜生活活跃的群体收入囊中。

作为营销界的"扛把子",网易云音乐运用平台的 UGC 评论,每一出手皆为音乐营销中的爆款,这其中除了别具匠心的创意和让人眼前一亮的眼球效应,还有超强的品牌整合能力。其实在这些热闹背后,离不开网易云音乐在大数据方面的苦心经营。在行业大背景下,用大数据驱动品牌营销已经成为共识。

第一节 数据采集、抽样、预处理

随着互联网的飞速发展,个人计算机、智能手机以及智能穿戴设备在人们的生活中发挥着巨大的作用。人们在使用各种智能设备的同时,各种各样的信息、数据在不断地交互、连接。大数据时代背景下,只有获取到这些数据,才能够对数据加以分析和预测,从而指导生产实践。数据采集作为大数据分析的第一要素,其主要内涵是通过各种途径,获取到数据。数据已经渗透到当今每一个行业和业务智能领域,成为重要的生产因素。数据库的组织结构以网状为主,复杂多变,程序和数据间你中有我,我中有你,彼此产生强烈的依赖性。那么,在繁杂的数据中提取出有代表性、有价值的数据便是数据抽样和数据预处理的目的。对于这种数据规律的挖掘和运用,实质上也是为了精准营销而做铺垫。

一、数据采集

数据采集是指利用多个数据库来接收发自客户端（Web、APP 或者传感器形式等）的数据，并且用户可以通过这些数据库来进行简单的查询和处理工作。例如，电商企业一般会使用传统的关系型数据库 MySQL 和 Oracle 等来存储每一笔事务数据，除此之外，Redis 和 MongoDB 这样的 NoSQL 数据库也常用于数据的采集。

目前，数据采集的方法主要有三种。

（1）系统日志采集方法。很多互联网企业都有自己的海量数据采集工具，多用于系统日志采集，如 Hadoop 的 Chukwa、Cloudera 的 Flume、Facebook 的 Scribe 等。这些工具均采用分布式架构，能满足每秒数百兆字节的日志数据采集和传输需求。

（2）网络数据采集方法。网络数据采集是指通过网络爬虫或网站公开应用程序编程接口（application programming interface，API）等方式从网站获取数据信息。该方法可以将非结构化数据从网页中抽取出来，将其存储为统一的本地数据文件，并以结构化的方式存储。它支持图片、音频、视频等文件或附件的采集，附件与正文可以自动关联。除了网络中包含的内容之外，对于网络流量的采集可以使用深度报文检测（deep packet inspection，DPI）或深度/动态流检测（deep/dynamic flow inspection，DFI）等带宽管理技术进行处理。

（3）其他数据采集方法。对于企业生产经营数据或学科研究数据等保密性要求较高的数据，可以通过与企业或研究机构合作，使用特定系统接口等相关方式采集数据。

在大数据的采集过程中，其主要特点和挑战是并发数高，因为同时有可能会有成千上万的用户来进行访问和操作，如火车票售票网站和淘宝网，它们并发的访问量在峰值时达到上百万，所以需要在采集端部署大量数据库才能支撑，并且如何在这些数据库之间进行负载均衡和分片的确需要深入思考和设计。

二、数据抽样

在数据分析中,抽样是指从全部数据中选择部分数据进行分析,以发掘更大规模数据集中的有用信息。例如,假设有一片占地 $100hm^2$ 且其中树木分布非常均匀的区域,如果要估算该区域的树木数量,则可以统计一公顷的树木数量,然后用所得数值乘以 100,或者统计半公顷的树木数量,然后用所得数值乘以 200,从而得出可准确代表整个 $100hm^2$ 区域树木数量的结果。

在收集数据的过程中,绝大多数情况下,并不采取普查的方式获取总体中所有样本的数据信息,而是以各类抽样方法抽取其中若干代表性样本来进行数据获取和分析。在获得待分析数据集后,需要再次通过抽样技术选取出训练集和测试集,以便比较选择出最优的挖掘算法。数据抽样简单来说是指通过抽样技术选出数据符合分析模型要求或算法要求的方式。

在统计学中,数据抽样方式可分为简单随机抽样、分成抽样、系统抽样、整群抽样、多阶段抽样等。在简单随机抽样中,总体所有成员被选为样本的概率是相等的。分成抽样是将总体分成不同的子群,然后对所有的子群进行抽样。系统抽样时,首先将总体中各单位按一定顺序排列,根据样本容量要求确定抽选间隔,然后随机确定起点,每隔一定的间隔抽取一个单位的一种抽样方式。整群抽样是将总体分为若干群的子总体,每个子总体都代表整个总体。多阶段抽样是指在抽取样本时,分为两个及两个以上的阶段从总体中抽取样本的一种抽样调查方法。

大数据主要表现在数据量大和数据维度多两个层面,尽管目前分布式和实时处理(流计算、内存计算)发展迅速,但是大数据在应用过程中如果能采用小抽样还是可以节省一大笔成本。从效率和成本的角度考虑,适当和合理的抽样是有必要的,因此算法部署环节中抽样算法、增量计算、数据维数缩减等会是大数据应用中的重要课题,因为这些都会节省企业的计算资源。计算资源如同水和食物等资源,节约利用是非常必要的。而且考虑到数据资源的价值可能会逐渐走高,抽样算法的低碳环保会在大数据时代大有可为。

在基于大数据营销的目的驱动下,数据抽样是指从大量数据中提取出有利于分析的字段和数据。那么基于上述抽样方式,我们可以利用软件工具和相关算法

(如蓄水库抽样（reservoid sampling）等）对数据进行抽样。

三、数据预处理

大数据环境下数据来源非常丰富且数据类型多样，存储和分析挖掘的数据量庞大，对数据展现的要求较高，并且很看重数据处理的高效性和可用性。

传统的数据采集来源单一，且存储、管理和分析数据量也相对较小，大多采用关系型数据库和并行数据仓库即可处理。对依靠并行计算提升数据处理速度方面而言，传统的并行数据库技术追求高度一致性和容错性，根据分布式系统的CAP理论［CAP理论是指一个分布式系统最多只能同时满足一致性（consistency）、可用性（availability）和分区容错性（partition tolerance）这三项中的两项］，难以保证其可用性和扩展性。传统的数据处理方法是以处理器为中心，而大数据环境下，需要采取以数据为中心的模式，减少数据移动带来的开销。因此，传统的数据处理方法，已经不能适应大数据的需求。

大数据的基本处理流程与传统数据处理流程并无太大差异，主要区别在于，因为大数据要处理大量、非结构化的数据，所以在各个处理环节中都可以采用MapReduce等方式进行并行处理。

大数据可以通过 MapReduce 这一并行处理技术来提高数据的处理速度。MapReduce 的设计初衷是通过大量廉价服务器实现大数据并行处理，对数据一致性要求不高，其突出优势是具有扩展性和可用性，特别适用于海量的结构化、半结构化及非结构化数据的混合处理。

MapReduce 将传统的查询、分解及数据分析进行分布式处理，将处理任务分配到不同的处理节点，因此具有更强的并行处理能力。作为一个简化的并行处理的编程模型，MapReduce 还降低了开发并行应用的门槛。MapReduce 是一套软件框架，包括 Map（映射）和 Reduce（化简）两个阶段，可以进行海量数据分割、任务分解与结果汇总，从而完成海量数据的并行处理。

MapReduce的工作原理其实是先分后合的数据处理方式。Map即"分解"，把海量数据分割成若干部分，分给多台处理器并行处理。Reduce即"合并"，把各台处理器处理后的结果进行汇总操作以得到最终结果。如图6-3所示，如果采用 MapReduce 来统计不同几何形状的数量，它会先把任务分配到两个节点，由两个节点分别并行统计，然后把它们的结果汇总，得到最终的计算结果。

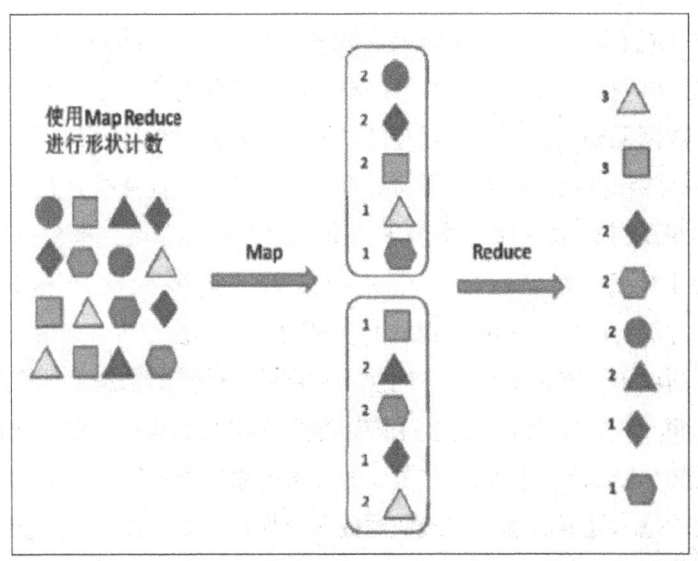

图 6-3 采用 MapReduce 统计不同几何形状的数量

MapReduce 适合进行数据分析、日志分析、商业智能分析、客户营销、大规模索引等业务，并具有非常明显的效果。通过结合 MapReduce 技术进行实时分析，某家电公司的信用计算时间从 33h 缩短到 8s，而基于 MapReduce 的基因数据分析时间从数天缩短到 20min。

第二节 描述性分析

如果企业原始数据是未加工状态，一般不会产生价值，尤其对于大数据而言，更是如此。但如果采用数据分析工具，我们就可以把碎片化的数据进行管理，挖掘出有价值的信息。但是分析要从哪里开始？哪种类型的数据分析最适合企业的大数据环境？

描述性分析（descriptive analysis）是数据分析中最简单的一个类型，通常是指将所获取到的大量数据资料进行整理、概括和计算，以揭示数据分布特性的方式汇总并表达定量数据的方法，是推断性统计的基础，也可称为描述性统计分析。一般企业会把大数据通过压缩变成容量更小或者更有价值的信息，再选择进一步分析的方法。描述性分析的目的是总结发生了什么事，超过80%的业务分析，特别是社会分析信息是描述性的。例如，通过一定数量级的帖子或页面浏览量可以说明某类商品有多少访问量。

一、描述性分析概述

描述性分析是指采用数据统计中的描述统计量、数据可视化等方法描述数据的基本特征，如总和、均值、标准差等。描述性分析可以实现从"数据"到"信息"的转化，对调查总体所有变量的有关数据做统计性描述，主要包括数据的频数分析、数据的集中趋势分析、数据离散程度分析、数据的分布以及一些基本的统计图形。描述性分析是一类统计方法的汇总，作用是提供一种概括和表征数据的有效且相对简便的方法。通常用图示法来表述，易于看懂，能发现质量特性值（总体）的分布状况、趋势走向的一些规律，便于采取措施。

（1）数据的频数分析：频数也称"次数"，对总数据按某种标准进行分组，统计出各个组内含个体的个数。而频率则是每个小组的频数与数据总数的比值。在变量分配数列中，频数（频率）表明对应组标志值的作用程度。频数（频率）数值越大表明该组标志值对于总体水平所起的作用也越大，反之，频数（频率）数值越小，表明该组标志值对于总体水平所起的作用越小。频数分析可以发现一些统计规律。例如，收入低的被调查者用户满意度比收入高的被调查者高，或者女性的用户满意度比男性低等。不过这些规律只是表面的特征，在后面的分析中还要经过检验。

（2）集中趋势在统计学中是指一组数据向某一中心值靠拢的程度，它反映了一组数据中心点的位置所在。集中趋势的度量通常包括均值（mean）、中位数（median）、众数（mode）。各指标的具体含义如下：

均值：表示一系列数据或统计总体的平均特征的值，是衡量数据的中心位置的重要指标，反映了一些数据必然性的特点，包括算术平均值、加权算术平均值、调和平均值和几何平均值。

中位数：又称中值，是另外一种反映数据的中心位置的指标，其确定方法是将总体单位的某一数量标志的各个数值按照大小顺序排列，居于中间位置的那个数值就是中位数。

众数：是指变量数列中出现次数最多或频率最高的变量值。

均值一般最准确，但有极端数据或数据模糊不清时中位数、众数则较为适用。

（3）数据的离散程度分析：主要是用来反映数据之间的差异程度，常用的指标有方差（Variance）和标准差（Std.Deviation）。方差是标准差的平方，根据不同的数据类型有不同的计算方法。

（4）数据的分布：在统计分析中，通常要假设样本的分布属于正态分布，因此需要用偏度（Skewness）和峰度（Kurtosis）两个指标来检查样本是否符合正态分布。偏度衡量的是样本分布的偏斜方向和程度；而峰度衡量的是样本分布曲线的尖峰程度。一般情况下，如果样本的偏度接近于 0，而峰度接近于 3，就可以判断总体的分布接近于正态分布。

（5）绘制统计图：用图形的形式来表达数据，比用文字表达更清晰、更简明。很多统计分析软件里，都可以很容易地绘制各个变量的统计图形，包括条形图、饼图和折线图等。

二、描述性分析案例

【案例 6-1】用 SPSS 软件对某品牌手机的描述性统计分析。

为简单起见，我们只分析某品牌手机用户满意度调查中的两个变量：总体感知质量和总体满意度。

1）数据的频数分析

用 SPSS 软件的频数分析可以很容易地画出两个变量的频数分析图，如图 6-4 所示。

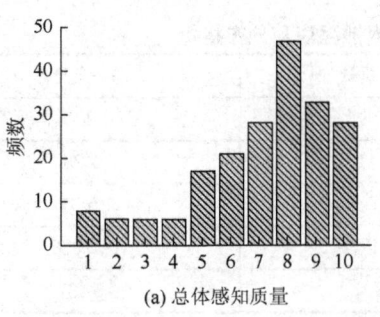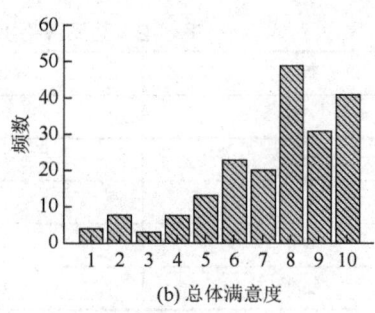

图 6-4　某品牌手机的频数分析图

两个变量的频数分析图表明：大部分被调查者对该品牌手机的质量评价较高，总体感觉比较满意，打分在 8～10 分。

2）数据的集中趋势分析

利用 SPSS 的描述性统计分析，计算该品牌手机"总体感知质量"和"总体满意度"的均值、中位数和众数，如表 6-1 所示。

表 6-1　某品牌手机的集中趋势分析结果

指标	总体感知质量	总体满意度
N	200	200
均值	7.11	7.43
中位数	8	8
众数	8	8

共有 200 个（N）被调查者参与了该品牌手机调查；总体感知质量均值 7.11 分、中位数 8 分、众数 8 分；总体满意度均值 7.43 分、中位数 8 分、众数 8 分，与前面的频数分析结果一致。

3）数据的离散程度和分布分析

同样利用 SPSS 软件的描述性统计分析，可以得出该品牌手机的离散程度和分布指标，如表 6-2 所示。

表 6-2　某品牌手机的离散程度和分布指标

指标	总体感知质量	总体满意度
N	200	200
标准差	2.36	2.29
方差	5.56	5.25
偏度	−0.961	−0.988
峰度	0.358	0.437

总体感知质量的标准差为 2.36、方差为 5.56；总体满意度的标准差为 2.29、方差为 5.25，说明不同样本对两个变量打分的差异程度不大，或者说不同样本对该品牌手机评价的差异不大。总体感知质量的偏度为 −0.961。

【案例 6-2】用 Excel 进行描述性分析。

对于集中趋势的描述性分析指标，Excel 在函数库中提供了 average 函数、geomean 函数、mode.sngl 函数和 median 函数分别计算算术平均值、几何平均值、众数以及中位数。也可以直接使用 Excel 中的数据分析工具库中的"描述统计"工具来生成描述所给数据的标准统计量。

已知某超市 9 月份的逐日销售额如表 6-3 所示，我们对该超市 9 月份销售额进行数据分析，可得到如图 6-5 所示的结果。

表 6-3　某超市 9 月份每日销售额　　　　　　（单位：万元）

日期	1	2	3	4	5	6	7	8	9	10
销售额	269	249	322	263	282	273	303	268	284	272
日期	11	12	13	14	15	16	17	18	19	20
销售额	258	291	280	267	272	301	281	261	292	271
日期	21	22	23	24	25	26	27	28	29	30
销售额	278	265	230	240	310	238	252	272	276	257

从图 6-5 中的描述统计结果可以看到，该超市在 9 月份的日均销售额为 272.5667 万元，总销售额为 8177 万元，出现次数最多的销售额为 272 万元，销售额最大为 322 万元，最小为 230 万元。该超市可以采用类似的方法对其他月份

每日销售额（万元）		
269	平均	272.5667
249	标准误差	3.795849
322	中位数	272
263	众数	272
282	标准差	20.79072
273	方差	432.254
303	峰度	0.339784
268	偏度	0.233425
284	区域	92
272	最小值	230
258	最大值	322
291	求和	8177
280	观测数	30
267	置信度(95.0%)	7.763382
272		
301		
281		
261		
292		

图 6-5 某超市 9 月份销售额描述分析结果

或其他年度的销售额进行分析，并加以比较，能对超市的商品销售进行管理从而提高超市的营业利润。

第三节 预 测 分 析

人们在谈论大数据的采集、存储和挖掘时，最常见的应用案例便是"预测股市""预测流感""预测消费者行为"，预测分析（predictive analysis）是大数据最核心的功能，预测分析已在商业和社会中得到广泛应用。随着越来越多的数据被记录和整理，未来预测分析必定会成为所有领域的关键技术。

一、预测分析理论背景

预测分析是指通过因果分析、相关分析等方法基于过去/当前的数据而得出潜在模式、共性规律或未来趋势。预测分析可以实现从"信息"到"知识"的转化。大数据拥有数据可视化和大数据挖掘的功能，对已发生的信息价值进行挖掘并辅助决策。传统的数据分析挖掘在做相似的事情，只不过效率会低一些或者说挖掘的深度、广度和精度不够。大数据预测则是基于大数据和预测模型去预测未来某件事情的概率。让分析从"面向已经发生的过去"转向"面向即将发生的未来"是大数据与传统数据分析的最大不同。

大数据预测的逻辑基础是，每一种非常规的变化事前一定有征兆，每一件事情都有迹可循，如果找到了征兆与变化之间的规律，就可以进行预测。大数据预测无法确定某件事情必然会发生，它更多是给出一个概率。

在互联网之前便已经有基于大数据的预测分析——天气预报，因为互联网，以天气预报为代表的大数据预测的以下四个特征在更多领域得到体现。

（1）大数据预测的时效性。天气预报粒度从天缩短到小时，有严苛的时效要求，基于海量数据通过传统方式进行计算，得出结论时明天早已到来，预测并无价值。其他领域的大数据预测应用特征对时效性有更高的要求，如股市、实时定价，而云计算、分布式计算和超级计算机的发展则提供了这样的高速计算能力。

（2）大数据预测的数据源。天气预报需要收集海量气象数据，气象卫星、气象站台负责收集，但整套系统的部署和运维耗资巨大。在互联网之前鲜有领域具备这样的数据收集能力。在 Web 1.0 时代为中心化信息生产、在 Web 2.0 时代则为社会化信息生产，而在移动互联网时代则是随时随地、社会化和多设备的信息数据生产和上传，每一次演化数据收集的成本都大幅降低，范围和规模则大幅扩大。大数据被引爆的同时，大数据预测所需数据源不再是问题。

（3）大数据预测的动态性。不同时点的计算因子动态变化，任何变量都会引发整个系统变化，甚至产生蝴蝶效应。如果某个变量对结果起决定性作用且难以捕捉，预测则难上加难，如人为因素。大数据预测的应用场景大都是极不稳定的领域但有固定规律，如天气、股市、疾病。这需要预测系统对每一个变量数据的精准捕捉，并接近实时地调整预测。发达的传感器网络外加大数据计算能力让上述两点更加容易。

（4）大数据预测的规律性。大数据预测与传统的基于抽样的预测的不同之处在于，其基于海量历史数据和实时动态数据，发现数据与结果之间的规律，并假设此规律会延续，捕捉到变量之后进行预测。一个领域本身便有相对稳定的规律，大数据预测才有机会得到应用。古人夜观天象就说明天气是有规律可循的，因此气象预报最早得到应用。反面案例则是规律难以捉摸、数据源收集困难的地震预测，还有双色球彩票。

互联网给大数据预测应用的普及带来了便利条件。天气预报之外，还有哪些领域正在或者可能被大数据预测所改变呢？结合国内外案例来看，以下 10 个领域是最有机会的大数据预测应用领域。

（1）体育赛事预测。世界杯期间，谷歌、百度、微软和高盛等公司都推出了比赛结果预测平台。百度预测结果最为亮眼，预测全程 64 场比赛，准确率为 67%，进入淘汰赛后准确率为 94%。现在互联网公司取代章鱼保罗试水赛事预测也意味着未来的体育赛事会被大数据预测所掌控。

谷歌世界杯预测基于 Opta Sports 的海量赛事数据来构建其最终的预测模型。百度则是搜索过去 5 年内全世界 987 支球队（含国家队和俱乐部队）的 3.7 万场比赛数据，同时与中国彩票网站乐彩网、欧洲必发指数数据供应商 Spdex 进行数据合作，导入博彩市场的预测数据，建立了一个囊括 199 972 名球员和 1.12 亿条数据的预测模型，并在此基础上进行结果预测。

从互联网公司的成功经验来看，只要有体育赛事历史数据，并且与指数公司进行合作，便可以进行其他赛事的预测，如欧洲冠军联赛、美国男子职业篮球联赛等赛事。

（2）股票市场预测。去年英国华威商学院和美国波士顿大学物理系的研究发现，用户通过谷歌搜索的金融关键词或许可以预测金融市场的走向，相应的投资战略收益高达 326%。此前则有专家尝试通过 Twitter 博文情绪来预测股市波动。

理论上来讲股市预测更加适合美国。中国股票市场无法做到双向赢利，只有股票涨才能赢利，这会吸引一些游资利用信息不对称等情况人为改变股票市场规律，因此中国股市没有相对稳定的规律，很难预测，且一些对结果产生决定性影响的变量数据根本无法监控。

（3）市场物价预测。居民消费价格指数（consumer price index, CPI）表征已经发生的物价浮动情况，但统计局数据并不权威。但大数据则可能帮助人们了解未来物价的走向，提前预知通货膨胀或经济危机。最典型的案例莫过于马云通过阿里企业对企业（business to business, B2B）大数据提前知晓亚洲金融危机，当然这是阿里数据团队的功劳。

单个商品的价格预测更加容易，尤其是机票这样的标准化产品，去哪儿网提供的"机票日历"就是价格预测，告知用户几个月后机票的大概价位。商品的生产、渠道成本和大概毛利在充分竞争的市场中是相对稳定的，与价格相关的变量相对固定，商品的供需关系在电子商务平台可实时监控，因此价格可以预测，基于预测结果可提供购买时间建议，或者指导商家进行动态价格调整和营销活动以使利益最大化。

（4）用户行为预测。基于用户搜索行为、浏览行为、评论历史和个人资料等数据，互联网业务可以洞察消费者的整体需求，进而进行针对性的产品生产、改进和营销。《纸牌屋》选择演员和剧情、百度基于用户喜好进行精准广告营销、阿里根据天猫用户特征包下生产线定制产品、亚马逊预测用户点击行为提前发货均受益于互联网用户行为预测。

受益于传感器技术和物联网的发展，线下的用户行为洞察正在酝酿。免费商用 Wi-Fi、iBeacon 技术、摄像头影像监控、室内定位技术、近场通信（near field communication, NFC）传感器网络、排队叫号系统，可以探知用户线下的移动、停留、出行规律等数据，进行精准营销或者产品定制。

（5）人体健康预测。中医可以通过望、闻、问、切手段发现一些人体内隐藏的慢性病，甚至看体质便可知晓一个人将来可能会出现什么症状。人体体征变化有一定规律，而慢性病发生前人体会有一些持续性异常。理论上来说，如果大数据掌握了这样的异常情况，便可以进行慢性病预测。

结合智能硬件，慢性病的大数据预测变为可能。可穿戴设备和智能健康设备帮助网络收集人体健康数据，心率、体重、血脂、血糖、运动量、睡眠量等状况。如果这些数据足够精准且全面，并且有可以形成算法的慢性病预测模式，或许未来可携带设备就会提醒身体罹患某种慢性病的风险。KickStarter 上的 My Spiroo 便可收集哮喘患者的吐气数据来指导医生诊断其未来的病情趋势。急性病却很难预测，突变和随机性特征使之难以预测。

（6）疾病疫情预测。基于人们的搜索情况、购物行为预测大面积疫情暴发的可能性，最经典的"流感预测"便属于此类。如果来自某个区域的"流感""板蓝根"搜索需求越来越多，自然可以推测该处有流感趋势。

继世界杯、高考、景点和城市预测之后，百度于 2014 年推出了疾病预测产品。目前可以就流感、肝炎、肺结核、性病这四种疾病，对全国每一个省份以及大多数地级市和区县的活跃度、趋势图等情况，进行全面的监控。未来，百度疾病预测监控的疾病种类将从目前的 4 种扩展到 30 多种，覆盖更多的常见病和流行病。用户可以根据当地的预测结果进行针对性的预防。

（7）灾害灾难预测。气象预测是最典型的灾害灾难预测。地震、洪涝、高温、暴雨这些自然灾害如果可以利用大数据能力进行更加提前的预测和告知便有助于减灾、防灾、救灾、赈灾。与以往不同的是，过去的数据收集方式存在着死角、成本高等问题，物联网时代可以借助廉价的传感器摄像头和无线通信网络，进行实时的数据监控收集，再利用大数据预测分析，做到更精准的自然灾害预测。

（8）环境变迁预测。除了进行短时间微观的天气、灾害预测之外，还可以进行更加长期和宏观的环境与生态变迁预测。森林和农田面积缩小、野生动植物濒危、海岸线上升、温室效应这些问题是地球面临的"慢性问题"。人类知道越多地球生态系统以及天气形态变化的数据，就越容易模型化未来环境的变迁，进而阻止不好的转变发生。而大数据帮助人类收集、储存和挖掘更多的地球数据，同时还提供了预测的工具。

（9）交通行为预测。基于用户和车辆的基于位置服务（location based service，LBS）定位数据，可分析人车出行的个体和群体特征，进行交通行为的预测。交通部门可预测不同时点、不同道路的车流量进行智能的车辆调度或应用潮汐车道；用户则可以根据预测结果选择拥堵概率更低的道路。

百度基于地图应用的 LBS 预测涵盖范围更广。春运期间预测人们的迁徙趋势指导火车线路和航线的设置，节假日预测景点的人流量指导人们的景区选择，平时还有百度热力图来告诉用户城市商圈、动物园等地点的人流情况，指导用户出行选择和商家的选点选址。

（10）能源消耗预测。加州电网系统运营中心管理着加州超过 80%的电网，向 3500 万用户每年输送 2.89 亿兆瓦电力，电力线长度超过 25 000mi[①]。该中心采用了 Space-Time Insight 的软件进行智能管理，综合分析来自包括天气、传感器、计量设备等各种数据源的海量数据，预测各地的能源需求变化，进行智能电能调度，平衡全网的电力供应和需求，并对潜在危机做出快速响应。中国智能电网业也已在尝试类似大数据预测应用[165]。

对于单个家庭来说，可以通过智能家居设备，记录家庭成员的起居习惯，感知用户的舒适度，预测用户的温控能耗需求，进行智能的温控装置控制，还可结合阶梯电价表来帮助用户省钱。

除了上面列举的 10 个领域之外，大数据预测还可应用在房地产预测、就业情况预测、高考分数线预测、选举结果预测、奥斯卡大奖预测、保险投保者风险评估、金融借贷者还款能力评估等，让人类具备可量化、有说服力、可验证的洞察未来的能力，大数据预测的魅力正在释放出来。

二、Tableau 结果分析工具的使用

近年来，高级分析已经作为现代商业智能的重要组成部分引起人们的注意。随着组织争相采用最新的功能，数据科学家需要可靠的平台，而业务用户需要通过工具来简化工作流程，提出深层次问题。Tableau 作为一种分析结果可视化工具应运而生。Tableau 主要有以下几个特点。

（1）形象直观：大量证据表明，人类理解复杂大数据集最高效的方式是通过可视表现形式。Tableau 的默认行为是使用图表、图解和仪表板来显示数据。表和交叉表自有其用武之地（并受到支持），稍后将详细介绍其最佳使用方法。

---

① 1mi=1.609 344km。

（2）交互式：Tableau 文档主要设计为以交互方式传达给用户，无论是在用户桌面上、通过 Web 还是在移动设备上。Tableau 与其他某些商业智能（business intelligence，BI）工具不同，这些工具主要生成打印为主的输出（打印到实际纸张或打印到 PDF 之类的文档），而 Tableau 的重心是创建丰富的交互式体验，让用户在业务问题的引导下探索数据。

（3）迭代式，即发现本质上是循环的过程：Tableau 旨在加速从问题到见解再到问题的周期循环，这样用户就能快速形成假设，通过可用数据验证、修改、再验证该假设，如此循环往复。

（4）快速：从历史上看，BI 过程一直很慢。软件安装和配置很慢，数据分析很慢；设计和实现文档、报表、仪表板等也很慢。Tableau 可以让用户以前所未有的速度安装、连接和开发文档，很多情况下，这将产生答案的时间从数月或数周缩减到几小时或几分钟。

（5）简单：传统的企业 BI 工具通常超出了大部分业务用户的能力所及，要么成本高昂，要么太过复杂。很多情况下，用户需要 IT 或高级用户的帮助才能创建他们所要的查询和文档。Tableau 为非技术用户提供了直观的界面，他们无须成为数据库或电子表格专家，就能查询和分析复杂的数据。

（6）美观：人们常说，美丽在观者的眼中，但是在谈到可视化通信之美时，有一些最佳做法可循。通过"智能显示"之类的功能，Tableau 引导非技术用户根据所用的数据，创建高效、可理解的图表。

进入 Tableau 官网：https://www.tableau.com/zh-cn，拖动右侧滚动条到页面最下方，找到"免费试用 Tableau"栏，单击"获取免费试用版"按钮，进入 https://www.tableau.com/zh-cn/products/trial 页面，输入电子邮件地址，单击右侧"下载免费试用版"按钮即可免费下载试用版本，若 PC 是 Windows 32 位或者 Mac 系统，也可在页面中选择"32 位 Windows"或 Mac 进行下载。下载完成后，在本地 PC 中找到对应应用程序，双击打开，即可看到如图 6-6 所示的页面，选择"我已阅读并接受本许可协议中的条款"复选框，单击"自定义"按钮，将该软件安装至自定义的路径下。当然也可以单击"安装"按钮将软件安装在默认路径下。这里选择单击"自定义"按钮作为示例，确定安装路径后，单击"安装"按钮，Tableau 开始安装。安装完成后，双击桌面上的 Tableau 10.3 图标，通过注册账号获得 Tableau 试用资格，即可开始使用 Tableau 进行数据分析。

图 6-6　Tableau 安装欢迎页面

Tableau 为使用者提供了一些数据集，可以通过 Tableau 官网提供的一些案例进行下载学习。这里以 Tableau 官网提供的关于零售与批发的案例进行数据分析学习，数据可通过网址 https://www.tableau.com/sites/default/files/getting-started_data-sets_zh-cn.zip 进行下载。

打开 Tableau，选择"数据"菜单，新建数据源，打开刚刚下载好的 Excel 数据文件，如图 6-7 所示。

第六章
营销大数据的分析和挖掘

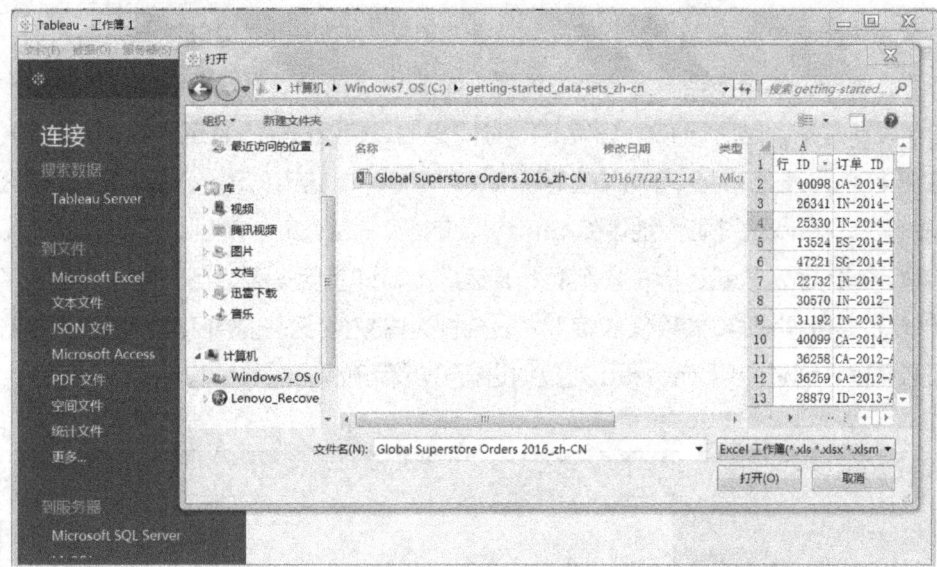

图 6-7　在 Tableau 中新建数据源

打开后，如图 6-8 所示。

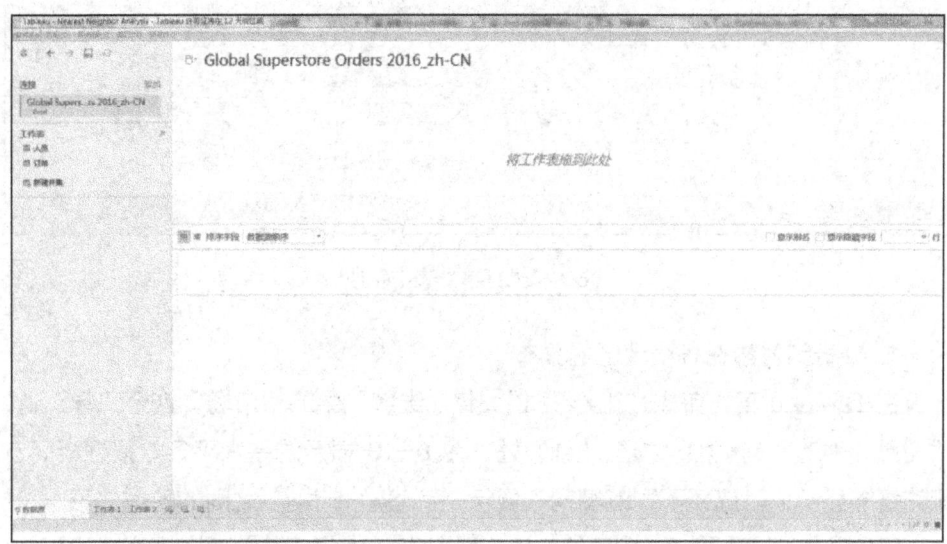

图 6-8　载入超市订单数据源

该 Excel 文件有两个工作表："人员"和"订单",这里以订单表格为例,将"订单"工作表拖至右上方空白区域。如图 6-9 所示,可以看到"订单"表中的字段非常多,包括行 ID、订单 ID、订购日期、装运日期、装运方式、客户 ID、客户名称、细分市场、邮政编码(Postal Code)、城市(City)、省/市/自治区(State/Province)、国家/地区(Country)、市场、产品 ID、类别、子类别、产品名称、销售额、数量、折扣、利润、装运成本、订单优先级。且该文件中包含了5000 多条数据记录,如果仅依赖人力去分析这些数据,恐怕需要花费大量的时间。那么这里,通过使用 Tableau 对数据进行分析和预测。

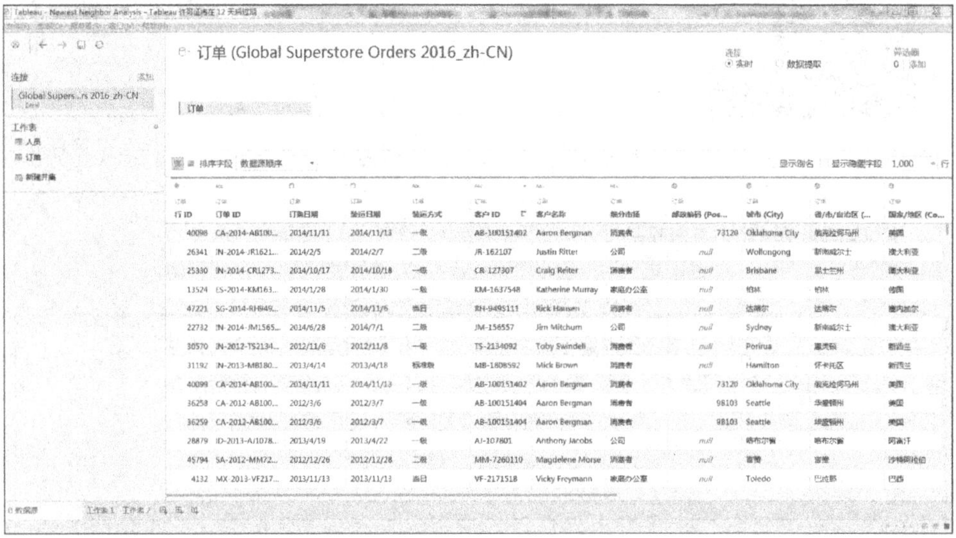

图 6-9 "订单"表中字段

1. 分析销售额在各个地区的分布

在 Tableau 下方单击"工作表 1",将"维度"中的"市场"拖至"行"处,"度量"中的"销售额"拖至"列"处,图 6-10 显示的是水平条。根据页面右侧的智能显示,可选择不同的图例来展示"销售额-市场"之间的映射关系。

因为这里"市场"类别只有 5 类,所以在智能提示中选择饼图进行展示,如图 6-11 所示。

第六章
营销大数据的分析和挖掘

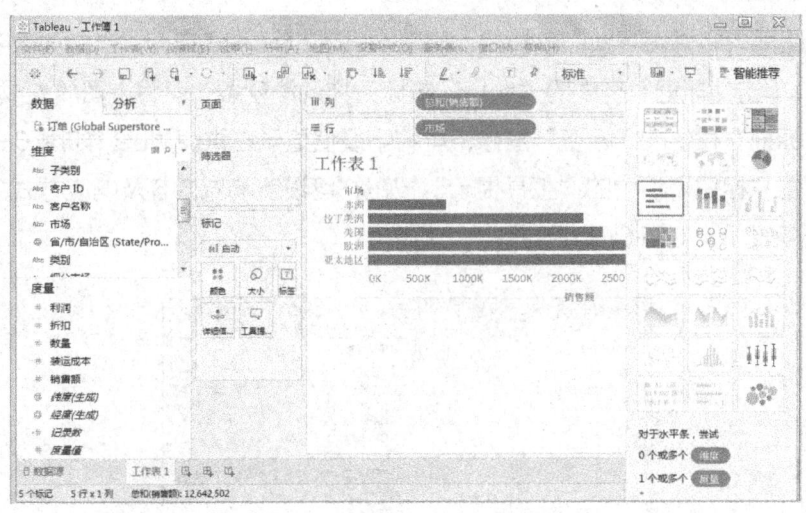

图 6-10　销售额水平条显示

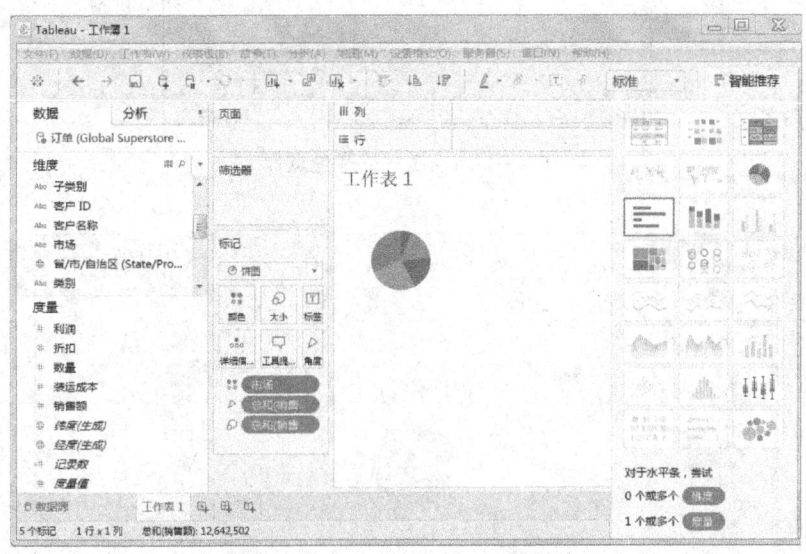

图 6-11　市场饼图显示

接下来，可根据"标记"栏对图形进行进一步操作，单击"颜色"菜单，选择"编辑颜色"选项，在弹出的对话框中的"选择调色板"下拉菜单中选择"夏天"样式，然后单击"分配调色板"按钮，再单击"应用"按钮，最后单击"确定"按钮即可将饼图更换颜色样式,如图 6-12、图 6-13 所示。当需要改变饼图大小时,单击"标记"栏中的"大小"图标,拖动滚动条,可将饼图放大或缩小。单击"标记"栏中的"标签"图标,可将字段值显示在饼图周围,如图 6-14 所示。单击"标记"栏中的"工具提示"按钮,可设置响应内容及响应方式(响应式、悬停式),如图 6-15 所示。

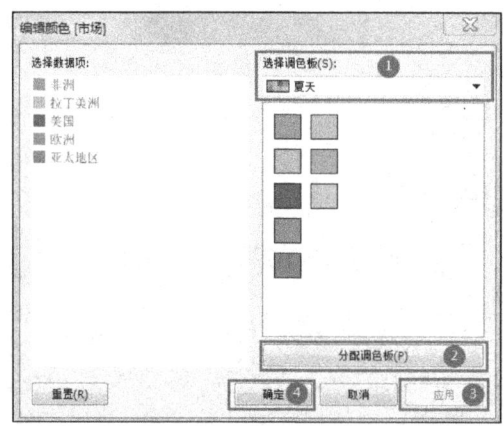

图 6-12 饼图更换颜色选择

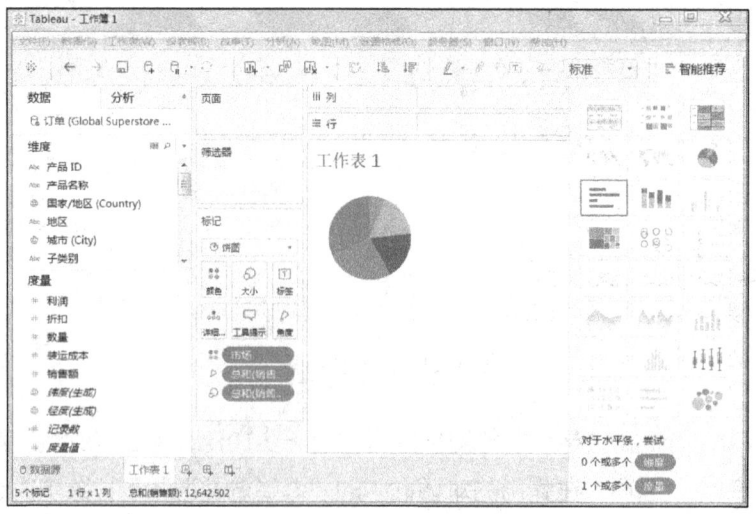

图 6-13 饼图更换颜色结果

第六章
营销大数据的分析和挖掘

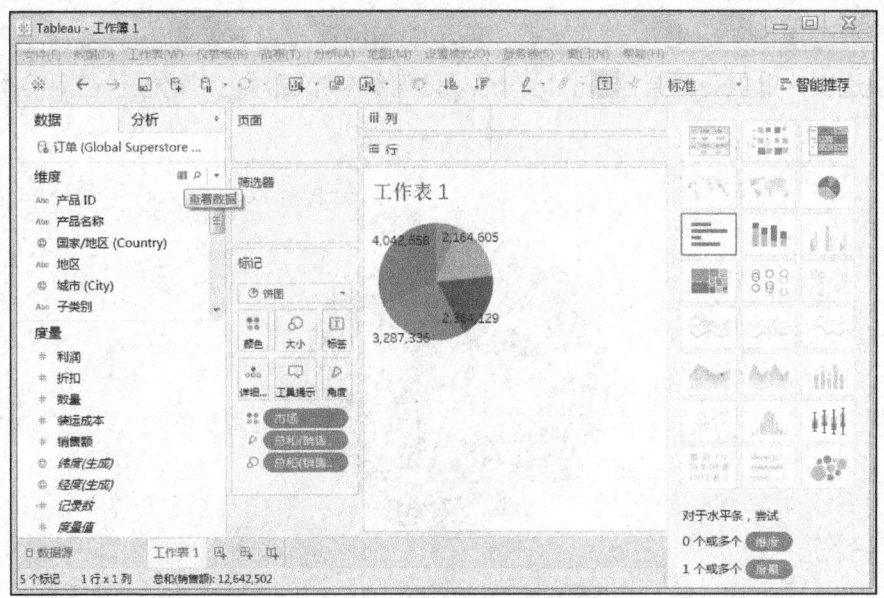

图 6-14 饼图变换大小结果

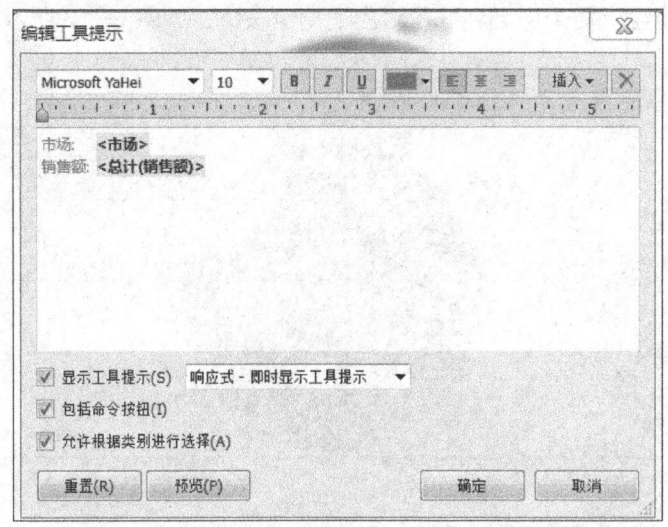

图 6-15 设置响应内容及响应方式

这里需要显示各个市场的名称以及各个市场销售额占总销售额的比例。因此，首先通过单击"标记"栏下方的"总和销售额"按钮右侧的下拉菜单，选择"快速表计算"→"合计百分比"选项即可将各市场对应占比显示在图例中，如图 6-16 所示。

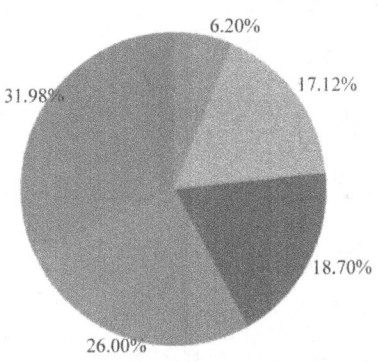

图 6-16　显示各市场对应占比

接下来，按住 Ctrl 键分别选择"市场"和"总和(销售额)"，将其拖到"标签"中，即可显示各个市场名称及对应销售额占比，如图 6-17 所示。

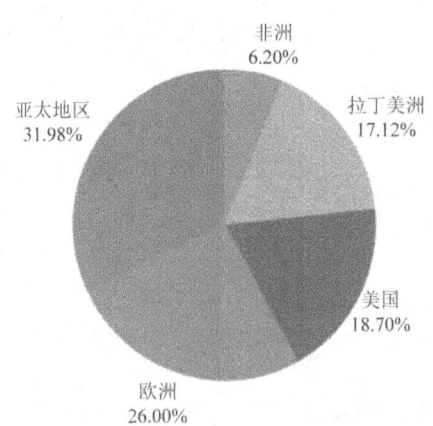

图 6-17　显示各个市场名称及对应销售额占比

最后，在菜单栏"设置格式"的下方工具栏按钮中选择"按销售额的总计%

的降序排序"显示饼图，右击饼图上方的"工作表1"，在出现的菜单中选择"编辑标题"选项，在弹出的对话框中将工作表的标题改为"销售额-市场关系图"，并在页面左下方重命名工作表为"销售额-市场关系图"，同时在此区域右击，在弹出的菜单中选择"导出"选项将其导出到本地即可，如图6-18所示。

图6-18 重命名工作表为"销售额-市场关系图"

由销售额-市场关系图能够更清晰、直观地找到销售额最高的市场（亚太地区）、销售额最低的市场（非洲地区）以及各个地区的销售情况。

2. 分析各市场下各个地区对应的利润

根据该Excel数据文件可知，"市场"字段下可分为"地区"，"地区"下可划分为"国家或地区"，国家下仍可划分为"省/市/自治区"。那么可以根据字段之间的层级关系，为"市场"字段创建"分层结构"，将"地区"字段添加到市场分层结构中，进而更直观地讨论各地区对应的利润。

在 Tableau 界面的左下方单击"工作表 2",在"维度"栏中找到"市场",右击它,在弹出的菜单中选择"分层结构"→"创建分层结构"选项,命名分层结构名称,这里命名为"市场分层结构"。接着,找到"地区"字段,将其拖至市场分层结构下。可以看到,此时,"地区"已经在分层结构中。那么,将"市场"和"地区"拖至"行",将"度量"中的"利润"字段拖至"列",可根据水平条显示各个地区的利润情况,如图 6-19 所示。

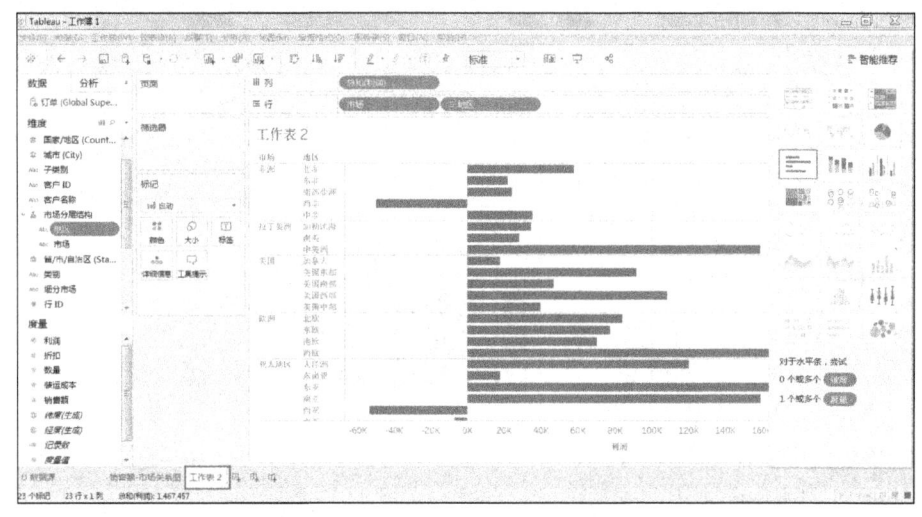

图 6-19　根据水平条显示各个地区的利润情况

现在,我们可看到各地区的利润情况,但是仍然不太理想。如果想直观地看到哪些地区的利润为负。那么,可否根据利润值的大小显示不同的颜色呢?答案是显然的,通过生成热图可以做到。

将"利润"字段拖至"颜色"处,即可根据利润的不同情况显示不同颜色,由图 6-20 可以清晰地看到哪些市场下的哪些地区利润为负,哪些地区利润较好。最后,修改"利润"字段的排序方式、工作表 2 的标题,重命名工作表 2 的名称为"利润-地区关系图",保存或者导出到本地即可方便后续查看图表,如图 6-21 所示。

第六章
营销大数据的分析和挖掘

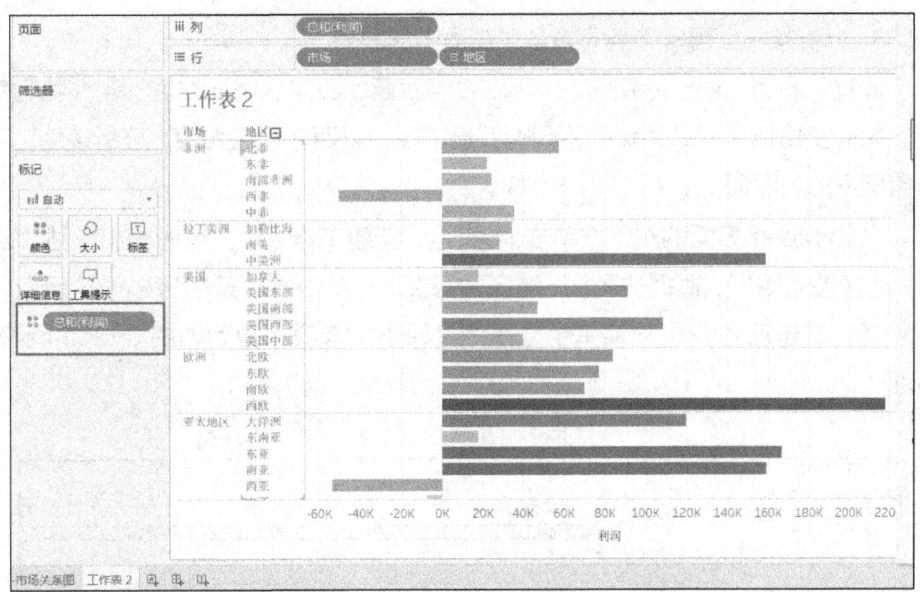

图 6-20　根据利润的不同情况显示不同颜色

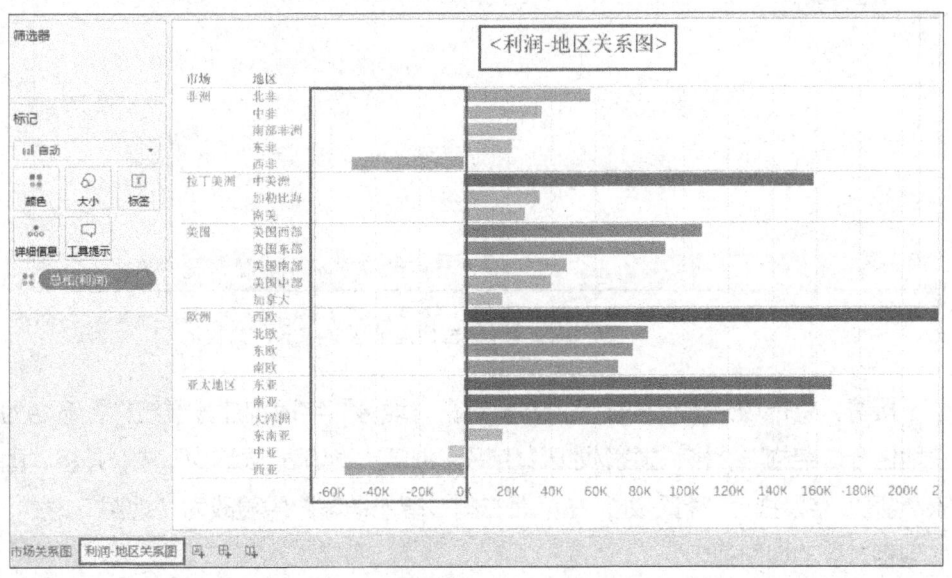

图 6-21　重命名工作表名称

3. 分析某一个国家下各省市各产品类别的利润

通过"利润-地区关系图",可以看到西亚、西非、中亚地区的利润均为负值。如何找到地区利润为负的原因呢?接下来,以西亚地区为例,分析该地区下所有国家的利润情况。

在 Tableau 界面的左下方单击 按钮,新建工作表 3,首先画出上述"利润-地区关系图",根据"利润-地区关系图",单击水平条图例中的"西亚"水平条,右击后在弹出的菜单中选择"只保留"选项,得到如图 6-22 所示的页面。

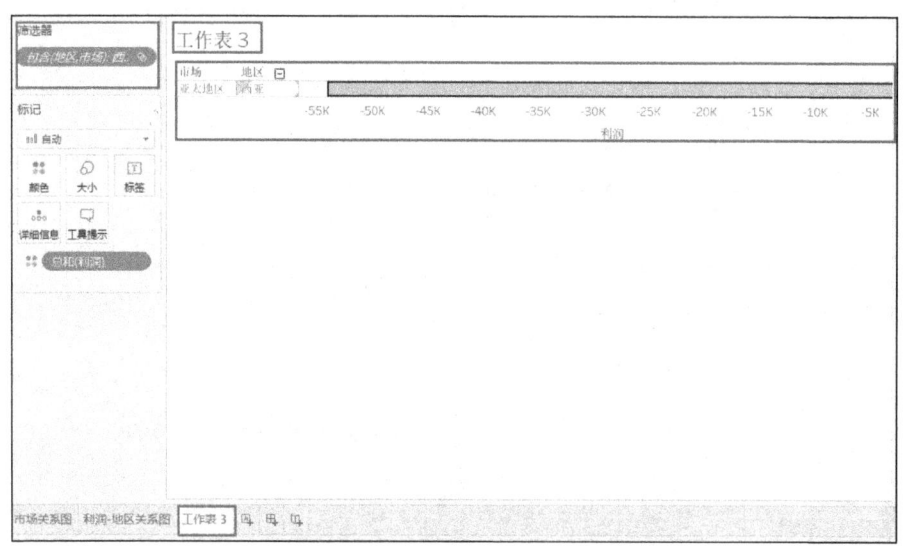

图 6-22 只保留西亚地区

接着,将市场分层结构移除,并重新在"地区"字段创建分层结构,命名为"地区分层结构",将"国家/地区"字段添加到"地区分层结构"中,并将"国家/地区"字段拖至"行"处,在页面右侧"智能推荐"中更改为"地图"方式,得到相对应的地图显示。

接下来通过单击地图上的"+"或"-"按钮对地图进行放大或缩小,并使用标签对西亚各个国家进行标识,在这其中可以清晰地看到西亚各国家中,土耳其亏损最为严重，其他国家利润情况还算乐观。因此，根据该图可以分析出导致西亚地区利润亏损的主要原因是土耳其。

那么，在土耳其这个国家，利润为什么如此糟糕？需要对土耳其国家进行进一步的探索和分析。接下来将土耳其国家的各个产品类别的利润进行分析，探索更深层次的原因，以便对该地区的销售策略加以改正。

首先，在上述工作表的基础上，右击图例"土耳其"，选择"只保留"选项，那么就只保留土耳其国家的利润，接着，在"维度"字段内，选择"类别"字段并右击，在弹出的菜单中选择"创建分层结构"选项，命名为"类别分层结构"，将"子类别"字段拖至"类别分层结构"中，并将"类别分层结构"拖至"行"字段。在页面右侧"智能推荐"中选择"文本表"显示方式。单击图例中的"类别"，右击并在弹出的快捷菜单中选择"排序"选项，在排序中可根据"利润"字段的值升序或降序排列。这里按照"利润"字段升序排列，得到的结果如图6-23所示。由图6-23可看出，导致土耳其利润为负的三个产品类别中，技术产品亏损最为严重。

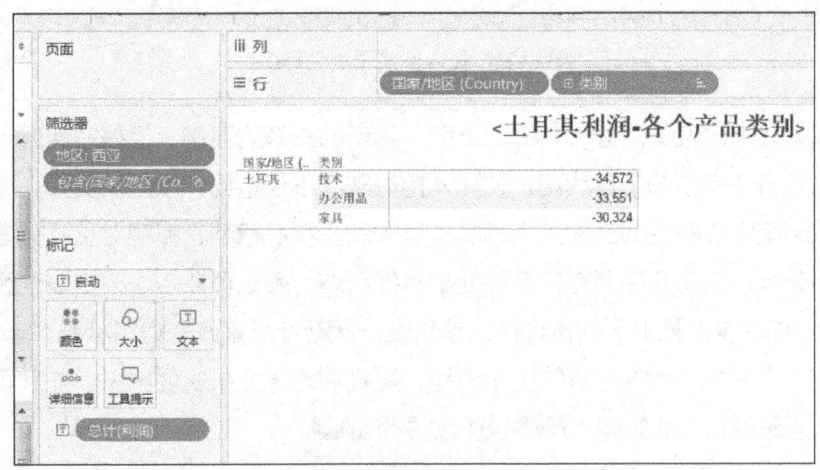

图6-23 按照商品类别排序

通过将"类别分层结构"散开，即将"维度"→"类别分层结构"→"子类别"拖至"行"处，可以看到如图6-24所示的产品各个子类别的利润情况。从

图 6-24 中可以明显看出每个产品类别中各个子类别的利润状况,例如,在技术产品中,亏损最严重的子类别是电话。在办公用品中,存储类办公用品利润情况最糟糕。

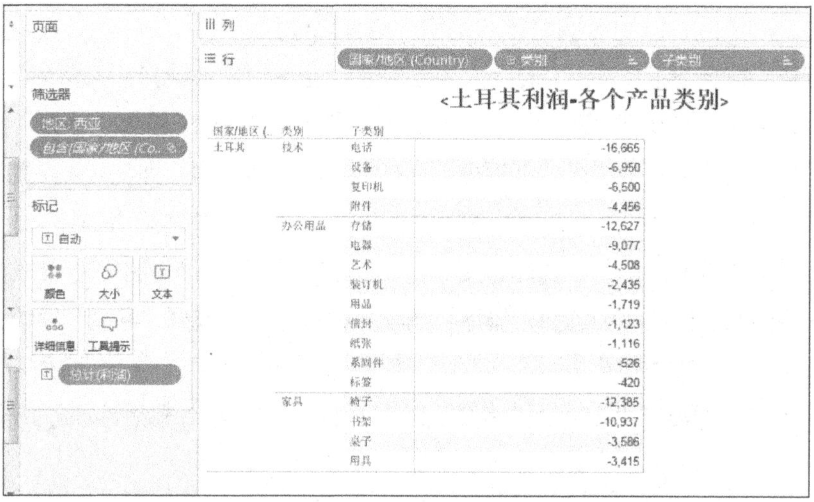

图 6-24　按照商品子类别排序

根据以上对案例的分析,得到上面所展示的一系列图例。根据图例就可以直观地比较各个市场的销售状况,并深入挖掘利润不佳市场的原因。例如,导致西亚地区利润为负的主要因素是土耳其国家的利润状况糟糕,根据对土耳其国家的进一步分析,发现几乎所有产品都处于亏损状态,那么可以考虑改变该地区的销售策略,如减少对该地区的资金投入或研发一些新产品来改变销售状况。Tableau 为工作人员简化了数据分析的工作流程,更直观地将结果表现出来,并且可以根据个人兴趣使用 Tableau 对数据进行分析和预测。

三、分析结果建模工具——LINGO

LINGO 是一套使构建和求解线性、非线性及整数优化模型更快、更容易和更有效的功能强大的工具。LINGO 提供了一套集成的软件包,包括用来表述优化模型的语言,用于构建和编辑问题的完全功能环境,以及一套快速的内置求解器。

1. LINGO 关键特征

LINGO 具有以下几个关键特征。

方便的模型表达：LINGO 将帮助节省开发时间，它以一种高度的可读形式来快速公式化线性、非线性和整数问题。LINGO 的建模语言允许使用汇总和下标变量以一种易懂的直观的方式来表达模型，非常类似于用户在使用纸和笔。模型更加容易构建，更容易理解，因此也更容易维护。

方便的数据选项：LINGO 使管理用户的数据不再费时和麻烦。它允许直接从数据库和电子表格程序中提取数据来构建模型。同样地，LINGO 能够直接输出解答信息到数据库或电子表格程序中，使用户能够在所选择的应用程序中生成报告。

强大的求解器：LINGO 拥有一整套快速的、内建的求解器来求解线性的、非线性的(球面和非球面的)、二次的、二次约束的和整数优化问题。用户甚至不需要指定或启动特定的求解器，因为 LINGO 会读取用户的方程式并自动选择合适的求解器。

交互式模型或创建 Turn-key 应用程序：用户能够在 LINGO 内创建和求解模型或能够从用户自己编写的应用程序中直接调用 LINGO。对于开发交互式模型，LINGO 提供了一整套建模环境来构建、求解和分析用户模型。对于构建 Turn-key 解决方案，LINGO 提供的可调用的动态链接库(dynamic link library, DLL)和对象链接与嵌入 (object linking and embedding，OLE) 界面能够从用户自己写的程序中被调用。LINGO 也能够从 Excel 宏或数据库应用程序中被直接调用。

详尽的文档和帮助：LINGO 提供了所有需要快速启动和运行的工具。用户可以得到一本 *LINGO User Manual*(以打印的格式，可通过在线帮助获得)，该手册详尽地描述了程序的命令和功能。同样高级版本带有一本更大的 *Optimization Modeling with LINGO* 手册，这是一本综合教科书，讨论了所有主要的线性、整数和非线性优化问题分类。LINGO 同时带有许多基于真实世界的案例，可用来修改和扩展。

强大的 LINGO 求解器：LINGO 包含一系列内建的求解器来处理大量的问题。不像许多建模包，所有的 LINGO 求解器是直接链接到建模环境的。这种无缝的集成允许 LINGO 直接把问题在内存中传递给合适的求解器，而不需要通过速度较慢的中间文件。这种链接也最小化了建模组件和求解器组件之间的兼容性问题。

线性求解器：LINGO 有下面三种先进的求解器用于处理线性问题。

（1）Primal-Dual Simplex（原始-对偶单纯形）求解器：Base 版本中包括原始-对偶单纯形求解器，结合了众多增强部分用以最大化求解速度和稳定性。定价选项中包括局部定价和 Devex。求解器根据问题特征动态选择最佳定价选项。

（2）Barrier 求解器：可选的 Barrier 求解器提供了求解线性模型的备选方法。Barrier 选项利用 Barrier 或内点算法来求解线性模型。不像单纯形求解器沿着可行区域的外部移动，Barrier 求解器从内部空间移动来寻找最优解。依据某个特定模型的大小和结构，Barrier 求解器可能比单纯形求解器快得多，并能在对大型线性模型计算时提供极快的速度——特别是面对带有 5000 个约束或高度衰退的稀疏模型时。使用 Barrier 求解器需要订购 Barrier 许可选项。

（3）整数求解器：对于带有通用或二元整数限制的模型，LINGO 包含整数求解器来配合线性、非线性和二次求解器一起工作。对于线性模型，整数求解器包含预处理和众多的约束"删减"生成程序，能大大减少对于大分类的整数模型的求解次数。

非线性求解器：LINGO 包含多个方法来查找非线性模型的局部或全局最优解答。

通用非线性求解器：对于非线性规划模型，LINGO 的非线性求解器主要使用的基础技术是广义简约梯度(generalized reduced gradient, GRG)算法。同时，为了快速地得到一个好的可行解，LINGO 还集成了连续线性规划。通用非线性求解器利用稀疏来改善速度和更有效地使用内存。使用非线性求解器需要订购非线性许可选项。

Global（全局）求解器：局部搜索求解器通常是设计寻找局部最优解。如果模型是非凸的，还可能存在其他的局部最优解。在找到第一个局部最优解后，全局求解器不会停止工作，而是将继续搜索直到全局最优解被确认。全局求解器转换原始的非凸、非线性问题为多个凸的、线性子问题。然后，它使用分支定界技术通过穷尽搜索这些子问题来寻找全局最优解。要使用全局求解器功能需要订购非线性和全局许可选项。

多点搜索求解器：在有限的时间内寻找全局最优解可能会有些限制，多点搜索求解器是一个用来更快地寻找最优解的强大工具。它可在求解区域内生成一系列候选开始点。然后，通用非线性求解器智能地选择这些开始点的一个子集来初始化一系列局部最优解。对于非凸非线性模型，多点搜索求解器返回的解会优于通用非线性求解器返回的解。使用多点搜索求解器需要订购非线性和全局许可选项。

二次求解器：除了求解线性和混合整数模型，带有 Barrier 选项的 LINGO 能够自动探测和求解那些目标函数和/或约束包含二次项的模型。通过利用二次结构，LINGO 求解模型能够比使用通用非线性求解器求解快得多。LINGO 甚至能够处理带有二元和一般整数约束的二次模型。这些二次能力使 LINGO 适合处理某些应用，如投资优化问题、约束回归问题和特定的逻辑问题的分类(例如，布局问题、带有二次目标的固定费用网络问题)。二次求解器包含在 Barrier 许可选项中。

预处理：预处理程序包含在所有的求解器中。线性和非线性求解器包含缩放和模型降阶技术。缩放程序能够改善复杂模型的求解速度和稳定性。模型降阶技术通常能够通过分析原始公式和数学方法将问题难度减小。整数求解器包含大量的预处理和删减生成程序。

LINGO 的设计思想是使用户在处理模型的过程中尽可能少输入指令。当求解命令被初始化后，LINGO 分析问题，若有可能，则减少问题，甚至替换变量。基于模型结构，LINGO 自动选择合适的求解器并智能地调整内部参数。

线性化：LINGO 的线性能力可显著地改善常见的非光滑函数的模型的性能。这个特征能够自动转换许多非光滑函数和操作符(例如，@IF、@MAX 和@ABS)为一系列线性的、数学等价表达式。同样地，一个连续变量和二元变量的乘积也能被线性化。许多非光滑模型也能够被完全线性化，这使线性求解器可快速找到一个全局最优解。

2. LINGO 安装及使用介绍

LINGO 软件下载地址为 http://www.lindo.com/index.php/ls-downloads/

try-lingo，以下用来演示的 PC 系统是 Windows 64 位，读者也可以参考官网指引自行下载与计算机相对应的版本。安装完成后启动 LINGO 软件将进入如图 6-25 所示的界面。

图 6-25　LINGO 初始界面

3. LINGO 使用介绍

LINGO 的主要功能包括 File(文件)菜单、Edit（编辑）菜单、Solver（求解器）菜单等。下面对这些功能做简要介绍。

File 菜单包含以下 12 个功能。

（1）New（新建）。在 File 菜单中执行 New 命令、单击 New 按钮或直接按 F2 键可以创建一个新的 Model 窗口。在这个新的 Model 窗口中能够输入所要求解的模型。

（2）Open（打开）。在 File 菜单中执行 Open 命令、单击 Open 按钮或直接按 F3 键可以打开一个已经存在的文本文件。这个文件可能是一个 Model 文件。

（3）Save(保存)。在 File 菜单中执行 Save 命令、单击 Save 按钮或直接按 F4 键将当前活动窗口（最前台的窗口）中的模型结果、命令序列等保存为文件。

（4）Save As(另存为)。在 File 菜单中执行 Save As 命令或按 F5 键可以将当前活动窗口中的内容保存为文本文件，其文件名为用户在 Save As 对话框中输入的文件名。利用这种方法可以将任何窗口的内容如模型、求解结果或命令保存为文件。

（5）Close（关闭）。在 File 菜单中执行 Close 命令或按 F6 键将关闭当前活动窗口。如果这个窗口是新建窗口或已经改变了当前文件的内容，LINGO 系统将会提示是否想要保存改变后的内容。

（6）Print(打印)。在 File 菜单中执行 Print 命令、单击 Print 按钮或直接按 F7 键可以将当前活动窗口中的内容发送到打印机。

（7）Print Setup(打印设置)。在 File 菜单中执行 Print Setup 命令或直接按 F8 键可以将文件输出到指定的打印机。

（8）Print Preview(打印预览)。在 File 菜单中执行 Print Preview 命令或直接按 Shift+F8 键可以进行打印预览。

（9）Log Output(输出到日志文件)。在 File 菜单中执行 Log Output 命令或按 F9 键打开一个对话框，用于生成一个日志文件，它存储接下来在命令窗口中输入的所有命令。

（10）Take Commands(提交 LINGO 命令脚本文件)。在 File 菜单中执行 Take Commands 命令或直接按 F11 键就可以将 LINGO 命令脚本（command script）文件提交给系统进程来运行。

（11）Import Lingo File(引入 LINGO 文件)。在 File 菜单中执行 Import Lingo File 命令或直接按 F12 键可以打开一个 LINGO 格式模型的文件，然后 LINGO 系统会尽可能把模型转化为 LINGO 语法允许的程序。

（12）Exit（退出）。在 File 菜单中执行 Exit 命令或直接按 F10 键可以退出 LINGO 系统。

Edit 菜单主要包含以下 8 个功能。

（1）Undo(恢复)。在 Edit 菜单中执行 Undo 命令或按 Ctrl+Z 组合键，将撤销上次操作，恢复至之前的状态。

（2）Cut(剪切)。在 Edit 菜单中执行 Cut 命令或按 Ctrl+X 组合键可以将当前选中的内容剪切至剪贴板中。

（3）Copy(复制)。在 Edit 菜单中执行 Copy 命令、单击 Copy 按钮或按 Ctrl+C 组合键可以将当前选中的内容复制到剪贴板中。

（4）Paste(粘贴)。在 Edit 菜单中执行 Paste 命令、单击 Paste 按钮或按 Ctrl+V 组合键可以将剪贴板中的当前内容复制到当前插入点的位置。

（5）Paste Special（粘贴特定）。与上面的命令不同，它可以用于剪贴板中的内容不是文本的情形。

（6）Select All(全选)。在 Edit 菜单中执行 Select All 命令或按 Ctrl+A 组合键可选定当前窗口中的所有内容。

（7）Match Parenthesis(匹配小括号)。在 Edit 菜单中执行 Match Parenthesis 命令、单击 Match Parenthesis 按钮或按 Ctrl+P 组合键可以为当前选中的开括号查找匹配的闭括号。

（8）Paste Function(粘贴函数)。在 Edit 菜单中执行 Paste Function 命令可以将 LINGO 的内部函数粘贴到当前插入点。

Solver 菜单主要包含以下 4 个功能。

（1）Slove（求解模型）。在 Solver 菜单中执行 Slove 命令、单击 Slove 按钮或按 Ctrl+S 组合键可以将当前模型送入内存求解。

（2）Solution（求解结果）。在 Solver 菜单中执行 Solution 命令、单击 Solution 按钮或直接按 Ctrl+O 组合键可以打开求解结果的对话框。这里可以指定查看当前内存中求解结果的那些内容。

（3）Look（查看）。在 Solver 菜单中执行 Look 命令或直接按 Ctrl+L 组合键可以查看全部的或选中的模型文本内容。

（4）Range（灵敏性分析，Ctrl+R）。用该命令产生当前模型的灵敏性分析报告：研究当目标函数的费用系数和约束右端项在什么范围（此时假定其他系数不变）时，最优基保持不变。灵敏性分析是在求解模型时做出的，因此在求解模型时灵敏性分析是激活状态，但是默认是不激活的。为了激活灵敏性分析，可单击 LINGO 工具栏中的 Option 图标（⊠），选择 General Solver Tab 选项，在 Dual Computations 列表框中，选择 Prices and Ranges 选项。灵敏性分析耗费相当多的求解时间，因此当速度很关键时，就没有必要激活它。

4. 使用 LINGO 对案例进行灵敏性分析

1）家具公司案例

某家具公司制造书桌、餐桌和椅子，所用的资源有三种：木料、木工和漆工。生产数据如表 6-4 所示。

表 6-4 某家具公司制造家具所用资源

使用资源	每个书桌	每个餐桌	每个椅子	现有资源总数
木料	8 单位	6 单位	1 单位	48 单位
漆工	4 单位	2 单位	1.5 单位	20 单位
木工	2 单位	1.5 单位	0.5 单位	8 单位
成品单价	60 单位	30 单位	20 单位	—

若要求餐桌的生产量不超过 5 件，如何安排三种产品的生产可使利润最大？用 desks、tables 和 chairs 分别表示书桌、餐桌和椅子的生产量，建立线性规划（linear programming，LP）模型，如图 6-26 和图 6-27 所示。

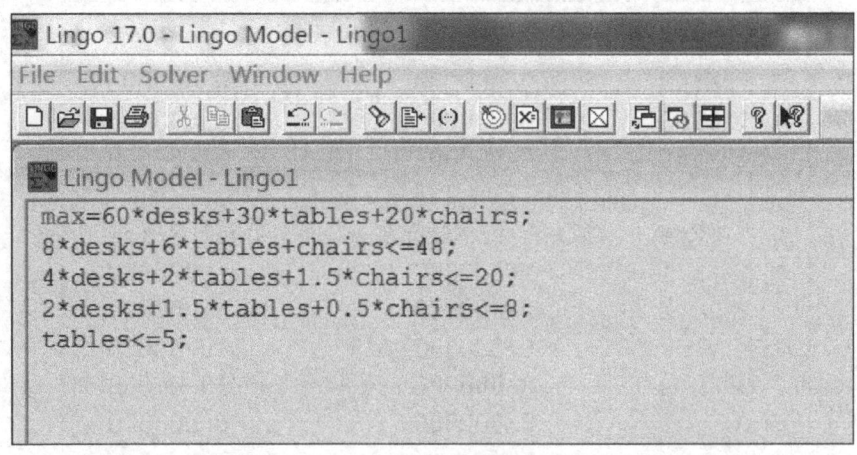

图 6-26 输入指令窗口

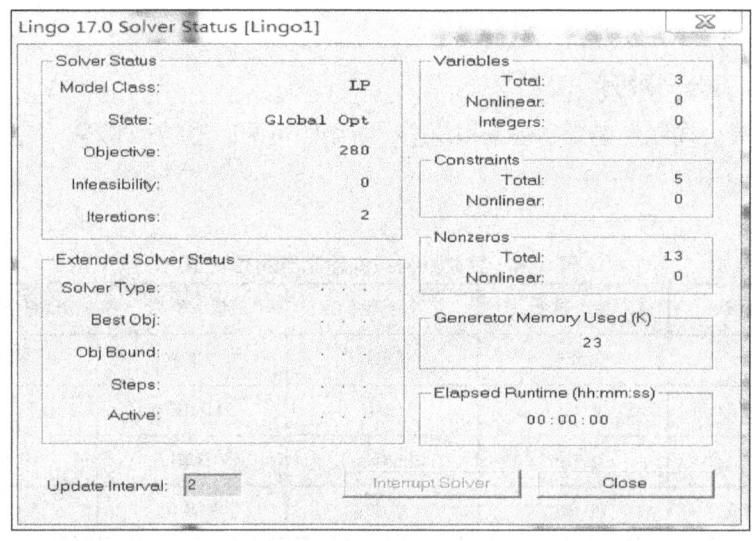

图 6-27 建立 LP 模型

求解这个模型,并激活灵敏性分析。这时,查看报告窗口(Reports Window),可以看到如图 6-28 所示的结果。

```
Variable            Value         Reduced Cost
  DESKS          2.000000          0.000000
 TABLES          0.000000          5.000000
 CHAIRS          8.000000          0.000000

   Row       Slack or Surplus    Dual Price
    1           280.0000          1.000000
    2           24.00000          0.000000
    3           0.000000          10.00000
    4           0.000000          10.00000
    5           5.000000          0.000000
```

图 6-28 运行结果

Objective:280 表示最优目标值为 280。

Value 给出最优解中各变量的值：造 2 个书桌（desks），0 个餐桌（tables），8 个椅子（chairs）。所以 desks、chairs 是基变量（非 0），tables 是非基变量（0）。Slack or Surplus 给出松弛变量的值。

第 1 行松弛变量=280（模型第一行表示目标函数，所以第二行对应第一个约束）

第 2 行松弛变量=24

第 3 行松弛变量=0

第 4 行松弛变量=0

第 5 行松弛变量=5

Reduced Cost 列出最优单纯形表中判别数所在行的变量的系数，表示当变量有微小变动时，目标函数的变化率。其中基变量的 Reduced Cost 值应为 0，对于非基变量 X_j，相应的 Reduced Cost 值表示当某个变量 X_j 增加一个单位时目标函数减少的量(max 型问题)。本例中，变量 tables 对应的 Reduced Cost 值为 5，表示当非基变量 tables 的值从 0 变为 1 时（此时假定其他非基变量保持不变，但为了满足约束条件，基变量显然会发生变化），最优的目标函数值=280−5=275。

Dual Price（对偶价格）表示当对应约束有微小变动时，目标函数的变化率。输出结果中对应于每一个约束有一个 Dual Price。若其数值为 p，表示对应约束中不等式右端项若增加 1 个单位，目标函数将增加 p 个单位（max 型问题）。显然，如果在最优解处约束正好取等号（也就是"紧约束"，也称为有效约束或起作用约束），Dual Price 值才可能不是 0。本例中，第 3、4 行是紧约束，对应的 Dual Price 值为 10，表示当紧约束 4 desks + 2 tables + 1.5 chairs ≤ 20 变为 4 desks+ 2 tables + 1.5 chairs ≤ 21 时，目标函数值=280+10=290。对于非紧约束（如本例中第 2、5 行是非紧约束），Dual Price 的值为 0，表示对应约束中不等式右端项的微小扰动不影响目标函数。有时，通过分析 Dual Price，也可对产生不可行问题的原因有所了解。

灵敏性分析的结果如图 6-29 所示。

```
Ranges in which the basis is unchanged:
                 Objective Coefficient Ranges:

                   Current        Allowable      Allowable
     Variable      Coefficient    Increase       Decrease
     DESKS         60.00000       20.00000       4.000000
     TABLES        30.00000       5.000000       INFINITY
     CHAIRS        20.00000       2.500000       5.000000

                    Righthand Side Ranges:

                   Current        Allowable      Allowable
     Row           RHS            Increase       Decrease
     2             48.00000       INFINITY       24.00000
     3             20.00000       4.000000       4.000000
     4             8.000000       2.000000       1.333333
     5             5.000000       INFINITY       5.000000
```

图 6-29 灵敏性分析的结果

目标函数中 desks 变量原来的费用系数为 60，允许增加（Allowable Increase）=20、允许减少（Allowable Decrease）=4，说明当它在[60-4, 60+20]=[56, 80]范围变化时，最优基保持不变。对 tables、chairs 变量，可以类似解释。因为此时约束没有变化（只是目标函数中某个费用系数发生变化），所以最优基保持不变的意思也就是最优解不变（当然，因为目标函数中费用系数发生了变化，所以最优值会变化）。

第 2 行约束中右端项（right hand side, RHS）原来为 48，当它在[48-24, 48+∞]= [24, ∞]范围变化时，最优基保持不变。第 3、4、5 行可以类似解释。不过由于此时约束发生变化，最优基即使不变，最优解、最优值也会发生变化。

灵敏性分析结果表示的是最优基保持不变的系数范围。由此，也可以进一步确定当目标函数的费用系数和约束右端项发生小的变化时，最优基和最优解、最优值如何变化。下面我们通过求解另一个案例来进行说明。

2）奶制品加工厂案例

一个奶制品加工厂用牛奶生产 A1、A2 两种奶制品，1 桶牛奶可以在甲车间用 12h 加工成 3kg A1，或者在乙车间用 8h 加工成 4kg A2。根据市场需求，生产的 A1、A2 全部能售出，且每千克 A1 获利 24 元，每千克 A2 获利 16 元。现在加工厂每天能得到 50 桶牛奶的供应，每天正式工人总的劳动时间为 480h，并且甲车间每天至多能加工 100kg A1，乙车间的加工能力没有限制。试为该厂制订一个生产计划，使每天获利最大，并进一步讨论以下三个附加问题。

（1）若用 35 元可以买到 1 桶牛奶，应否做这项投资？若投资，每天最多购买多少桶牛奶？

（2）若可以聘用临时工人以增加劳动时间，付给临时工人的工资最多是每小时几元？

（3）由于市场需求变化，每千克 A1 的获利增加到 30 元，应否改变生产计划？

模型代码如下：

Max=72*X1+64*X2;

X1+X2<=50;

12*X1+8*X2<=480;

3*X1<=100;

求解这个模型并进行灵敏性分析，结果如图 6-30 所示。

结果显示：这个线性规划的最优解为 X_1=20，X_2=30，最优值为 z=3360，即用 20 桶牛奶生产 A1，30 桶牛奶生产 A2，可获最大利润 3360 元。输出中除了得到问题的最优解和最优值以外，还有许多对分析结果有用的信息，下面结合题目中提出的三个问题给予说明。

三个约束条件的右端不妨看作三种"资源"：原料、劳动时间、甲车间的加工能力。输出中 Slack or Surplus 给出这三种资源在最优解下是否有剩余：原料、劳动时间的剩余均为零，甲车间尚余 40kg 加工能力。目标函数可以看作"效益"，成为紧约束的"资源"一旦增加，"效益"必然跟着增长。

输出中 Dual Price 给出这三种资源在最优解下"资源"增加 1 个单位时"效益"的增量：原料增加 1 个单位（1 桶牛奶）时利润增长 48 元，劳动时间增加 1 个单位（1h）时利润增长 2 元，而增加非紧约束甲车间的能力显然不会使利润增长。这里，"效益"的增量可以看作"资源"的潜在价值，经济学上称为影子价格，即 1 桶牛奶的影子价格为 48 元，1h 劳动的影子价格为 2 元，甲车间的影子价格为零。

```
Global optimal solution found.
Objective value:                           3360.000

          Variable        Value       Reduced Cost
          X1           20.00000         0.000000
          X2           30.00000         0.000000

          Row      Slack or Surplus     Dual Price
           1          3360.000           1.000000
           2          0.000000          48.00000
           3          0.000000           2.000000
           4         40.00000            0.000000

Ranges in which the basis is unchanged:
                 Objective Coefficient Ranges:
                    Current      Allowable      Allowable
        Variable   Coefficient    Increase       Decrease
          X1       72.00000      24.00000       8.000000
          X2       64.00000       8.000000     16.00000

                   Righthand Side Ranges:
                    Current      Allowable      Allowable
           Row        RHS         Increase       Decrease
            2      50.00000      10.00000       6.666667
            3      480.000       53.33333      80.00000
            4      100.0000      INFINITY      40.00000
```

图 6-30 灵敏性分析结果

读者可以用直接求解的办法验证上面的结论，即将输入文件中原料约束右端的 50 改为 51，看看得到的最优值（利润）是否恰好增长 48 元。用影子价格的概念很容易回答附加问题（1）：用 35 元可以买到 1 桶牛奶，低于 1 桶牛奶的影子价格 48 元，当然应该做这项投资。回答附加问题（2）：聘用临时工人以增加劳动时间，付给的工资低于劳动时间的影子价格才可以增加利润，所以工资最多是每小时 2 元。

目标函数的系数发生变化时（假定约束条件不变），最优解和最优值会改变吗？这个问题不能简单地回答。上面的输出给出了最优基不变条件下目标函数系数的允许变化范围：X_1 的系数为 (72−8, 72+24)=(64, 96)；X_2 的系数为 (64−16, 64+8)=(48, 72)。注意：X_1 系数的允许范围需要 X_2 系数 64 不变，反之亦然。因为目标函数的费用系数变化并不影响约束条件，所以此时最优基不变可以保证最优解也不变，但最优值变化。用这个结果很容易回答附加问题（3）：若每千克 A1 的获利增加到 30 元，则 X_1 系数变为 30×3=90，在允许范围内，所以不应改变生产计划，但最优值变为 90×20+64×30=3720。

下面对"资源"的影子价格进行进一步的分析。影子价格的作用（即在最优解下"资源"增加 1 个单位时"效益"的增量）是有限制的。每增加 1 桶牛奶利润增长 48 元（影子价格），但是，上面输出的 Current RHS 的 Allowable Increase 和 Allowable Decrease 给出了影子价格有意义条件下约束右端的限制范围：原料最多增加 10 桶牛奶，劳动时间最多增加 53h。现在可以回答附加问题（1）的第 2 问：虽然应该批准用 35 元买 1 桶牛奶的投资，但每天最多购买 10 桶牛奶。顺便地说，可以用低于每小时 2 元的工资聘用临时工人以增加劳动时间，但最多增加 53.3333h。

需要注意的是：灵敏性分析给出的只是最优基保持不变的充分条件，而不一定是必要条件。例如，对于上面的问题，"原料最多增加 10 桶牛奶"的含义只能是"原料增加 10 桶牛奶"时最优基保持不变，所以影子价格有意义，即利润的增加大于牛奶的投资。反过来，原料增加超过 10 桶牛奶，影子价格是否一定没有意义？最优基是否一定改变？一般来说，这是不能从灵敏性分析报告中直接得到的。此时，应该重新用新数据求解规划模型，才能做出判断。所以，从正常理解的角度来看，上面回答"原料最多增加 10 桶牛奶"并不是完全科学的。

通过以上案例的展示，相信读者已经能够借助于 LINGO 建立并求解一些优化模型。LINGO 工具为用户处理、分析数据提供了便捷的途径。除了上述求解优化模型的案例，LINGO 提供了 9 种类型的函数（数学函数、金融函数、概率函数、变量界定函数等），读者也可以自行练习。

第四节　社交网络分析

到目前为止，社交网络仅仅发展了约二十年，但是却成为人们生活中不可缺少的一部分。作为中国人使用最频繁的社交软件腾讯QQ，2016年上半年月活跃账户数达到8.99亿，比同期增长7%。根据新浪微博2017年2月23日公布的2016年全年未经审计财报，新浪微博的月活跃人数突破3亿。2016年全球约23.4亿人经常访问社交网络，年增幅9.2%，占全球总人口的32.0%，占网民的68.3%。这些用户在社交网络这个平台交换视频、文字、图片等各种各样类型的数据，难以想象这些数据总量是一个怎样的天文数字，可以看出社交网络服务的发展是大数据时代来临的巨大推力。网络社交过程中所产生的大量数据，它们并不像是我们想象中的那样冷冰冰的、枯燥的数据，而是更加活生生的、有趣的数据。这些数据不同于以往单纯的数字，它们声色结合、图文并茂。例如，Facebook 用户每天共享的东西超过40亿项，Twitter 每天处理的推特数量超过3.4亿条；而每分钟 Tumblr 博客作者会发布2.7万个新帖子，Instagram 用户会共享3600张新照片。但是，就像我们所直观意识到的那样，这些海量的社交数据没有具体的可量化的衡量标准，它们到底意味着什么？代表什么类型的关系？具有多大的价值？这就需要进行社交网络分析(social network analysis)。

一、社交网络分析理论背景

社交网络服务（social network service，SNS)，是指以"实名交友"为基础，基于用户之间共同的爱好、兴趣或活动等，在网络平台上构建的一种社会关系网络服务，属于目前社会化媒体中较为主流的一种形式。社交网络为人们建立、维系各种类型的社会关系提供了便利。"六度分隔理论"、"150定律"和"里德定律"是社交网络构建及发展的主要理论根基[166]。

根据欧洲联盟关于社会计算的研究报告 *Key areas in the public sector impact of socialcomputing*，在线社交网络可分为4类：①即时消息类应用，即一种在线实时通信平台，如 MSN、QQ、飞信、微信等；②在线社交类应用，即一种提供在线社交关系的平台，如 Facebook、Google+、人人网等；③微博类应用，即一种提供双向发布短信息的平台，如 Twitter、新浪微博、腾讯微博等；④共享空间等其他类应用，即其他可以相互沟通但结合不紧密的 Web 2.0 应用，如论坛、博客、视频分享、社会书签、在线购物等[167]。

社交网络分析是指基于信息学、数学、社会学、管理学、心理学等多学科的融合理论和方法，为理解人类各种社交关系的形成、行为特点分析以及信息传播的规律提供的一种可计算的分析方法。整个社交网络是社会个体成员之间通过社会关系结成的网络体系。个体也称为节点或行动者，可以是组织、个人、网络 ID 等不同含义的实体或虚拟个体；节点（行动者）之间的联系构成了社交网络中的关系，关系的类型多种多样，相互关系可以是亲属关系、朋友关系、权利关系、贸易关系、隶属关系以及物体的连接关系等。

社交网络分析最早是由英国著名人类学家 Radcliffe-Brown(拉德克利夫-布朗)在对社会结构的分析关注中提出的，他呼吁开展社交网络的系统研究分析。随着社会学家、人类学家、物理学家、数学家，特别是图论、统计学家对社交网络分析的日益深入，社交网络分析中形成的理论、方法和技术已经成为一种重要的社会结构研究范式。

社交网络分析可以从三个层面进行观察，分别为宏观上的整体结构、中观上的子群网络以及微观上的个体角色，并可依靠一些社交网络分析指标对相应的研究对象进行计算。整体结构是对社交网络的一个大致了解，可以知道整个网络的规模大小、节点关系间的疏密程度，常用的指标有密度、直径、测地线等，并且还可以从纵向上对网络的动态演化以及从横向上对同一类型的不同网络进行比较；子群网络通常是指凝聚子群，这是一群因相同或相斥甚至对立从而产生互动的群体，这类群体与其他比较起来，更有关注的价值。在可视化中凝聚子群的体现一方面要依靠派系、K-核与模等凝聚子群的指标将其与其他节点进行单独提取或区分，另一方面也需合理布局；个体角色的观察重点是在整体网络中扮演重要作用的个体，可能在互动关系上最多，在信息交流中占据重要位置，也有可能是与它产生互动的邻点"质量"普遍偏高，这些节点可通过点度中心度、中介中心度、接近中心度等中心性指标进行计算得出，并在可视化中通过节点的不同大小来呈现。

由于在线社交网络具有规模庞大、动态性、匿名性、内容与数据丰富等特性，近年来以社交网站、博客、微博等为研究对象的新兴在线社交网络分析研究得到了蓬勃发展，在社会结构研究中具有举足轻重的地位。在社交网络中，每天都有海量的数据产生。通过分析这些海量数据，可以得到人们的兴趣偏好、地域分布、生活状态以及一些事件的发展动态等潜在信息，揭示个人、群体乃至整个网络的特征，分析并评估节点影响力及扩散过程。这些信息有着特别巨大的社会价值和商业价值。政府可以参考相关信息进行政策调整，公司可以根据分析出的结果针对性地进行产品开发以及调整公司战略等，甚至实现客户的精准定位。

因此，进行社交网络分析的目的就在于通过建立数据挖掘模型，找出网络中的关键人员，即通过对客户与客户间的通信联系行为，分析关系中客户角色的定位（谁是领袖者？谁是被影响者？），并找到那些领袖者角色，帮助企业实现更精确的营销推广。社交网络通常会将用户编织成一系列特殊的社会关系网络，表现为由大量内部连接紧密、外部连接稀疏的子团所组成的一种具有统计显著性的社区结构形式[168]，如图6-31所示。

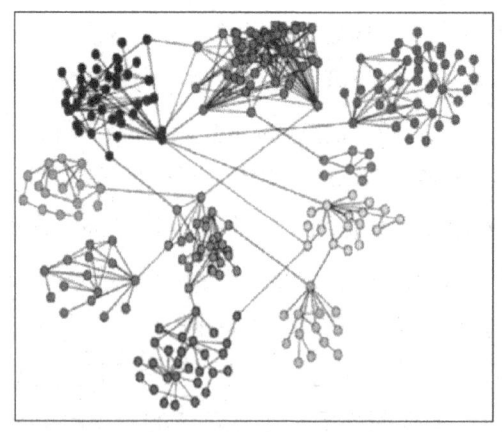

图6-31 典型的社区结构形式

为了找出领袖者角色，也就是社交网络结构中的关键人员，首先需要了解以下两个重要概念。

（1）网络中心度（centrality）。网络中心度是关于社交网络节点在网络中的中心性位置的测量概念，反映的是行动者在网络中的位置或优势的差异。度量个体节点在网络中的影响力是社交网络分析的重点之一。测量节点中心度有助于判断哪些个体比其他个体更重要，并识别网络中有影响力的核心节点。研究表明，关注度（如粉丝数）并非确定核心节点的唯一标准，核心节点还与社交网络的结构、节点在社交网络中的位置及行为等诸多因素有关。中心度分为局部中心度（local centrality）和总体中心度（global centrality）。局部中心度反映的是某节点的节点度或关系的集中程度，或者说是一个人在网络中的营销度。节点度越高，与之联系的人越多，说明此人越具有中心性。可以通过数据挖掘，寻找节点度高的人。

一般而言，从社交网络全局的角度分析，中心度高的网络节点是营销重点。然而实际上，社交网络中包含了众多社群（community），具体表现为具有某些共同特征的朋友圈。用户根据自身的爱好和习惯集聚成不同的群体，在同一群体中，用户之间联系紧密，行为偏好相似；而群体之间个体联系相对松散，关注点及消费倾向不同。因此，从社交网络中识别出不同的社群，是对客户进行精准定位的重要途径。

（2）介数（betweenness）。介数是指网络中某节点与其他各节点之间间隔的程度。如果一条边连接两个社团，那么这两个社团节点之间的最短路径通过该边的次数就会最多，相应的边介数最大。若删除该边，则这两个社团就会分割开来。

如图 6-32 所示，此时的任务是将图中最大的介数边 E 和 G 之间的边去掉，形成两个相对独立的图，然后找到局部中心度较大的 C、H 节点。通过使用一种分裂算法，不断地从网络中移除介数最大的边从而将整个网络分解为各个社团。

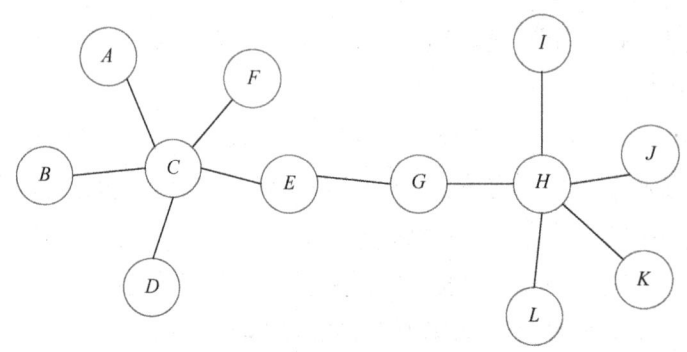

图 6-32　中心度示意图

企业社交网络分析及营销应用的典型场景如图 6-33 所示。由图 6-33 可知,企业社交网络分析及营销应用包括以下 6 个步骤。

图 6-33　企业社交网络分析及营销应用的典型场景

（1）普通用户使用社交网络。互联网是透明的,所以对于有意对社交网络用户进行分析的企业来说,即用户将其吃穿住行、生活起居、言论观点、心理、情感及喜好都暴露于社交网络。

（2）企业观察社交网络用户,将具有相关特征,如狂热的苹果电子产品粉丝用户定位为自己的目标跟踪客户,并进一步对其进行全面、深入的观察了解。

（3）用户继续活跃在各社交网络浏览所关注的博客、企业产品的相关用户评论以及所关注企业的社交网络主页内容更新。某一天,在喜欢的企业更新内容上点"赞",或对企业相关信息进行评论,转发并分享到关注自己的社交圈。

（4）企业持续跟踪用户并对用户的所有社交网络行为进行记录，根据用户对企业产品的点"赞"行为将其判定为某产品的潜在客户，然后投其所好，以原生广告方式向其推送些通过分析认为符合其需求的产品及促销信息。

（5）用户浏览社交网络，发现企业原生广告，眼前一亮，主动点击企业推送的广告页面，浏览品牌、产品及相关促销优惠信息，产品及促销信息正好符合自己的相关需求，并决定购买。

（6）用户通过原生广告自带的相关预订或购买链接直接访问企业电子商务网站，完成网上预约、预订及支付，生成订单，或在线下访问实体店，实现最终购买[169]。

从以上对典型应用场景的分析可知，社交网络分析包括社交网络用户及行为分析、社交网络用户与企业互动分析以及社交网络用户与用户间互动分析。

社交网络分析三大主要内容如下。

（1）社交网络用户及行为分析。社交网络的发展为企业实时发现、观察、分析、洞察和判断个体客户特征提供了前所未有的数据条件，如以往通过市场调查抽样的方式基于样本用户背景认知、喜好及生活方式等信息，分析推导全体用户的特征并进行细分，但除样本外企业并不知道其他客户是否具备目标客户特征，所以不能将市场调查结果与潜在客户对应。社交网络时代，所有用户的言行举止及言行举止中所蕴含的背景特征、生活方式都真实地呈现在社交网络平台上，企业若有能力将这些信息进行有效采集和分析、挖掘、洞察，从中发现并判断客户需求及价值，那么社交网络所提供的丰富、完整且真实的用户数据必然成为一笔无价的财富。

因此，企业要抓住社交网络的机会，迫在眉睫要做的事包括以下三方面。

①全面了解及梳理社交网络所具备的并能被企业有效采集和分析的用户数据。

②立足于企业内部用户数据将内部数据与社交网络等外部客户信息进行整合，整合的原则是以企业用户作为关联，因为在大数据时代，数据之"大"不在行的记录数，而在列的变量数，即企业用户信息的日趋丰富完善。

③在具备数据条件的电信、金融、零售等行业，以往用户洞察的数据基础一般是企业内部交易数据及用户行为数据，由于数据处理技术条件限制，一般都是

以月为时间周期进行数据采集和汇总，从中发现客户需求模式。社交网络时代大数据技术的发展，使数据实时采集、实时分析以及商机的实时识别成为可能，因此，客户需求模式从主要以月为周期分析可发展成依据社交网络用户实时行为的、对企业产品商机实时识别和判断的分析。

对于社交网络用户及行为分析，其目的是判断用户需求，并以此进一步决定是否将其定位为自己的目标客户或潜在客户。

（2）社交网络用户与企业互动分析。立足企业角度，企业在社交网络上与用户的交互活动本质上可以分为被动倾听、主动引导并回应和默默潜水三类。企业与社交网络用户交互分析就是针对这类活动，采集相关用户行为或反馈数据，分别对三类活动的执行及效果进行分析、评估，并支撑活动执行及策略调优的决策。

①社交网络倾听分析。倾听是指企业对社交网络上用户对企业的相关品牌或产品及促销优惠活动的情感反应、言行交互及意见反馈信息进行跟踪、监测的过程，所以，倾听分析就是对这个过程进行数据采集、数据关联及数据分析、活动或过程评估的过程。倾听分析可能是简单的，如对企业一条微博更新用户评论的分析，也可能是复杂的，如对从多个社交网络采集的大量文本数据进行自动归类。

②社交网络交涉分析。交涉是指企业通过一个或多个社交网络持续不断地主动发起活动并参与交流的过程。所以，交涉分析即对在社交网络上进行优惠促销、回应批评、主动传递新产品消息或参与品牌客户聚集相关网站上的对话等过程及结果进行分析。

③社交网络潜水分析。潜水是指企业针对某品牌、产品或特定消费者，在一个或多个社交网络投入相关资源，默默观察并记录其品牌、产品或公共关系等相关事情发生而不做参与或干预的行为。潜水分析更多的是对相关行为进行数据采集和后台数据分析，但不直接支撑社交网络上实时消费者的互动动作和活动。

总之，对于社交网络用户与企业互动分析的目的是观察用户对企业品牌、产品及促销优惠活动的情绪及反应，以支撑实时社交网络回应决策，并评估企业社交网络渠道活动的执行效果，从而不断调优相关活动，最终达到在社交网络以最合适的方式向最合适的客户推荐最合适的产品信息的目的。

（3）社交网络用户与用户间互动分析。对于企业来说，社交网络作为重要用户数据资源的一个重要方面，还体现在用户与用户之间的交往关系一览无余。社交网络用户关系分析即采集相关数据，对用户间关注与被关注关系以及信息分享、情感沟通和个性表现等原创、回复、转发等全方位的互动数量和质量关系进行分析，主要包括以下几方面的内容：确定用户交往圈、确定用户在交往圈中影响和被影响的地位、判断交往圈中的不同种类信息扩散路径及扩散系数。

基于用户社交关系，除了可以帮助企业更深刻地理解用户需求从而优化或设计出更符合用户需求的产品外，还可以将分析结果应用于市场经营活动，通过向交往圈发起产品互动信息，由圈中领袖角色向其他用户分享产品信息、产品体验，甚至发起产品购买建议，营销渠道因此从一个发展成千万个，并基于交往圈中的用户信赖关系，让企业产品信息介入更早的环节中，使推广获得更高的成功率。用户交往关系分析的营销应用具体包括以下三种。

①由同属一个交往圈中具影响力用户实际已经发生的行为变化推己及彼，被影响用户行为即将发生变化的可能性，由此做出如流失预警的目标定位。

②由同属一个交往圈中具影响力用户实际使用产品或套餐的消费行为推己及彼，被影响用户使用该产品的倾向性，由此做出产品或营销活动的微目标定位。

③可以将用户关系所属交往圈的分析结果与基于用户"价值—消费"行为进行细分的分群结果进行整合，实现基于用户"社交网络—价值—行为"的综合分群模型，在此基础上完成上述两种营销应用[170]。

由此可见，社交网络用户与用户间互动分析的目的在于：通过交往圈进一步判断用户需求并通过交往圈内分享的方式将相关产品信息推广和扩散给更多用户提升自己的目标客户价值，同时拓展潜在客户资源。

二、社交网络分析工具

Freeman 在《社会网络分析发展史》一书中对社交网络分析法进行了总结，他将该方法的特征归纳为四点，即"结构性思维"、"系统的经验资料"、"图形"以及"数学和计算模型"。反映在可视化中，节点代表个体，连线代表关系。随着计算机技术的发展，一批社会网络分析工具被开发出来，比较有代表性的有UCINET、Pajek 和 Gephi 等。

总体而言，目前人们对社交网络数据的挖掘和分析都还处于相对初级的阶段，大规模、高维度数据的挖掘方法还在不断地演化。文本语言的情感分析等很多基础性问题仍然不能得到有效解决，对深入分析社交网络造成了一些限制。

现有的一些社交网络分析工具，可以分为网页版工具、桌面版工具和数据获取工具三类。

1. 网页版工具——知微（http://www.zhiweidata.com）

知微专注于微博的传播分析，由知微大数据公司设计开发，提供了传播分析全面的数据，包括微博传播路径图、传播关键人物分析、转发粉丝属性分析、传播层级比例分析、传播情感分析、传播水军参与情况分析、转发内容的词云等。普通版即支持转发小于 1000 次的微博的传播分析。图 6-34 所示为知微的各功能说明。

模块名称	功能名称	功能说明
总览	整体评价	本消息在曝光量（未去重的转发者粉丝加和）、用户总评（用户活跃度、粉丝量等指标的加权平均）、情感值（正负情感）、内容分析（消息传播深度）四个维度，与行业标准的比较
	消息传播各项指标	包括用户质量、水军比例、短链点击数等的总体概述
	微力值	综合该消息的传播深度、广度及参与用户各项指标加权后得出的微博影响力总体评价
传播分析	转发时间趋势	各时段转发量数值及相应的参与意见领袖（KOL）
	关键账号	带来二次转发最多的前十个微博账号，及其传播路径
	转发层级分析	显示各层的转发数量
参与者信息	地域分析	转发者的所在省份，显示各省份的转发人数、比例、在全国的排名
	微博来源	转发者使用各客户端的比例分布
	认证·男女	转发者的性别比例、认证类型比例
	粉丝质量	所有转发者的粉丝的各区间分布
	活跃用户	极活跃用户、较活跃用户、活跃用户、不活跃用户的数量（根据大量采集的用户行为划分区段）
引爆点	引爆点	十大关键传播账号
短链分析	链接地址	所分析的微博中含有的短链接
	点击数	短链接被点击次数
	分享数	短链接在微博上的被分享次数
	评论数	短链接在微博上的被评论次数
	Referer来源	前五大短链点击来源
	点击地域分布	各省份点击该短链的用户的数量和比例
	点击/转发比例	各省份的点击用户数和转发用户数比例
水军分析	总体分析	给出无水军、疑似水军、轻度水军、重度水军判别
	水军危害	文字说明微博营销中频见水军的危害
	营销账号水军分析	给出该条微博转发者中的营销账号的水军比例
内容分析	情感值	该条微博转发中呈现出的正能量、中性能量、负能量数值
	关键词/字	给出转发语中的高频词，并分别按序给出正面高频词和负面高频词，并可查看正面/负面高频词的提及次数，以及提及该关键词的微博
	提及关键词的转发	包括转发者、转发时间、微博地址

图 6-34　知微的各功能说明

对于图 6-35 所示小米手机在 2015 年 1 月 7 日发布的一条微博，可分别得到一系列的分析结果，包括总览、传播分析、传播路径、参与者信息、引爆点、短链分析、水军分析、内容分析结果等。图 6-36 所示为总览页面的分析结果，图 6-37 为小米微博参与者分析结果，图 6-38 为小米微博内容分析结果。

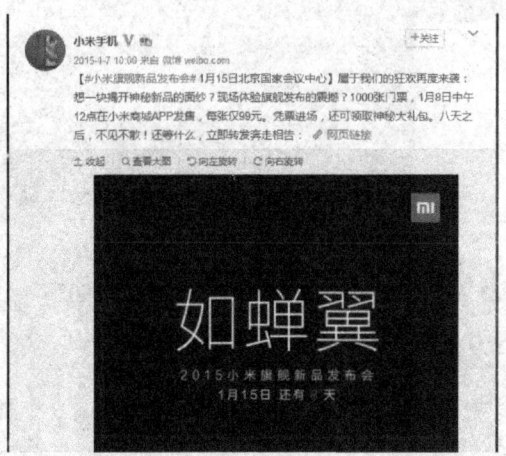

图 6-35　小米微博页面

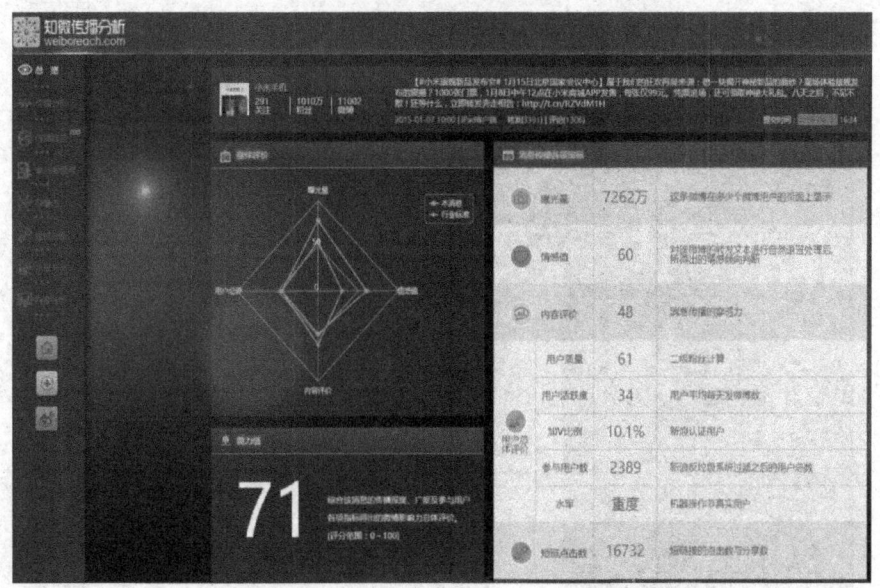

图 6-36　小米微博总览页面的分析结果

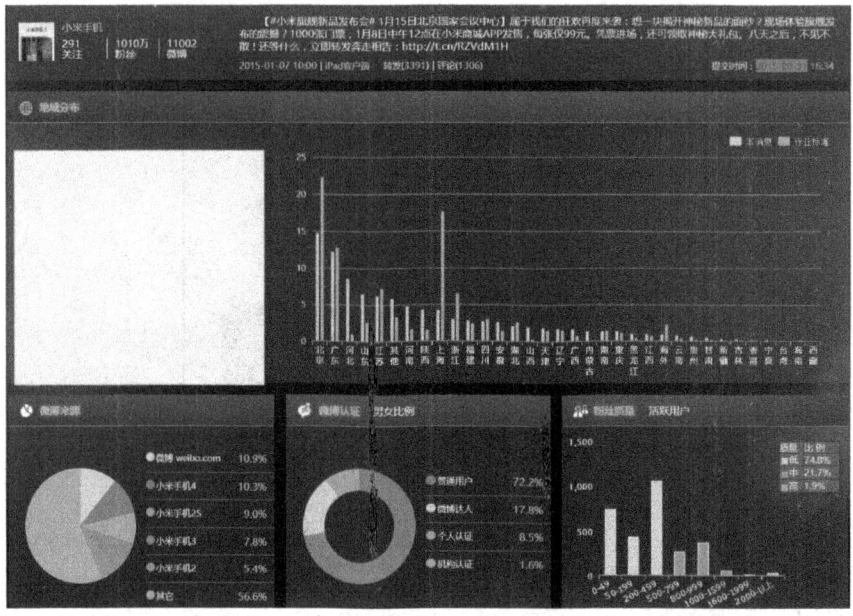

图 6-37　小米微博参与者分析结果

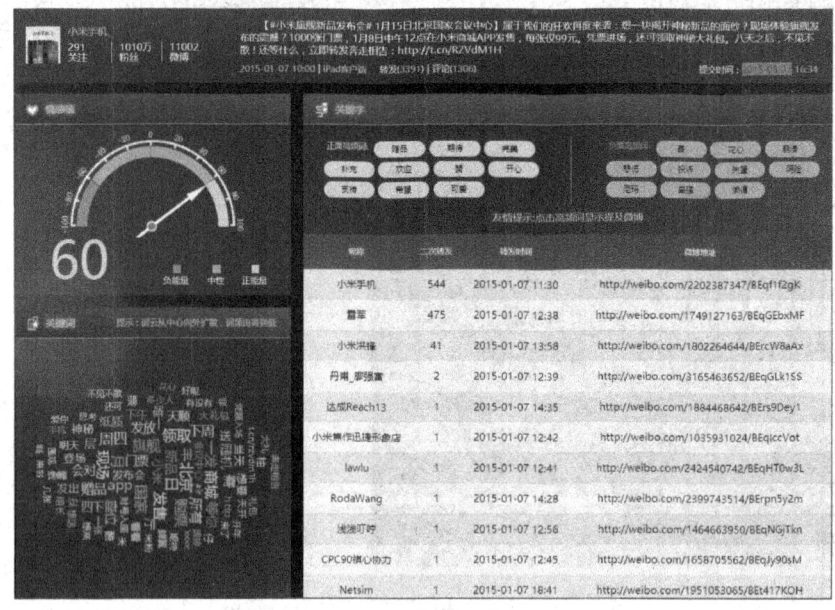

图 6-38　小米微博内容分析结果

2. 桌面版工具

下面介绍一些基于桌面应用的社交网络分析工具。

（1）UCINET。UCINET 为菜单驱动的 Windows 程序，可能是最知名和最经常使用的处理社交网络数据和其他相似性数据的综合性分析程序。与 UCINET 捆绑在一起的还有 Pajek、Mage 和 NetDraw 三个软件。UCINET 能够处理的原始数据为矩阵格式，提供了大量数据管理和转化工具。该程序本身不包含网络可视化的图形程序，但可将数据和处理结果输出至 NetDraw、Pajek、Mage 和 KrackPlot 等软件作图。UCINET 包含大量包括探测凝聚子群（cliques、clans、plexes）和区域（components、cores）、中心性分析（centrality）、个人网络分析和结构洞分析在内的网络分析程序。UCINET 还包含为数众多的基于过程的分析程序，如聚类分析、多维标度、二模标度（奇异值分解、因子分析和对应分析）、角色和地位分析（结构、角色和正则对等性）以及拟合中心-边缘模型。此外，UCINET 提供了从简单统计到拟合 p1 模型在内的多种统计程序。

（2）Pajek。Pajek 是一个为处理大数据集而特别设计的网络分析和可视化程序。Pajek 可以同时处理多个网络，也可以处理二模网络和时间事件网络（时间事件网络包括了某一网络随时间的流逝而发生的网络的发展或进化）。Pajek 提供了纵向网络分析的工具。数据文件中可以包含指示行动者在某一观察时刻的网络位置的时间标志，因而可以生成一系列交叉网络，可以对这些网络进行分析并考察网络的演化。不过这些分析是非统计性的；如果要对网络演化进行统计分析，需要使用 StOCNET 软件的 SIENA 模块。Pajek 可以分析多于一百万个节点的超大型网络。Pajek 提供了多种数据输入方式，例如，可以从网络文件（扩展名.NET）中引入美国标准信息交换代码（American Standard Code for Information Interchange，ASCII）格式的网络数据。网络文件中包含节点列表和弧/边（arcs/edges）列表，只需指定存在的联系即可，从而高效率地输入大型网络数据。图形功能是 Pajek 的强项，可以方便地调整图形以及指定图形所代表的含义。因为大型网络难以在一个视图中显示，所以 Pajek 会区分不同的网络亚结构分别予以可视化。每种数据类型在 Pajek 中都有自己的描述方法。Pajek 提供的基于过程的分析方法包括探测结构平衡和聚集性（clusterability）、分层分解和团块模型（结构、正则对等性）等。Pajek 只包含少数基本的统计程序。

（3）NetMiner。NetMiner 是一个把社交网络分析和可视化探索技术结合在一起的软件工具。它允许使用者以可视化和交互的方式探查网络数据，以找出网络潜在的模式和结构。NetMiner 采用了一种为把分析和可视化结合在一起而优化了的网络数据类型，包括三种类型的变量：邻接矩阵（称作层）、联系变量和行动者属性数据。与 Pajek 和 NetDraw 相似，NetMiner 也具有高级的图形特性，尤其是几乎所有的结果都是以文本和图形两种方式呈现的。NetMiner 提供的网络描述方法和基于过程的分析方法也较为丰富，统计方面则支持一些标准的统计过程：描述性统计、方差分析（analysis of variance，ANOVA）、相关和回归。

（4）STRUCTURE。STRUCTURE 是一个命令驱动的磁盘操作系统（disk operating system，DOS）程序，需要在输入文件中包含数据管理和网络分析的命令。STRUCTURE 支持五种网络分析类型中的网络模型：自主性（结构洞分析）、凝聚性（识别派系）、扩散性、对等性（结构或角色对等性分析和团块模型分析）和权利（网络中心与均质分析）。STRUCTURE 提供的大多数分析功能是独具的，在其他分析软件中找不到。

（5）MultiNet。MultiNet 是一个适于分析大型和稀疏网络数据的程序。MultiNet 是为大型网络的分析而专门设计的，因而像 Pajek 那样，数据输入也使用节点和联系列表，而非邻接矩阵。对于分析程序产生的几乎所有输出结果都可以以图形化方式展现。MultiNet 可以计算度（degree）、中介中心性（betweenness）、接近中心性（closeness）和成分统计（components statistic），以及这些统计量的频数分布。通过 MultiNet，可以使用几种本征空间（eigenspace）的方法来分析网络的结构。MultiNet 包含四种统计技术：交叉表和卡方检验、ANOVA、相关和 p*指数随机图模型。

（6）StOCNET。StOCNET 是 Windows 环境下的开放软件系统，适用于社会网络的高级统计分析。它提供了一个应用多种统计方法的平台，每种统计方法可以以单独模块的形式方便地嵌入其中。StOCNET 包含六个统计模块：BLOCKS——随机块模型；ULTRAS——使用超度量（ultrametrics）估计潜在的传递性结构（latent transitive structures）；p2——拟合指数随机图 p2 模型；

SIENA——纵向网络数据的分析；ZO——确定随机图统计量的分布概率；PACNET——构造和拟合基于偏代数结构的结构模型（structural models based on partial algebraic structures）。

（7）Gephi 简介。Gephi 在社交网络分析领域是明星级的分析工具，它是 Java 开发的一款开源桌面社交分析工具，有复杂网络图表领域的 Photoshop 的美誉[171]。

以上这些桌面版工具中，UCINET、Pajek 在学术界的使用较为普遍，但 Gephi 在可视化效果上做得更为出色，并且支持多款插件。

下面来看一个使用 Gephi 进行社交网络分析的案例，以 1996 版《西游记》以及周星驰版《大话西游》里的人物关系（其实就是神仙之间的爱慕关系）为例进行演示①。案例所需数据首先通过 Excel 录入，然后导出为逗号分隔值（comma-separated values，CSV）文件，并最终在 Gephi 中读取与显示分析。

（1）在 Excel 中创建节点与边的数据，人物节点数据如图 6-39 所示。爱慕关系数据如图 6-40 所示。将节点数据和边数据两个工作表保存并导出为 CSV 文件。

	A	B	C
1	id	性别	类型
2	猪八戒	男	僧人
3	嫦娥	女	神仙
4	高老庄老婆	女	凡人
5	观音	女	神仙
6	后羿	男	神人
7	铁扇公主	女	妖怪
8	牛魔王	男	妖怪
9	玉面狐狸	女	妖怪
10	女儿国国王	女	凡人
11	唐僧	男	僧人
12	蝎子精	女	妖怪
13	孔雀公主	女	妖怪
14	大鹏	男	妖怪
15	玉兔精	女	妖怪
16	王母娘娘	女	神仙
17	玉皇大帝	男	神仙
18			

图 6-39　人物节点数据

	A	B
1	Source	Target
2	猪八戒	嫦娥
3	猪八戒	高老庄老婆
4	猪八戒	观音
5	后羿	嫦娥
6	铁扇公主	牛魔王
7	牛魔王	铁扇公主
8	牛魔王	玉面狐狸
9	玉面狐狸	牛魔王
10	女儿国国王	唐僧
11	蝎子精	唐僧
12	孔雀公主	唐僧
13	大鹏	孔雀公主
14	孔雀公主	大鹏
15	玉兔精	唐僧
16	唐僧	观音
17	王母娘娘	玉皇大帝
18		

图 6-40　爱慕关系数据

---

① 由于有些人物关系较为单一，数据不易表现出 Gephi 的社交网络分析特性，本书添加了一些剧中不存在的爱慕关系。

（2）将节点数据和边数据的两个 CSV 文件分别导入 Gephi 中，对图形设置 Fruchterman Reingold 布局，并根据节点的"性别"属性设置不同颜色，可得到如图 6-41 所示的结果。我们可以发现整个网络由三个子网络组成：第一个子网络是牛魔王、铁扇公主和玉面狐狸，第二个子网络以唐僧、猪八戒为核心，第三个子网络只有王母娘娘和玉皇大帝。

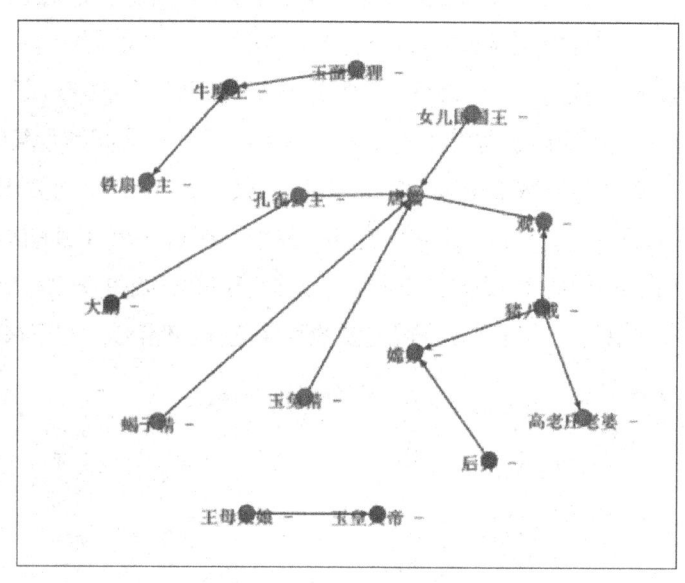

图 6-41　西游记爱慕关系图

（3）设置爱慕关系的相应权重，并按入度对节点进行排序，看看谁最受人爱慕。可以看到，依次是唐僧、嫦娥、观音和牛魔王，如图 6-42 所示结果。

当然，这个案例数据仅供参考，对于这些关系的分析可直接对应到微博、微信的"关注""顶""收听"等关系，并可进一步探索各种社交网络关系。

3. 数据获取工具

前面涉及的是数据分析和图形展现方面的工具，对于数据获取部分，主要有 R 和 Python 的两个软件开发工具包（software development kit，SDK），主要的数据源则为新浪微博。

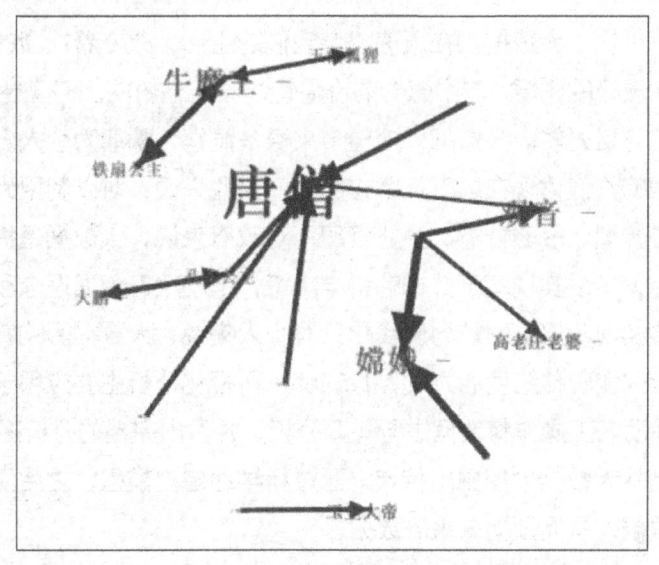

图 6-42　西游记爱慕关系图-最受人爱慕排序

（1）Rweibo。Rweibo 是一个新浪微博的 R 语言 SDK，作为库（library）在 R 环境中调用，对新浪微博提供的接口进行实现（参见新浪微博 API 网页），可以进行微博信息获取、用户信息获取、搜索、发表微博等操作。该应用通过 OAuth 的方式授权，使用者首先需要到新浪微博开放平台申请一个新的应用，获取 APP Key 和 APP Secret，然后在 R 环境中按照提示注册一个应用，从而进行各项操作。该 SDK 的一个特色是作者提供了一个搜索接口，可以通过爬取页面来获得微博搜索结果页面的信息。

（2）sinaweibopy。sinaweibopy 是 Python 专用的支持新浪微博 API 的 OAuth 2 客户端，无依赖，100%纯 Python 语言，单个文件，代码简洁，运行可靠，也是新浪微博官方推荐的 Python SDK。

本章小结

随着大数据概念的提出以及大数据成功案例的增多，人们对大数据的追捧越发热烈。不可否认，大数据正在急速改变我们的生活，改变着社会的方方面面，而随着大数据量级的剧增，其中蕴含的价值也是不可估量的。不管是个人、政府，还是企业，都将目光转向大数据，期望带来更多洞察，从而为个人、社会、商业服务。大数据的价值体现在以下几个方面：对企业来说，可以利用大数据进行精准营销、服务转型、战略分析、企业管理；对政府来说，大数据是提升政府治理能力的新途径，可以实现基于数据的科学决策，推动政府管理理念和社会治理模式进步，逐步实现政府治理能力现代化；对个人来说，大数据影响着生活的方方面面，一步步改变着传统生活方式。Tableau可视化分析主要应用于海量数据关联分析，可辅助人工操作将数据进行关联分析，并做出完整的分析图表。LINGO预测分析则是从大数据中挖掘出特点，通过科学地建立模型，之后便可以通过模型代入新的数据，从而预测未来的数据。

第七章 营销大数据的可视化——以 Tableau 为例

在美国大选期间,美国媒体做了不少与之相关的数据报道,对美国大选的数据进行可视化。首先是分析各州"选举人票"的占比情况,以动态图的形式,设计了两种表现方法:一是以"选举人票"的分布作为底图;二是直接以美国地图作为底图。除此图上方双方选举人票总体数量对比外,当鼠标移至各州上方时还能显示各州"选举人票"数量及对希拉里与特朗普的支持比例[172]。

关于第三方选举人影响的情况(在只有两种选择和有四个选举人的情况下,选民的态度又是怎样呢?),数据分析结果如图 7-1 所示,这也是一个动态图,可根据不同的州来显示所对应的数据。

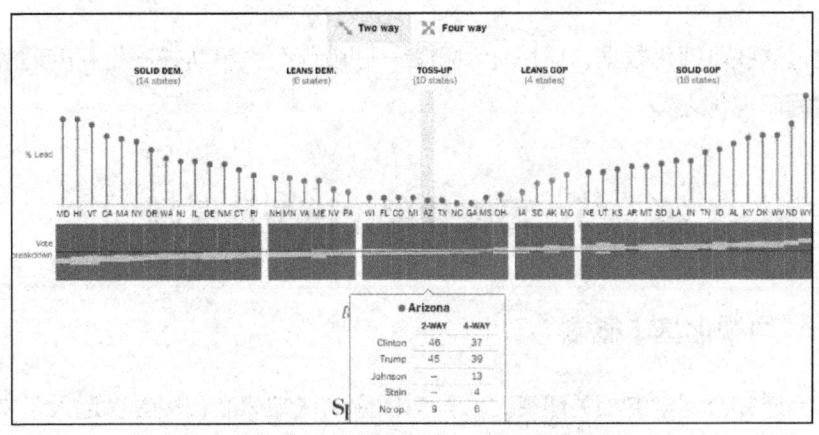

图 7-1 关于第三方选举人影响的情况

再来分析两个选举人的粉丝情况，特朗普的粉丝更多的是公立学校出身，而希拉里的则大都为精英阶层（图7-2）。希拉里的粉丝大都较为"书生气"，使用与书籍相关的词汇，其中有很多被认证为教授或博士；而特朗普的粉丝更加喜欢流行文化，他们可能同时是流行歌手的粉丝，也更加关注球类运动等。

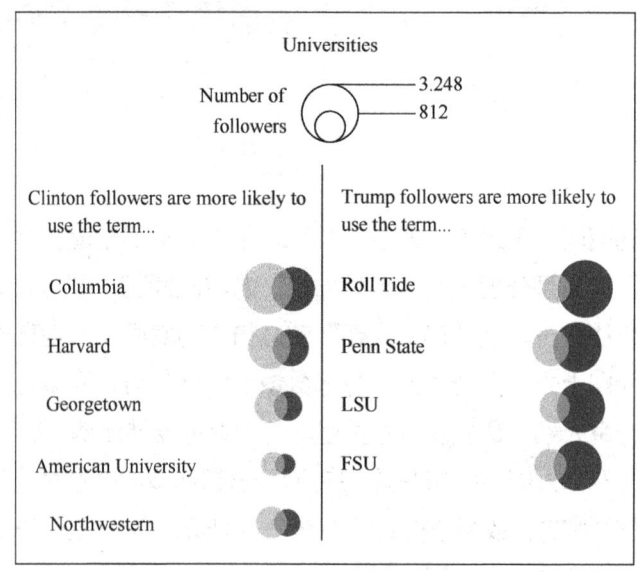

图7-2　选举人粉丝情况

通过这些可视化数据，可以让观测者一眼就能洞察事实并产生新的理解，这就是数据可视化之美。

第一节　可视化理论模型及原则

一、可视化基本概念

根据感知心理学的相关研究，人类对图像的认知速度和接受度远大于文字和数字，即"一图胜千言"。大数据信息纷繁复杂，将大数据可视化，可以增强数据的呈现效果，方便用户以更加直观的方式观察数据，进而发现数据中所隐藏的信息和内在规律。信息可视化这一概念最早是由斯图尔特·卡德、约克·麦金利和乔治·罗伯逊于 1989 年提出的，它是一个跨学科领域，旨在研究大规模非数值型信息资源的视觉呈现，如软件系统中众多的文件或者一行行的程序代码，以及利用图形学的技术与方法帮助人们理解和分析数据。

数据可视化的概念可从狭义和广义两方面理解。狭义上的数据可视化是指利用计算机图形学和图像处理技术，将数据转换为图形或图像在屏幕上显示出来，并进行各种交互处理的理论、方法和技术。从广义的角度看，数据可视化是指一切能够把抽象、枯燥或难以理解的内容，包括看似毫无意义的数据、信息、知识等以一种容易理解的视觉方式展示出来的技术。从技术层面看，数据可视化涉及计算机图形学、图像处理、计算机视觉、计算机辅助设计等多个领域，成为研究数据表示、数据处理、决策分析等一系列问题的综合技术。如果从数据可视化的过程来看，数据可视化则是指将大型数据集中的数据以图形、图像形式表示，并利用数据分析和开发工具发现其中未知信息的处理过程。

马里兰大学的教授本·施奈德曼(Ben Shneiderman)把数据分成以下七类：一维(1D)数据、二维(2D)数据、三维(3D)数据、多维 (multidimensional)数据、时态 (temporal)数据、层次(tree)数据和网络(network)数据。信息可视化方法根据不同的数据则可划分为以下七类。

（1）一维信息可视化。一维信息是简单的线性信息，如文本或者一列数字。最常见的一维信息就是文本文献。在很多情况下，可视化文本文献不是必要的，因为它们可以容易地被完整阅读，或者阅读所需要的特定部分。然而，在某些情况下，我们需要借助可视化技术增加文本信息的有效性。

（2）二维信息可视化。在信息可视化环境中，二维信息是指包括两个主要属性的信息。宽度和高度可以描述事物的大小，事物在 X 轴和 Y 轴的位置表示了它在空间的定位。城市地图和建筑平面图都属于二维信息可视化。

（3）三维信息可视化。三维信息通过引入体积的概念超越了二维信息。许多科学计算可视化都是三维信息可视化，因为科学计算可视化的主要目的就是表示现实的三维物体。计算机模型可以让科学家模拟试验、操作那些现实世界中代价昂贵、实施困难、非常危险或者现实世界中不可能进行的事情。

（4）多维信息可视化。多维信息是指在信息可视化环境中的那些具有超过三个属性的信息，在可视化中，这些属性的重要性显而易见。

（5）时间序列信息可视化。有些信息自身具有时间属性，可以称为时间序列信息。例如，一部小说或者一个新闻就可以有时间线。有学者建立了一个从文本信息中抽取时间信息的系统，命名为 SHESS，该系统自动生成一个知识库，这个知识库聚集了关于任何已命名的实体(人、方位、事件、组织、公司或者思想观念)的信息，并且按照时间序列组织这些知识，这个时间序列覆盖了知识库的整个周期。

（6）层次信息可视化。抽象信息之间的一种最普遍关系就是层次关系，如磁盘目录结构、文档管理、图书分类等。传统的描述层次信息的方法就是将其组织成一个类似于树的节点连接表示。这种表示结构简单直观，但是，对于大型的层次结构而言，树形结构的分支很快就会拥挤交织在一起，变得混乱不堪，这主要是层次结构在横向(每层节点的个数)和纵向(层次结构的层数)扩展不成比例造成的。

（7）网络信息可视化。目前，Web 的信息不计其数，这些信息分布在遍及世界各地的数以万计的网站上，网站通过文档之间的超链接彼此交织在一起。不论 Web 现在的规模有多大，它还将继续膨胀[172]。

按照 Card 可视化模型，可将数据可视化过程分为数据预处理、可视化图形绘制和可视化实现这几个阶段。数据预处理主要是把采集来的数据源进行预处理和加工，使其便于被信息可视化工具处理并进行进一步分析。可视化图形绘制的主要功能是运用可视化的实现工具完成数据到可视化图像的转换。可视化实现是将绘制模块生成的可视化图形按用户指定的要求进行显示。除了完成可视化信息输出功能外，还需要综合用户的反馈形成基本的交互。

常用的数据可视化形式有图表、数据流、层次结构、时间序列、矩阵、信息图形、地图、网络等类型。其中图表形式最为常见，如折线图、柱状图、饼图、雷达图（蜘蛛网图）、气泡图、圆环图、面积图、条形图、散点图等。图 7-3 为常用的图表类型。

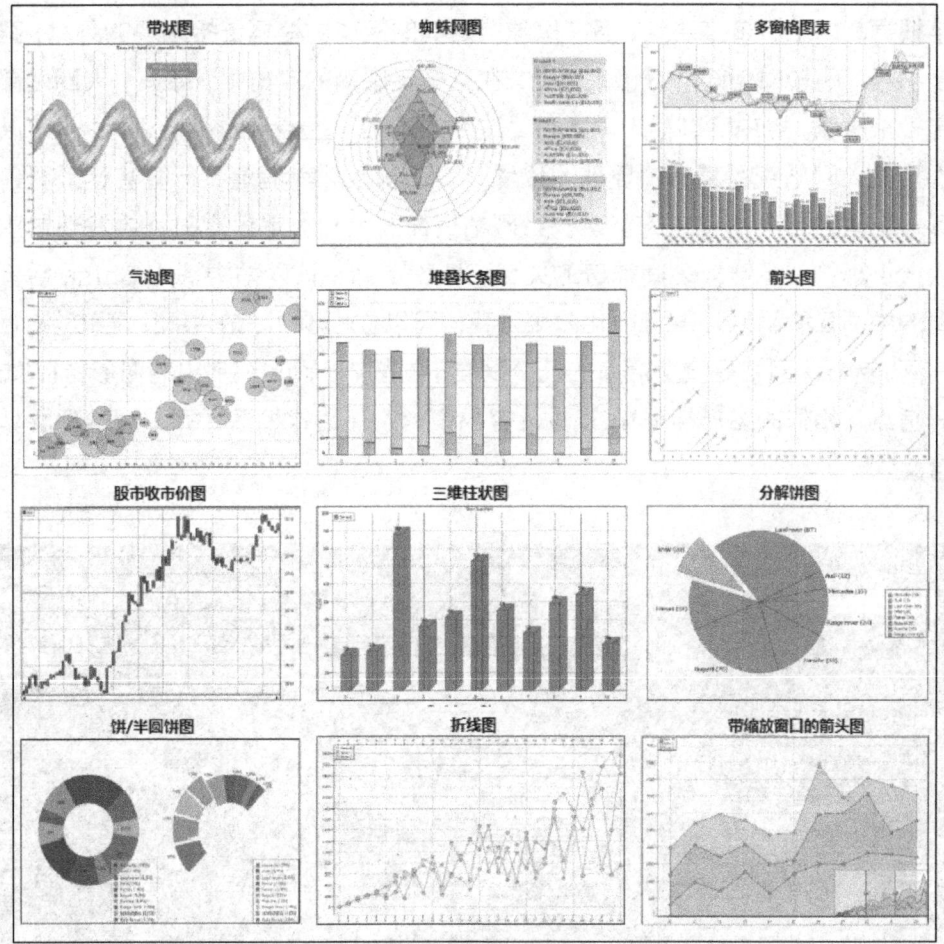

图 7-3 常用的图表类型

一个大数据挖掘可视化的经典案例是互联网星球（InterNet-Map，http://internet-map.net）。可视化网站互联网星球是一个展示世界互联网网站的可视化平台，该平台将 196 个国家的 35 万个网站数据整合起来，并根据 200 多万个网站链接将这些"星球"通过关系链联系起来。网站中不同颜色的"星球"代表不同国家，如黄色代表中国、青蓝色代表美国、绿色代表印度、深蓝色代表德国、红色代表俄罗斯、紫色代表日本。每一个"星球"的大小根据其网站流量来决定,而"星球"之间的距离则根据链接出现的频率、强度和用户跳转时创建的链接来决定。在这个互联网的宇宙中,每一个大网站都是一个星球。用户可以输入国家查看这个"星系"里最大的"星球",也可以直接输入网站查看某一"星球的位置"。这些星球有恒星、行星甚至卫星,每一个星球都有其特定的星系。当网站页面放大到一定程度时,会发现这些大大小小的"星球"之间神奇的关系。图7-4为在该网站中输入China后呈现的中国互联网网站的可视化效果。我们可以立即看出,在中国,百度、QQ官网、新浪等网站是流量最大的几个网站。这些"一眼"识别出的图形特征(如异常点、相似的图形标记)在视觉上容易察觉,而通过机器计算却很难理解其含义[173]。

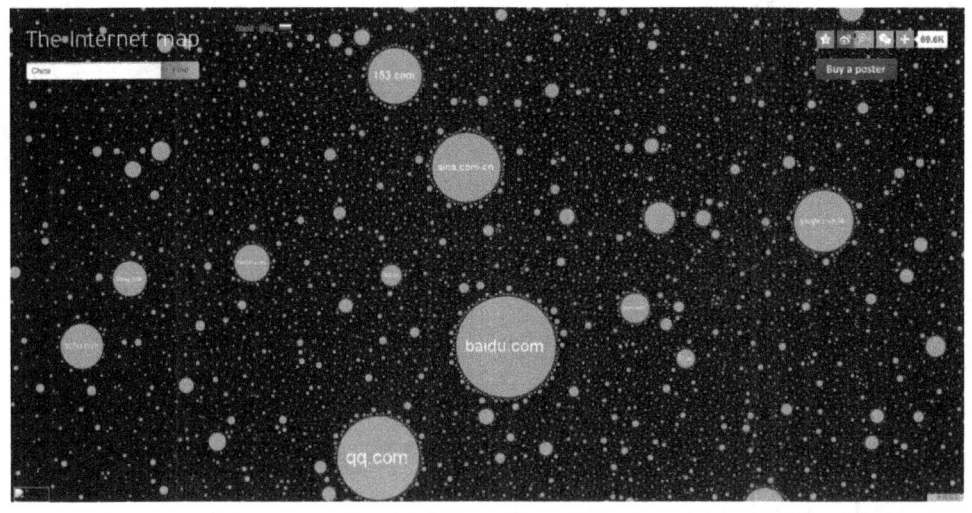

图7-4 互联网网站可视化效果

数据可视化让大数据的信息变得更有意义,更好地展示和体现了大数据的价值,在进行营销计划时可以让管理者轻松地了解数据背景及其内涵,得到商业决策时所需要的信息。"仪表板""大数据""数据可视化""数据分析"——越来越多的企业和营销人员,开始运用他们的数据来做一些有趣的事情。能有效呈现出用户需要的数据,并易于理解进而帮助用户做出决策的数据可视化技术将在当前及未来大有作为。

二、可视化理论模型

图 7-5 是经典的信息可视化参考模型。Card 等[174]认为,信息可视化是从原始数据到可视化形式再到人的感知认知系统的可调节的一系列转换过程。

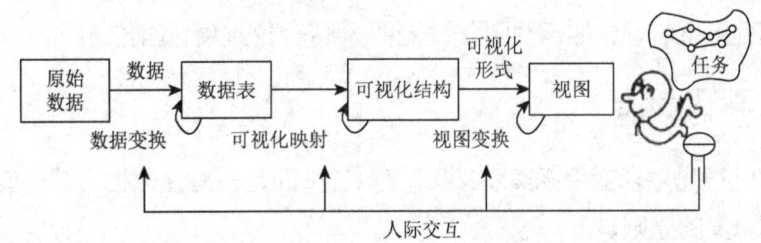

图 7-5 信息可视化参考模型

(1)数据变换将原始数据转换为数据表形式。

(2)可视化映射将数据表映射为可视化结构,由空间基、标记以及标记的图形属性等可视化表征组成。

(3)视图变换则将可视化结构根据位置、比例、大小等参数设置显示在输出设备上[174]。

用户可根据任务需要,通过交互操作来控制上述三种变换或映射。

该模型中的关键变换是可视化映射。从基于数学关系的数据表映射为能够被人视觉感知的图形属性结构。通常,数据本身并不能自动映射到几何物理空间,因此需要人为创造可视化表征或隐喻来代表数据的含义,并且根据建立的可视化结构特点设置交互行为来支持任务的完成,可视化结构在空间基中通过标记以及图形属性对数据进行编码。可视化映射需满足两个基本条件:一是真实地表示并保持数据的原貌,并且只有数据表中的数据才能映射至可视化结构;二是可视化映射形成的可视化表征或隐喻是易于被用户感知和理解的,同时又能够充分地表达数据中的相似性、趋势性、差别性等特征,即具有丰富的表达能力。在信息可视化 20 多年来的发展历程中，如何创造新型并且有效的可视化表征以达到一眼洞穿的效果，一直是该领域追求的目标和难点，在大数据时代仍然是信息可视化领域的关键所在[175]。

此外，信息可视化可以理解为编码(encoding)和解码(decoding)两个映射过程：编码是将数据映射为可视化图形的视觉元素，如形状、位置、颜色、文字、符号等；解码则是对视觉元素的解析，包括感知和认知两部分[176]。

一个好的可视化编码需同时具备两个特征：效率和准确性。效率指的是能够瞬间感知到大量信息，准确性则指的是解码所获得的原始真实信息。

三、可视化原则

数据可视化力求变得既美观又具有意义，下面是一些让数据可视化变得既美观又具有意义的原则。

1）了解数据源及数据

数据源即数据的来源，信息系统的数据源必须可靠且具备更新能力。它可以是各种数据类型，如统计报表、社会调查数据、现场实测数据、台站观测数据、遥感数据等。

数据可视化的第一步是了解需要进行可视化的数据是什么，这些被收集起来的数据可以展现什么样的价值，并且对于数据全局有一个大致判断。在数据可视化工作开始之前，就应当把这些基础类的工作做好，只有这样才能有针对性地进行下一步工作，创造出最有意义的数据可视化结果。

2）明确数据可视化的目的

进行数据可视化的操作之前，除了应当了解数据源及数据，还必须要明确数据可视化的目的。例如，要呈现的是什么样的数据、这些数据是被谁使用的、需要起到什么样的作用和效果、想要看到什么样的结果、是针对一个活动的分析还是针对一个发展阶段的分析、是研究用户还是研究销量等。

3）注重数据的比较

想要数据反映出问题，就必须要有所比较。比较是一种相对的变化，不仅在于量的呈现，更可以看到问题所在。

4)建立数据指标

在数据可视化的过程中,建立数据指标才会有对比性,才知道对比的标准在哪里,也可更好地知道问题所在。数据指标的设置要结合具体的业务背景,进行科学的处理。这样一来,用户便可根据现有的数据指标进行深层次的自我思考,而不是仅仅给用户呈现一个数据形式及结果。

5)定义用户体验

数据是用来引导用户而非支配用户的,它应该扮演一个幕后的角色。数据可视化结果所面对的读者不是数据分析师,很可能是对数据分析技术一窍不通的人。将复杂的数据进行简化、将零散的信息变得易于理解、提供更加人性化的信息是数据可视化的目标。可视化之后的图表不可过于复杂或干扰重点。因此,数据可视化应多采用常规图表,并站在普通用户的角度,在系统中加入符合用户思考方式的交互操作,让大众用户也可真正地和数据对话,探寻数据对业务的价值。

第二节 可视化初步

Tableau 的下载安装在第六章中已有介绍,下面介绍采用 Tableau 作为可视化工具的初步工作。

一、Tableau 界面

Tableau 的主要工作界面之一是工作表的工作区,图 7-6 所示为 Tableau 的工作表工作区。

在正式介绍各工作区环境之前,首先需要了解以下几个基本概念。

工作表(work sheet):又称为视图(visualization),是可视化分析的基本单元。

仪表板(dashboard):是多个工作表和一些对象(如图像、文本、网页和空白等)的组合,可以按照一定方式对其进行组织和布局,以便揭示数据关系和内涵。

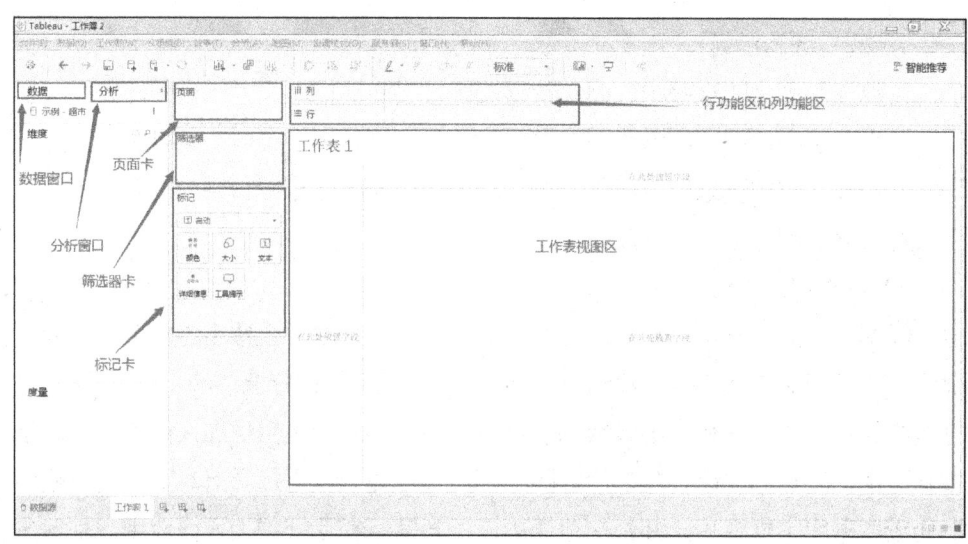

图 7-6 Tableau 的工作表工作区

故事（story）：是按顺序排列的工作表或仪表板的集合，故事中各个单独的工作表或仪表板称为"故事点"。可以使用创建的故事，向用户叙述某些事实，或者以故事方式揭示各种事实之间的上下文或事件发展的关系。

工作簿（workbook）：包含一个或多个工作表，以及一个或多个仪表板和故事，是用户在 Tableau 中工作成果的容器。用户可以把工作成果组织、保存或发布为工作簿，以便共享和存储。

Tableau 工作区是制作视图、设计仪表板、生成故事、发布和共享工作簿的工作环境，包括工作表工作区、仪表板工作区和故事工作区，也包括公共菜单栏和工具栏。为开始构建视图并分析，要进入"新建数据源"页面，将 Tableau 连接到一个或多个数据源。

工作表工作区包含菜单、工具栏、**数据窗口**、含有功能区和图例的卡，可以在工作表工作区中通过将字段拖放到功能区上来生成数据视图（工作表工作区仅用于创建单个视图）。在 Tableau 中连接数据之后，即可进入工作表工作区[177]。

1. **数据窗口**

数据窗口中会展示当前使用的数据源，以及数据源包含的所有数据字段。在这里我们看到所有数据字段被分为两类：维度和度量。维度和度量是 Tableau 使用过程中最重要的两个概念。

度量往往是一个数值字段，将其拖放到功能区时，Tableau 默认会进行聚合运算，同时，视图区会产生相应的轴。

维度往往是一些分类、时间方面的定性字段，将其拖放到功能区时，Tableau 不会对其进行计算，而是对视图区进行分区，维度的内容显示为各区的标题。

离散和连续是另一种数据角色分类，在 Tableau 中，蓝色是离散字段，绿色是连续字段，离散字段在行列功能区总是在视图中显示为标题，而连续字段则在视图中显示为轴。离散和连续类型也可以相互转换，如果是维度字段，右击字段，在弹出的菜单中就有"转换为度量"选项，如果是度量字段，右击字段后在弹出的菜单中就有"转换为维度"以及"转换为离散"选项，单击选择其一即可实现转换。

2. 分析窗口

分析窗口将菜单中常用的分析功能进行了整合，方便快速使用，主要包括汇总、模型和自定义三个窗口。

3. 页面卡

可在此功能区上基于某个维度的成员或某个度量的值将一个视图拆分为多个视图。

4. 筛选器卡

筛选器卡指定要包含和排除的数据，所有经过筛选的字段都显示在筛选器卡上。

5. 标记卡

标记卡控制视图中的标记属性，包括一个标记类型选择器，可以在其中指定标记类型（如条、线、区域等）。此外，还包含颜色、大小、标签、文本、详细信息、工具提示、形状、路径和角度等控件，这些控件的可用性取决于视图中的字段和标记类型。

6. 行功能区和列功能区

行功能区用于创建行，列功能区用于创建列，可以将任意数量的字段放置在这两个功能区上。

7. 工作表视图区

工作表视图区是创建和显示视图的区域，一个视图就是行和列的集合，由以下组件组成：标题、轴、区、单元格和标记。除这些内容外，还可以选择显示标题、说明、字段标签、摘要和图例等。

二、创建视图

在 Tableau 工作簿中可以创建多个视图。以下案例将基于一家大型零售连锁店总部的销售业绩情况，了解如何连接到 Tableau 中的数据，构建、呈现和共享某些有用的视图，以及在操作过程中需要应用哪些关键功能。

假设一家大型零售连锁店的经理刚刚拿到季度销售额报表，他注意到某些产品的销售额似乎比其他产品更好，某些地区的利润没有他所预期的那样好。经理对账面利润感兴趣，因此需要技术人员负责查看总销售额和利润，看看是否能找出对销售额和利润造成影响的因素。经理还要求技术人员能确定需要改进的领域，并将所发现的情况提供给营销团队。营销团队通过浏览技术人员的可视化结果并采取行动，以提高公司产品线的销售额和盈利能力。

我们可以使用 Tableau 构建一个简单的产品数据视图，按地区建立产品销售额和利润的地图，构建包含新发现的仪表板，然后创建要呈现的数据故事。可在 Web 上分享发现，以便远程团队成员能够查看结果。

连接数据源为 Tableau 自带的示例数据库 Sample-Superstore。

（1）从"数据"窗格的"维度"中，将 Order Date 拖到"列"功能区。这时，Tableau 会在数据集中为每个年度创建一个列。每个列下面都有一个 Abc 指示器，表示可以在此拖动文本或数值数据。如果将 Sales 拖到此区域，Tableau 会创建一个交叉表（如电子表格）并显示每个年度的总销售额。

（2）从"度量"窗格中，将 Sales 拖到"行"功能区。Tableau 会使用累计功能生成销售额总和图，如图 7-7 所示，即可按订单日期查看每年的总销售额。

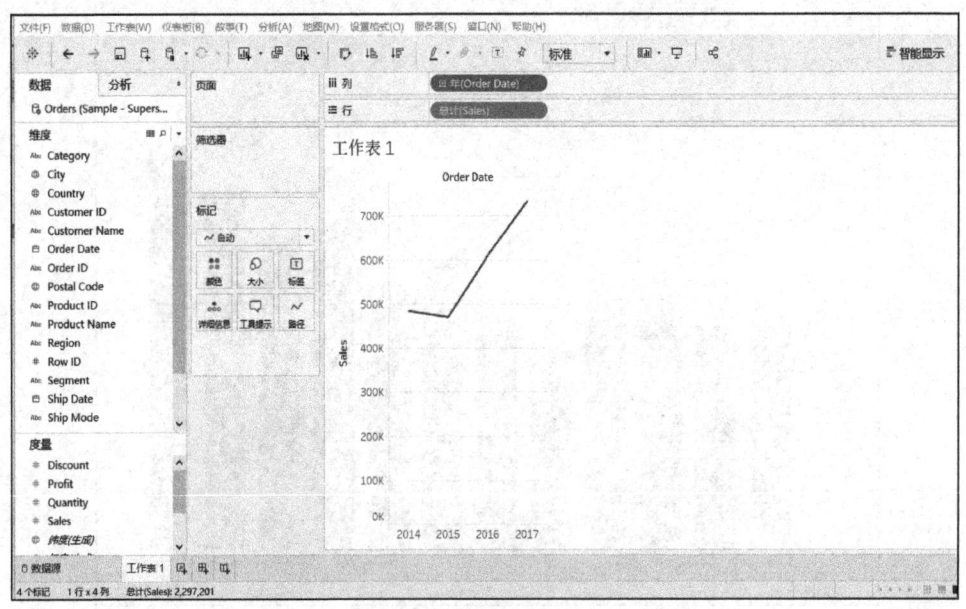

图 7-7　按订单日期查看每年的总销售额

要注意的是无论何时创建包括时间（在本例中为 Order Date）的视图，Tableau 都会生成一个折线图。图 7-7 所得到的折线图表明销售额看上去还不错，并且似乎随着时间的推移在增加。对于营销人员来说这是一条好信息，但是它并未真正详细说明哪些产品具有最高销售额，以及是否有些商品的表现比其他商品好。所以为了深入了解哪些产品推动了整体销售，可以尝试添加更多数据。首先添加产品类别，以不同的方式查看销售总额。

（3）从"维度"窗格中，将 Category 拖到"列"功能区，并将其放在"年(Order Date)"的右边，此时视图将更新为条形图。通过将第二个离散维度添加到此视图中，就可以将原来的数据分类为离散块，而不是在一段时间内连续查看到的数据。这样就创建了一个条形图并按年度显示每种产品类别的总体销售额，如图 7-8 所示。

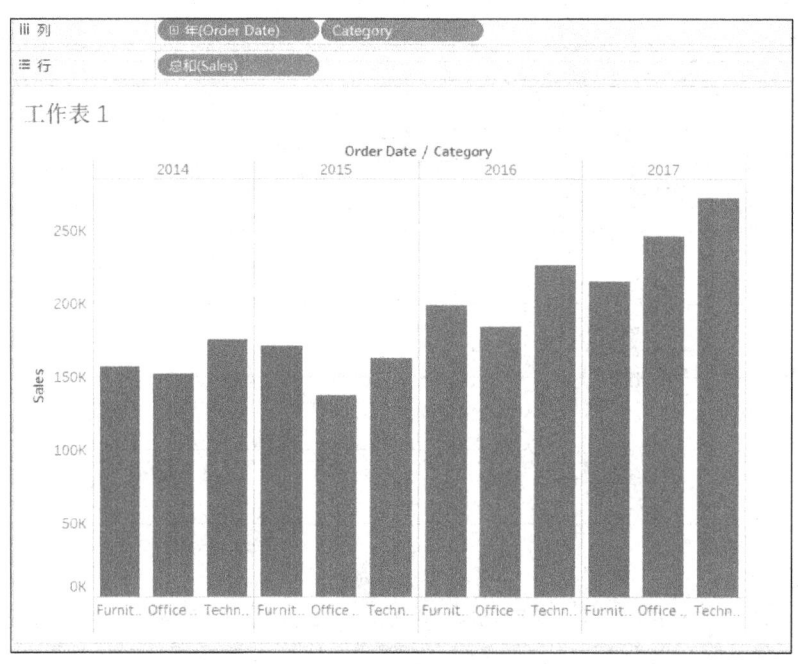

图 7-8　按照订单日期查看每年不同大类商品的总销售额

这个视图按 Furniture(家具)、Office Supplies(办公用品)和 Technology(技术)这些类别分别显示销售额，并且从此视图中可以看到，虽然 Office Supplies 在 2017 年的销量确实非常好，但是 Furniture 的销售增长速度超过了 Office Supplies 的销售增长速度。因此也许可以建议公司将销售工作重点放在 Furniture 上而不是 Office Supplies 上，当然由于公司销售了这些类别中的大量不同产品，还需要更多信息才能提出进一步的营销建议。继续按子类别查看产品，以查看哪些商品是畅销商品。例如，对于 Furniture 类别，想要查看有关书柜、椅子和桌子的详细信息。查看该数据可能会帮助深入了解销售额，进而了解总体盈利能力，所以需向图 7-8 的条形图中添加子类。

第七章
营销大数据的可视化——以 Tableau 为例

（4）双击或将 Sub-Category 字段拖到"列"功能区。子类是另一种离散字段，它会在视图底部创建另一个标题，并为按类别和年度细分的每个子类（68 个标记）显示一个条形，如图 7-9 所示。这就将每个大类中的每个小类分别进行了汇总。如果还想要进一步按类别查看某类产品对总体销售额的贡献，则可以使用 Tableau 的另一功能。将 Sub-Category 字段拖到"标记"卡的"颜色"上，则会用唯一颜色所标识的每个子类的附加标记创建一个堆叠条形图，如图 7-10 所示，这个图就非常直观地将各类产品对总体销售额的贡献情况展示出来了。

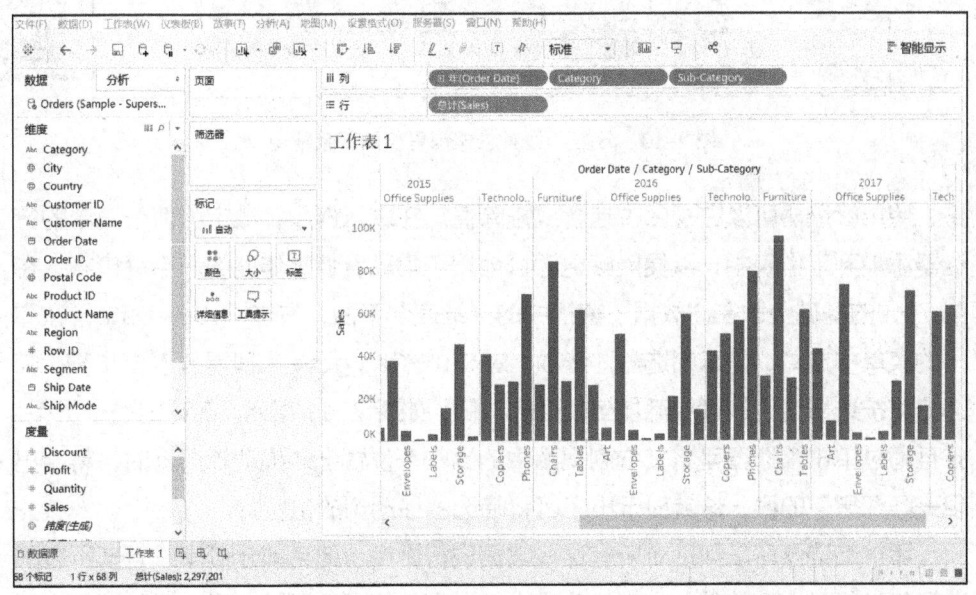

图 7-9　按照订单日期查看每年不同子类商品的总销售额

（5）为了进一步找感兴趣的数据点并且重点关注某些特定的结果，需要利用 Tableau 筛选器和颜色，以便让营销人员可以更多地关注所感兴趣的详细信息。此外，在增加对数据的重点关注后，还可以使用 Tableau 的相关功能与该数据进行交互。

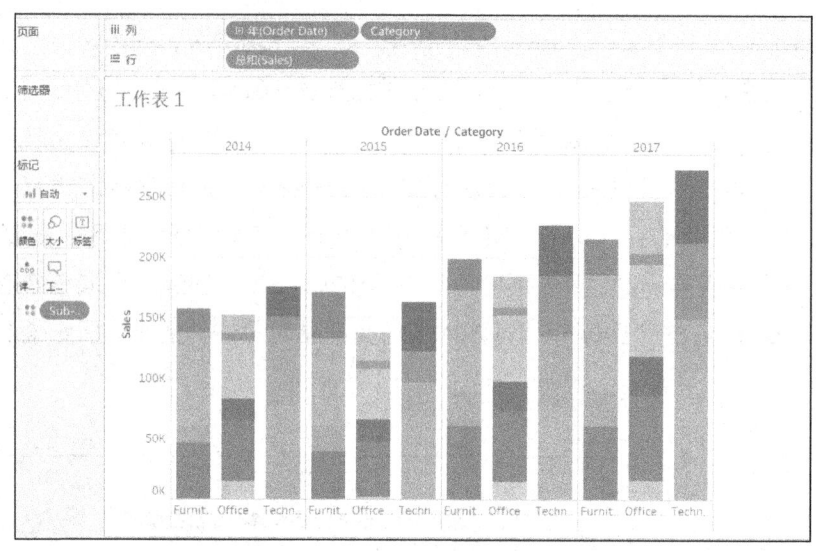

图 7-10　各类产品对总体销售额的贡献情况

使用筛选器可以在视图中包含或排除值。在本示例中，决定将两个简单的筛选器添加到工作表中，以便能够更轻松地按子类查看特定年度的产品销售额。在图 7-9 的基础上，在"数据"窗格中的"维度"下面，右击 Order Date，在弹出的菜单中选择"显示筛选器"选项。对 Sub-Category 字段重复以上步骤。筛选器将按选择它们的顺序添加到视图的右侧，如图 7-11 所示。筛选器是卡类型，并且通过单击筛选器可将其拖到视图中的另一个位置上。拖动筛选器时，将会出现一条深黑色的线，这就显示出了可将筛选器移动到的位置。

添加筛选器可以帮助对所有这些数据进行排序，但目前我们可以看到所有的数据信息都是一致的蓝色，无法分辨出更详细的信息。另外，当查看各种产品的销售总额时，我们发现一些产品的销售额一贯较低，并且可能非常适合减少这些产品线的销售工作，但其他产品的整体盈利能力表现如何？因此可以将 Profit 字段拖到"颜色"上，以查看会发生什么情况。从"度量"中，将 Profit 拖到"标记"卡的"颜色"上，这时会发现 Tables、Bookcases 甚至是 Machines 有负利润，如图 7-12 所示（由于 Profit 字段数据包括负值和正值，Tableau 会自动添加一个颜色图例并分配给调色板）。

第七章
营销大数据的可视化——以 Tableau 为例

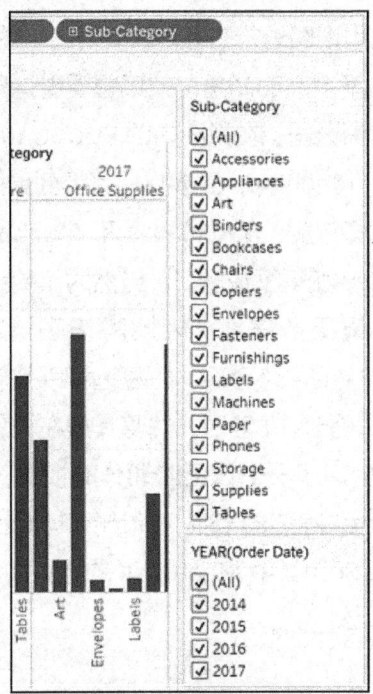

图 7-11 添加两个筛选器

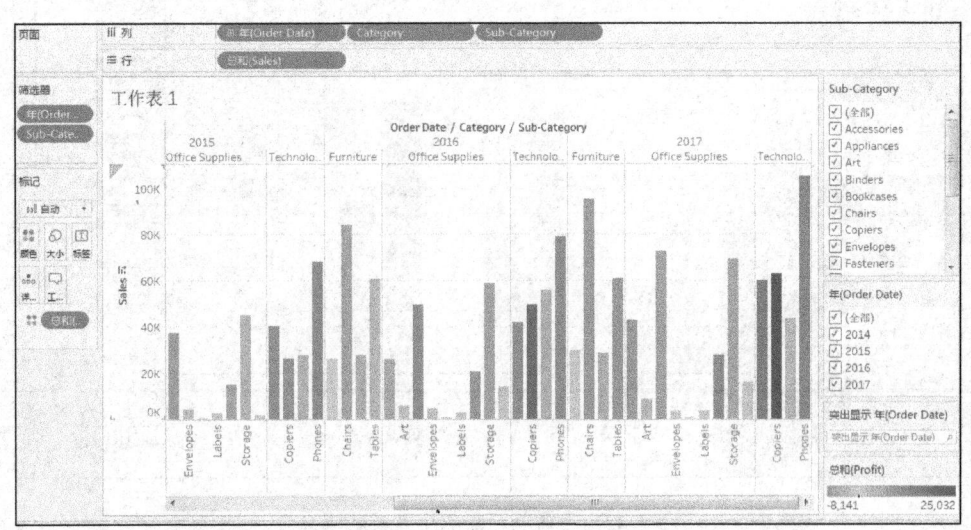

图 7-12 各类产品的盈利情况

扫一扫 看彩图

（6）接下来我们可以和视图进行交互，以便得出一些结论。通过查看图 7-12 所示的视图，发现有一些不盈利的产品，如果想看看这些产品是否年复一年一直都不盈利，这时可以借助筛选器。在视图内的 Sub-Category 筛选器卡中，只选择 Tables、Bookcases、Machines 复选框，可得到如图 7-13 所示的结果。从该视图中可以看到，在某些年度，Bookcases 和 Machines 实际上是盈利的。然而，在 2017 年，Machines 变得不盈利了。当然为了给经理提供更完善的产品未来营销计划，还需要收集更多信息。因此需按区域对视图进行细分，选择 Sub-Category 筛选器卡中的"（全部）"复选框以重新显示所有子类。从"维度"中，将 Region 拖到"行"功能区，并将其放在"总和(Sales)"的左边，这时 Tableau 使用多个轴创建了一个按区域细分的视图，如图 7-14 所示。如果在视图内的 Sub-Category 筛选器卡中，只选择 Machines 复选框，我们会发现一个更具体的细节，即 South 中 Machines 的负利润总的来说比其他区域高，如图 7-15 所示。

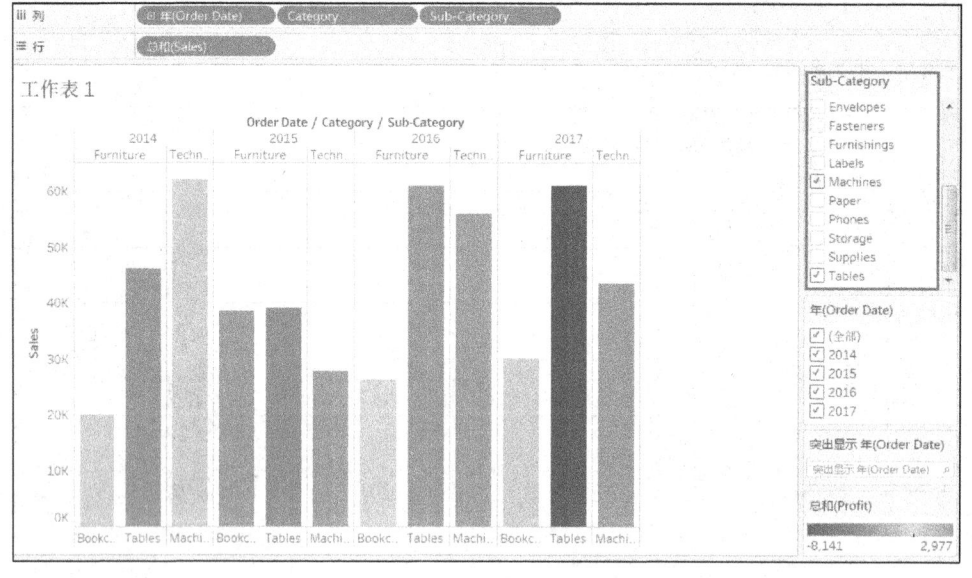

图 7-13　不盈利产品的年度发展情况

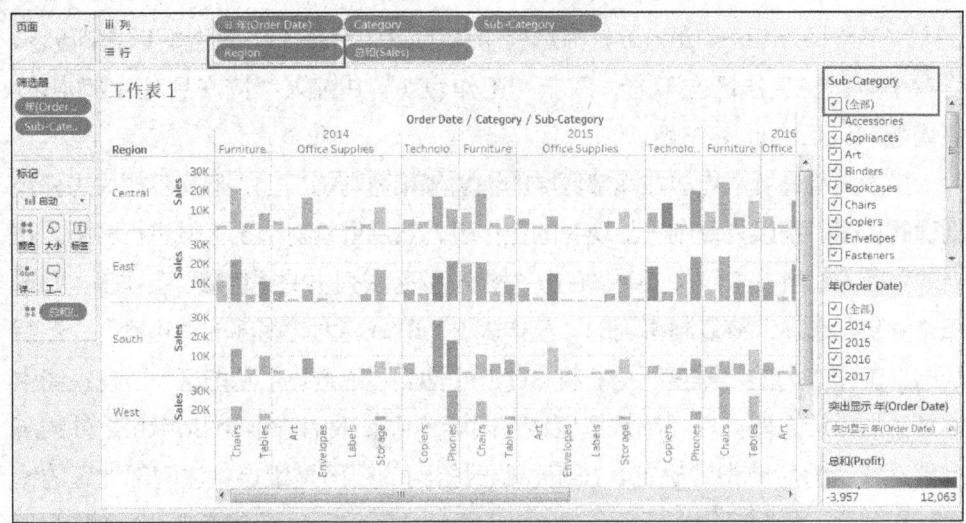

图 7-14 按区域细分后的各类产品销售额和盈利情况

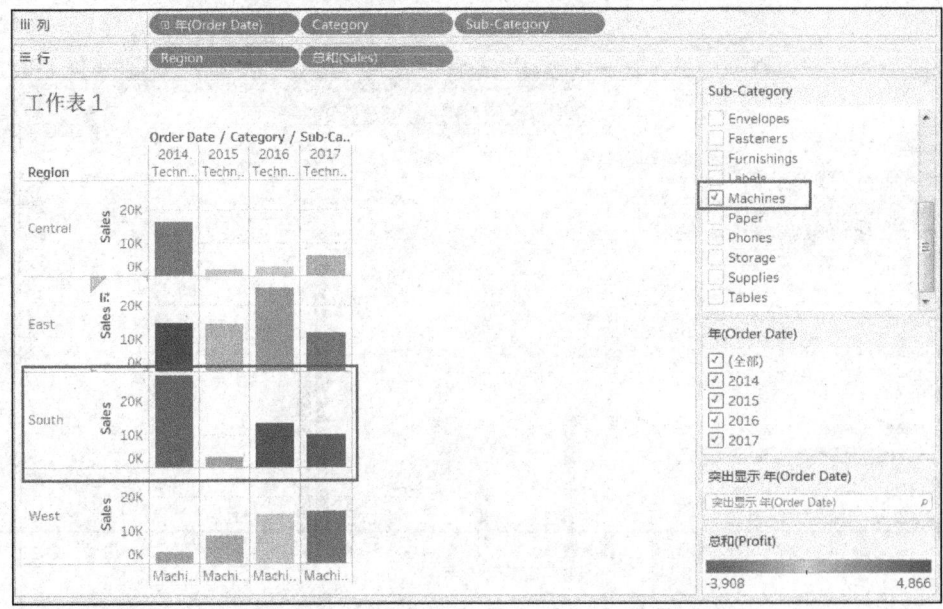

图 7-15 Machines 类产品在不同区域的销售额和盈利情况

（7）选择 Sub-Category 筛选器卡中的"（全部）"复选框以重新显示所有子类，在工作区左下方，双击"工作表1"并键入"按产品/区域列出的销售额"以命名此工作表。

接下来将分析重点放在南部区域的销售额和盈利情况上，但又不想失去已经创建的视图。所以先复制一份现有的工作表，然后继续对南部区域进行分析。在当前界面（即当前工作簿）中，右击"按产品/区域列出的销售额"工作表，并选择"复制"选项，将复制得到的"工作表2"重命名为"南部的销售额"，然后从这个工作表内的"维度"中，将 Region 拖到"筛选器"功能区，以在视图中将其添加为筛选器。在"筛选器区域"对话框中，取消选中除 South 之外的所有复选框，然后单击"确定"按钮。此时得到的视图是重点关注南部地区的销售额和利润，如图7-16所示。可以立即看到 Machines 销售额在2014年有负利润，到了2017年又出现这种情况，这就需要引起营销人员的重点关注并采取行动。

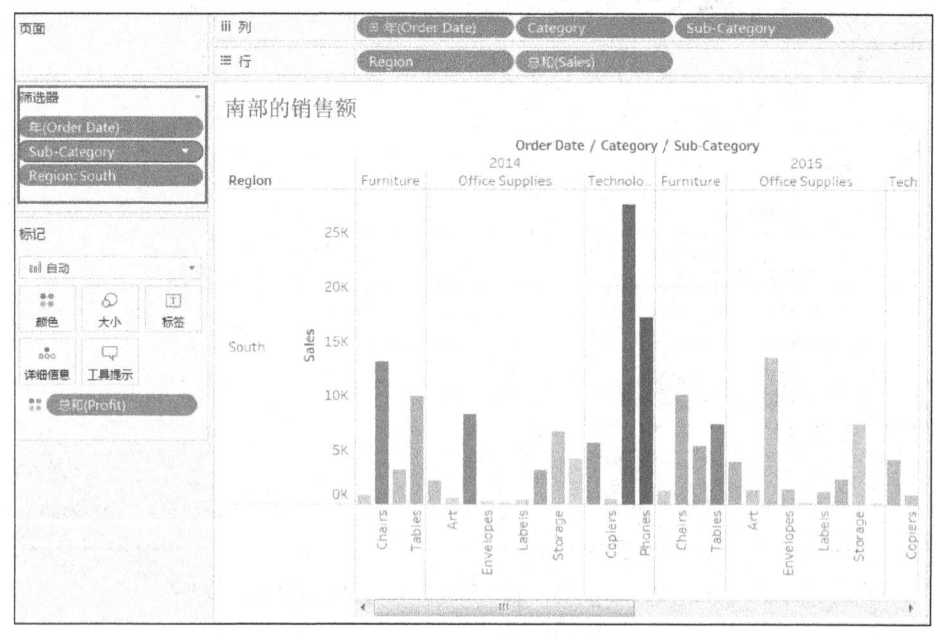

图7-16 南部区域的销售额和盈利情况

（8）为了进一步了解南部区域的销售额及盈利情况趋势，需要对某些地理数据（如 Region 字段）进行查看，因此可以选择生成地图视图，地图视图非常适用于显示和分析这类信息。

在这个示例数据表中，Tableau 已自动为 Country、State、City 和 Postal Code 字段分配了适当的地理角色（"数据"窗格中的地理字段旁边有地球仪图标 ⊕ ），这是由于 Tableau 能自动识别出这些字段值都包含地理数据。在工作区的底部，单击"新建工作表"图标，重新开始一个新工作表。在"数据"窗格中，分别将 Country、State 字段添加至"标记"卡上的"详细信息"，即可获得对应的地图视图。由于 Tableau 已经知道 State 字段是地理数据，并且为 State 字段分配了地理角色，所以 Tableau 会自动创建一个地图视图。数据源中 48 个州/省/市/自治区中的每一个都具有一个标记。此外，还会将对应经度和纬度的字段自动添加到"列"和"行"功能区中，可以将这些看作 X 和 Y 字段。无论何时想要创建地图视图，它们都是必不可少的，因为数据中的每个位置都分配了横向值和纵向值。

接下来将 Region 字段拖到"筛选器"功能区，然后仅选择 South 复选框。此时地图视图会放大到 South 区域，并且每个州/省/市/自治区（共 11 个）都具有标记。再将 Sales 字段拖到"标记"卡的"颜色"上，这就可以显示此区域的数据趋势。此视图会自动更新为填充地图，并且会根据每个州/省/市/自治区的总销售额为每个州/省/市/自治区着色。

无论何时将包含正数（如销售额）的连续度量添加到"标记"卡上的"颜色"，所得到的填充地图都是蓝色，为负值分配的颜色为橙色，可以通过调色板来设置所分配的颜色。为了更容易区分销售业绩好的州/省/市/自治区以及销售业绩不好的州/省/市/自治区，在"标记"卡上单击"颜色"，然后选择"编辑颜色"选项，并在"调色板"下拉列表中，选择"红色-绿色发散"选项并单击"确定"按钮。这样，就可以快速查看业绩低和业绩高的州/省/市/自治区。

因为数据是准确的，所以从技术上讲，通过以上步骤可以比较业绩低和业绩高的不同区域，但数据背后是否会有更多的原因？例如，红色区域的销售额是否因为库存太小而导致不理想？绿色区域是否因为有较高的人口密度，所以就会使销售额良好？单击工具栏中的撤销图标 ← 以恢复为前面的蓝色视图。如果将光标悬停在 Florida 标记上，则会显示销售总额为 89 474 美元，这样似乎 Florida 的业绩最好，而 South Carolina 的销售额仅有 8482 美元。接着将"度量"中的 Profit 字段拖到"标记"卡的"颜色"上，由于利润往往包括正值和负值，Tableau 将自动选择橙色-蓝色发散调色板，以快速显示具有正、负利润的区域，可以看到，尽管 Tennessee、North Carolina 和 Florida 的销售额似乎不错，但是它们具有负利润。

（9）在第（7）步中，我们发现 Tennessee、North Carolina 和 Florida 这三个区域利润为负值。为了找出原因，可以对数据进一步向下钻取，并重点关注这三个区域单独发生了什么事情。双击"工作表 3"并将此工作表命名为"利润地图"，右击工作区底部的"利润地图"，并选择"复制"选项，将得到的新工作表命名为"负利润条形图"。在"负利润条形图"工作表中，单击最右侧"智能推荐"选项卡中的"水平条"，得到如图 7-17 所示结果。

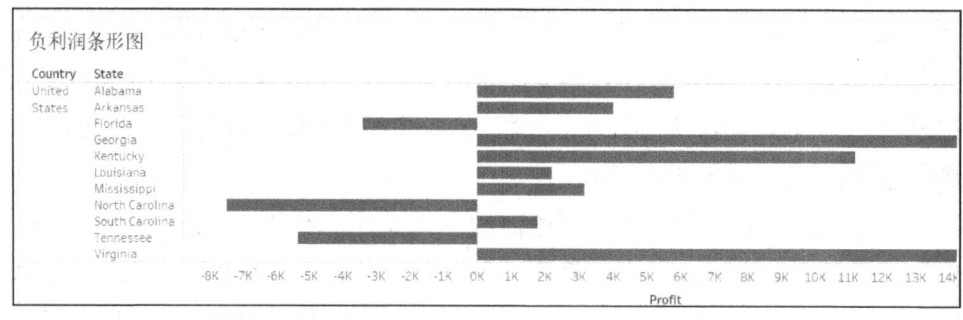

图 7-17　负利润条形图

单击并拖动光标，使选择范围覆盖 Tennessee、North Carolina 和 Florida 之间的条，以选择多个条。在显示的工具提示上，选择"只保留"选项以重点关注这三个，得到如图 7-18 所示的结果。

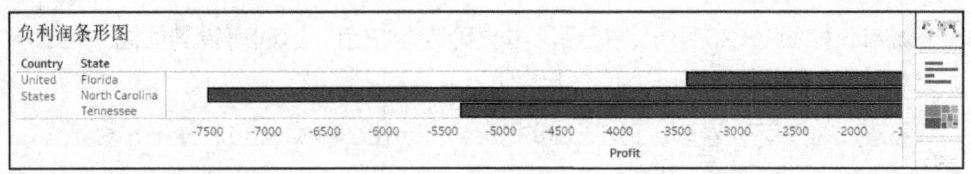

图 7-18 只保留负利润的三个州

将字段 City 拖到"行"中，以下钻到 City 详细级别，如图 7-19 所示。

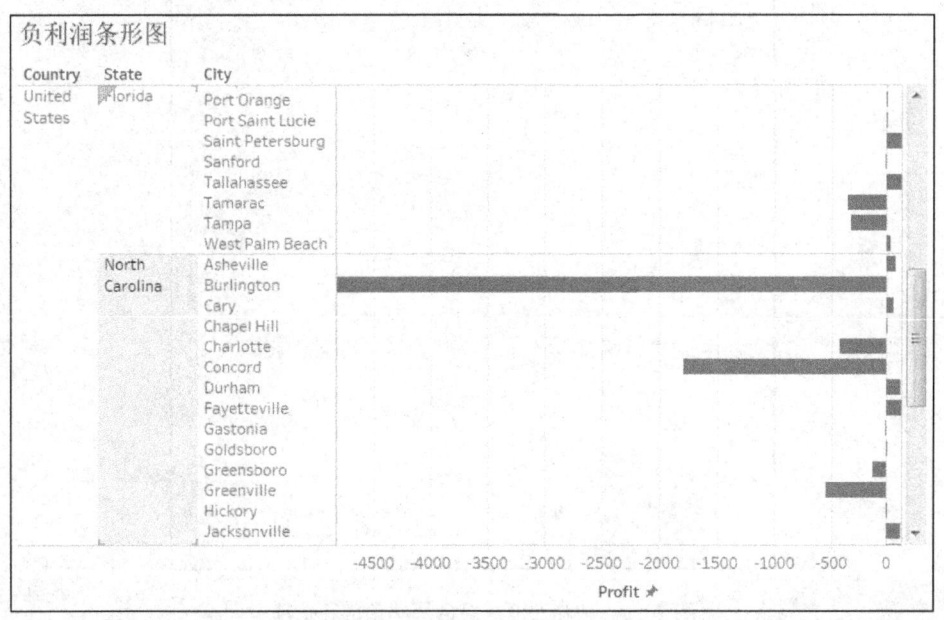

图 7-19 负利润的三个州下属所有城市盈利情况

我们发现这时的结果包含太多的信息，但是更希望查看到的是负利润最多的城市，这时可使用"前 N 个"筛选器来进行筛选。从"维度"窗格中，将 City 字段拖到"筛选器"功能区，在"筛选器"对话框中，选择"顶部"选项卡，然后执行以下操作：选择"按字段"单选按钮，然后单击"顶部"下拉列表，选择"底部"选项以显示负利润最多者，在文本框中键入 5，以显示利润最差的

5个城市，如图 7-20 所示，最后单击"确定"按钮。这时可得到如图 7-21 所示结果。

从图 7-21 可以看到，Florida 的 Jacksonville 和 Miami、North Carolina 的 Burlington 和 Jacksonville 以及 Tennessee 的 Knoxville 和 Memphis 是利润业绩最差的城市。但是我们也发现了视图中还有一个不该有的其他标志，即

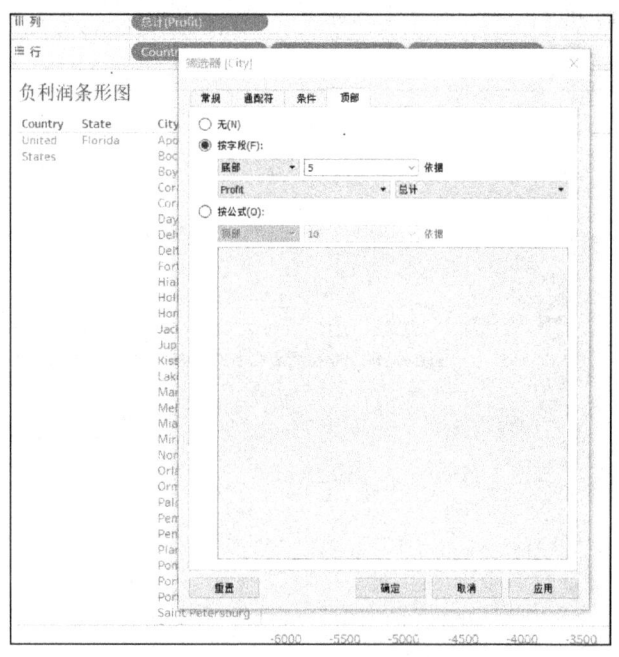

图 7-20 "筛选器"对话框"顶部"选项卡

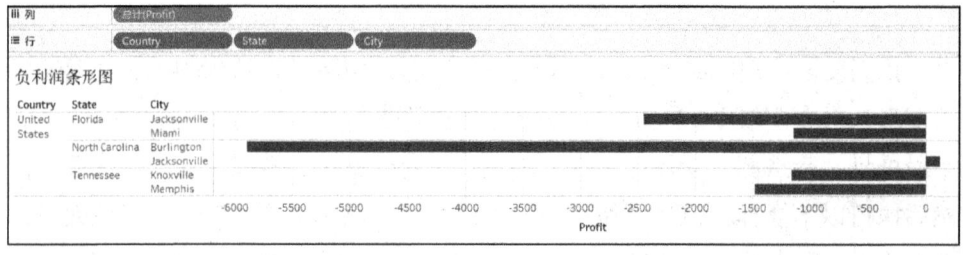

图 7-21 利润最差的 5 个城市-临时结果

Norht Carolina 的 Jacksonville，因为该城市的销售利润是正数。这说明数据分析过程可能有误。这是因为 City 是当前视图中显示的最低详细级别，而 Tableau Desktop 从城市名称上无法区分 North Carolina 的 Jacksonville 与 Floride 的 Jacksonville 是两个不同的城市，所以需要继续下钻到位置分层结构中的下一个详细级别，即 Postal Code。将 Postal Code 拖到"行"功能区上，右击 North Carolina 的 Jacksonville 的邮政编码 28540，然后选择"排除"选项，即可得到如图 7-22 所示的结果。

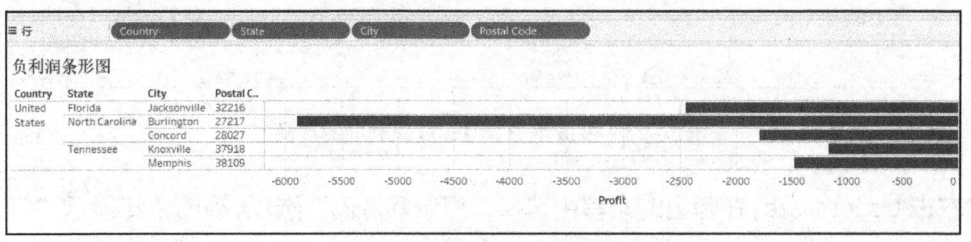

图 7-22　利润最差的 5 个城市-正确结果

接下来为了进一步确定拖累利润的产品，可以按照子类细分视图。因为 Sub-Category 字段包含有关销售产品的信息，所以可以从此处着手。首先将 Sub-Category 拖到"行"功能区，并将其放在 City 的右边。再将 Profit 拖到"标记"卡的"颜色"上，以便查看具有负利润的产品。在"数据"窗格中，右击 Order Date，在弹出的菜单中选择"显示筛选器"选项。这样可根据需要，浏览每一年的负利润，并快速找出造成亏损的产品，如图 7-23 所示的结果，可以发现，Machines、Tables 和 Binders 销售不佳。

但是如果排除 Machines、Tables 和 Binders，能提高南部三个州的利润吗？接下来我们筛选出问题产品看看结果如何。通过单击"利润地图"工作表标签，回到第（8）步时创建的地图，在"数据"窗格中，右击 Sub-Category，在弹出的菜单中选择"显示筛选器"选项，提供的所有产品的筛选器卡将出现在地图视图旁边。从"度量"中，将 Profit 拖到"标记"卡的"标签"上。现在，可以看到每个州的确切利润，而不必将光标悬停在它们上。在"数据"窗格中，

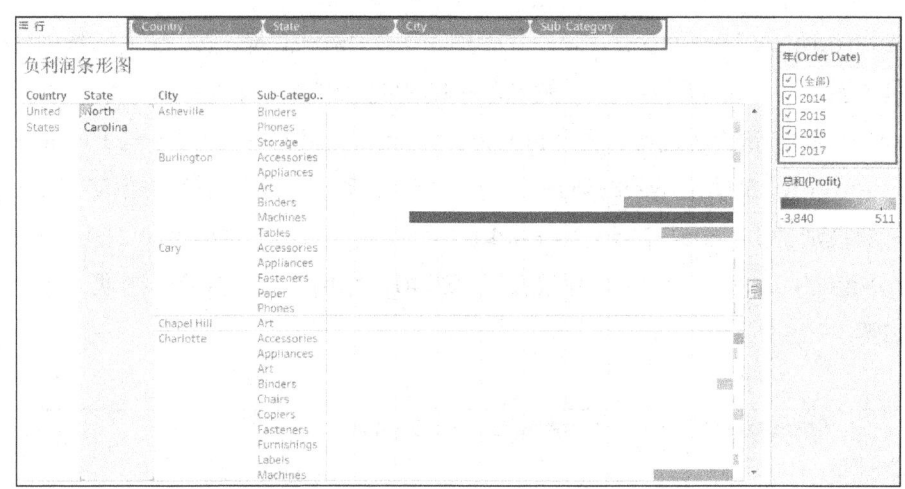

图 7-23 可按年份查看造成负利润的产品

右击 Order Date, 在弹出的菜单中选择"显示筛选器"选项，视图中将显示"年 (Order Date)"筛选器卡，这样就可以查看所有年度或年度组合的利润。从视图内 Sub-Category 筛选器卡上的列表中清除 Binders、Machines 和 Tables，将得到对应的显示结果。可见，对于 Tennessee、North Carolina 和 Florida，这些州的损失肯定是由 Binders、Machines 和 Tables 造成的。同时其他州若也去除这三种产品，利润会有一定程度的下降。例如，如果 Arkansas 停止销售 Binders，则该州的利润会下降四个百分点，因此可以推断出 Binders 在 Arkansas 实际上是可盈利的。

（10）Tableau 可以使用仪表板同时显示多个工作表，并可在需要时让工作表彼此进行交互。因此为了强调在某些地方销售的某些商品表现不佳，可以使用利润条形图视图和地图视图相结合来很好地证明这一点。首先选择"仪表板"菜单下的"新建仪表板"选项，从左侧的"仪表板"窗格中，将"南部销售额"拖到空仪表板，再将"利润地图"拖到仪表板，并将其放在"南部销售额"上，结果如图 7-24 所示。

第七章
营销大数据的可视化——以 Tableau 为例

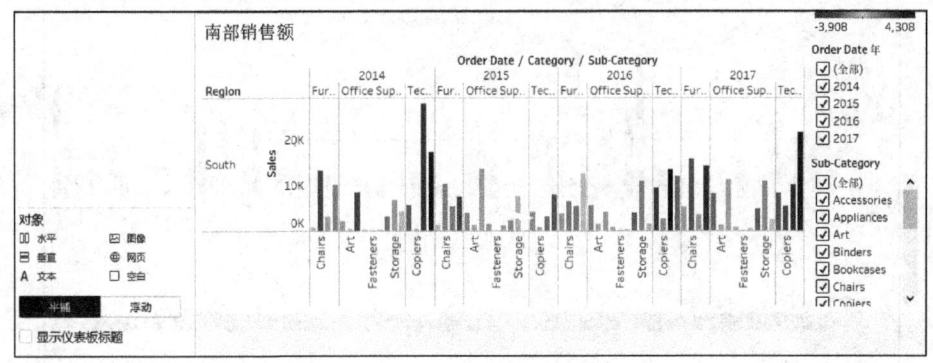

图 7-24　南部区域销售情况仪表板

但是我们发现在"南部销售额"条形图内的 Sub-Category 中不容易查看每种商品的详细信息。而且，由于在视图中有地图，在"南部销售额"中可能也不需要 South 区域列。因此我们在"南部销售额"上，右击 Region 列标题下的列区域，在弹出的菜单中选择"隐藏行字段标签"选项，Category 行标题重复此过程。接着右击"利润地图"标题，并选择"隐藏标题"选项，仪表板中则隐藏"利润地图"标题，创造了更多的空间，并继续对"南部销售额"视图标题重复此步骤。选择视图右边的 Sub-Category 筛选器卡，右击后在弹出的菜单中选择"从仪表板移除"选项，对第二个 Sub-Category 筛选器卡和其中一个"Order Date 年"筛选器卡重复此步骤。单击最右侧的 Profit 颜色图例框，并将其拖到"南部销售额"条形图下。最后，右击"Order Date 年"筛选器卡，在弹出的菜单中选择"浮动"选项。将其移到地图视图中的空白区域，并单击"Order Date 年"筛选器卡顶部的下拉箭头，然后选择"单值(滑块)"选项，即可得到如图 7-25 所示的结果，这样就可以轻松地按年度对利润和销售额进行比较了。

如果希望进一步查看哪些商品子类在哪个州中可盈利，可以接着在仪表板中选择"利润地图"，并单击右上角的"用作筛选器"图标，在地图中选择一个州，"南部销售额"条形图将自动更新以仅显示所选州中的子类销售额，这样就可以快速查看哪些子类可盈利。如果需恢复的话，单击地图的外部就可清除刚才对州的选择。如果还想查看基于订单日期的利润变化，可选择"Order Date 年"筛选器卡，单击其下拉箭头，在弹出的菜单中选择"应用于工作表"→"选定

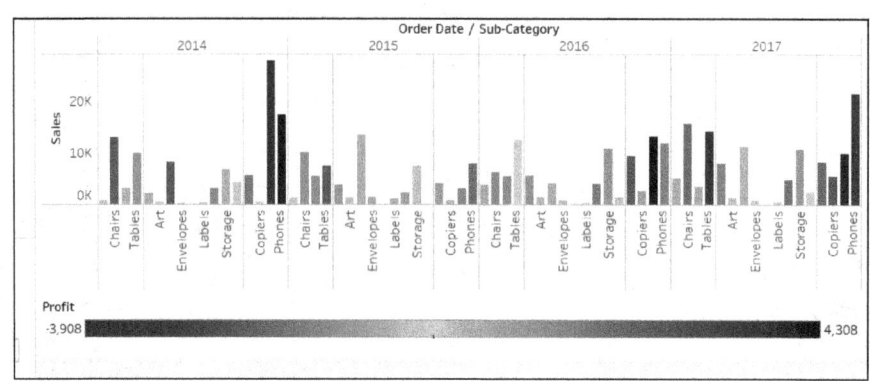

图 7-25 经过一系列简化、美化后的仪表板

工作表"选项，在弹出的"将筛选器应用于工作表"对话框中，选择"仪表板上的所有项"，然后单击"确定"按钮，这时仪表板即可按年浏览州的销售业绩情况，如图 7-26 所示。

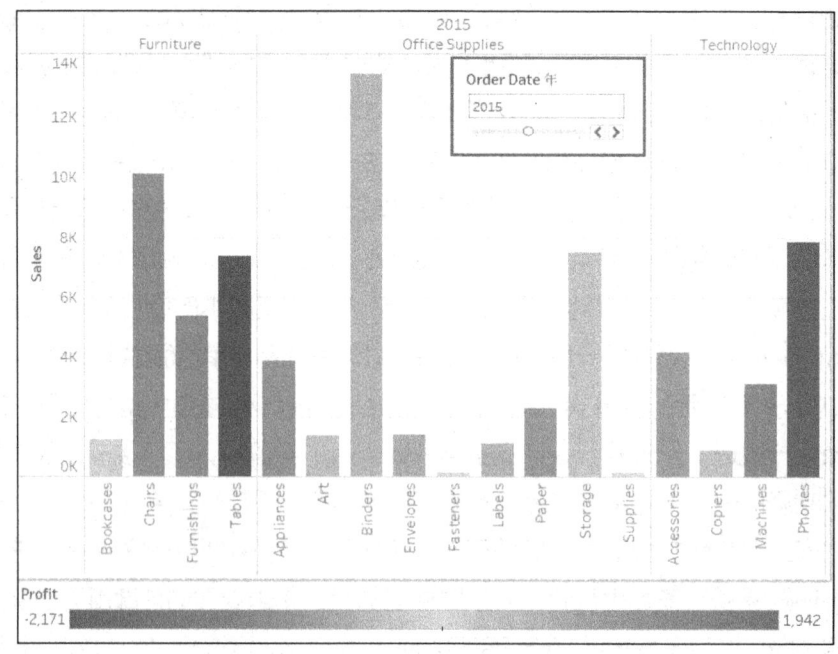

图 7-26 按年浏览州的销售业绩情况

（11）为了能够将以上数据可视化结果进行演示以便共享给团队，下面继续将前述结果生成 Tableau 故事以便演示。在"故事"菜单项中单击"新建故事"按钮或单击工作表区域下方的"新建故事"按钮 。将左侧的"南部销售额"工作表拖到"故事"空格视图上，并在"故事"空格视图上的灰色框中编辑文本以添加说明，键入"按年度列出的销售额和利润"，如图 7-27 所示。

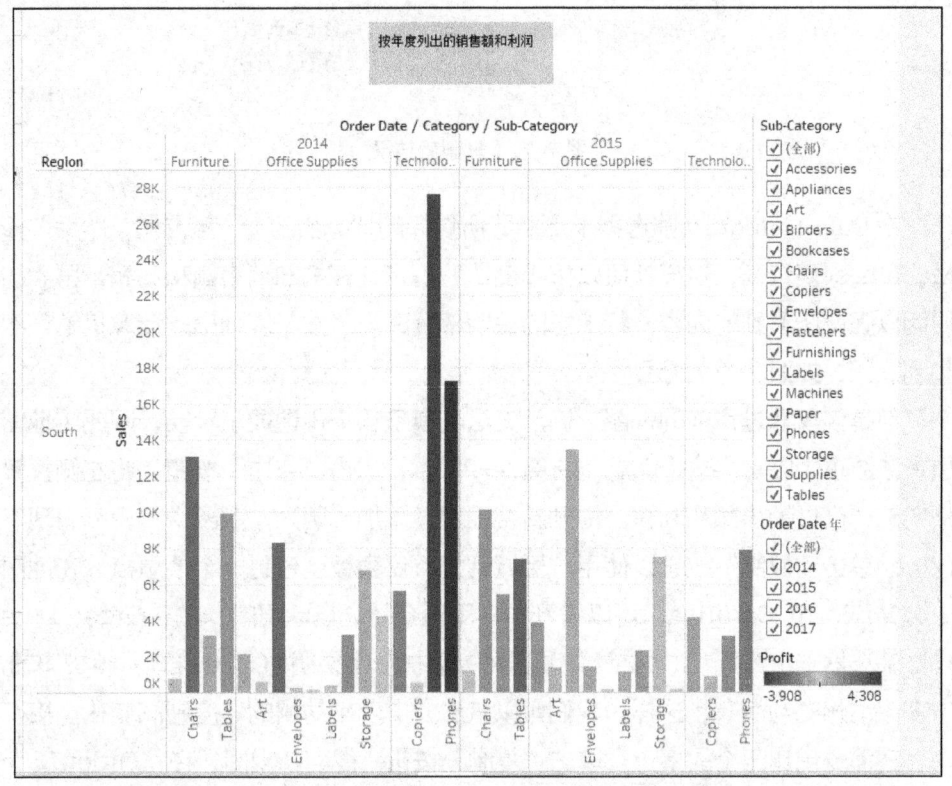

图 7-27 新建"故事"视图

根据前面的分析结果，可以得知在 North Carolina 中销售 Machines 是导致利润降低的重要原因，所以下面重点分析 North Carolina 销售 Machines 的情况。单击左边的窗格内的"复制"按钮，如图 7-28 所示，以复制第一个说明，得到如图 7-29 所示的结果。

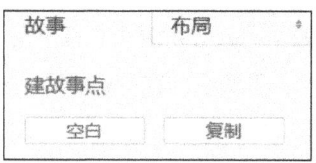

图 7-28 "故事"选项卡下"复制"按钮

图 7-29 复制后结果

在 Sub-Category 筛选器卡上清除所选择的"(全部)"复选框,然后选择 Machines 复选框,这样就可以按年度快速确定计算机的销售额和利润,再添加说明以强调所看到的内容,将上方的说明部分改为"按年度列出的计算机销售额和利润",如图 7-30 所示。

但是仅仅通过目前的视图,仍然无法判断是哪个州造成了亏损,因此将地图引入该故事中以解决这个问题。在图 7-28 中,单击"空白"按钮,将左侧仪表板中的"区域销售额和利润"拖到新视图上,添加说明为"南部中的商品表现不佳"。单击"复制"按钮以使用"区域利润"仪表板创建另一个故事点。在地图上选择 North Carolina,可以看到条形图也会随之自动更新。在"Order Date 年"筛选器卡上选择"(全部)"复选框。添加一个说明为"2014 年-2017 年北卡罗来纳州的利润",这样,我们可以查看北卡罗来纳州的年度利润变化。接下来,还需要创建四个故事点:单击"复制"按钮,得到新视图,在"Order Date 年"筛选器卡上,单击右箭头按钮以显示 2014 年,添加说明为"2014 年北卡罗来纳州的利润",然后分别对 2015 年、2016 年和 2017 年的数据重复以上步骤。如图 7-31 所示,这样就可查看到哪一年有哪些产品引入了北卡罗来纳州市场、销售情况如何等。为了强调 2017 年计算机在北卡罗来纳州市场销售不佳,在左侧窗格中,选择"拖动以添加文本"并将它拖到视图上,输入"2017 年将计算机引入到北卡罗来纳州市场导致严重亏损"。在演示过程中可以将光标

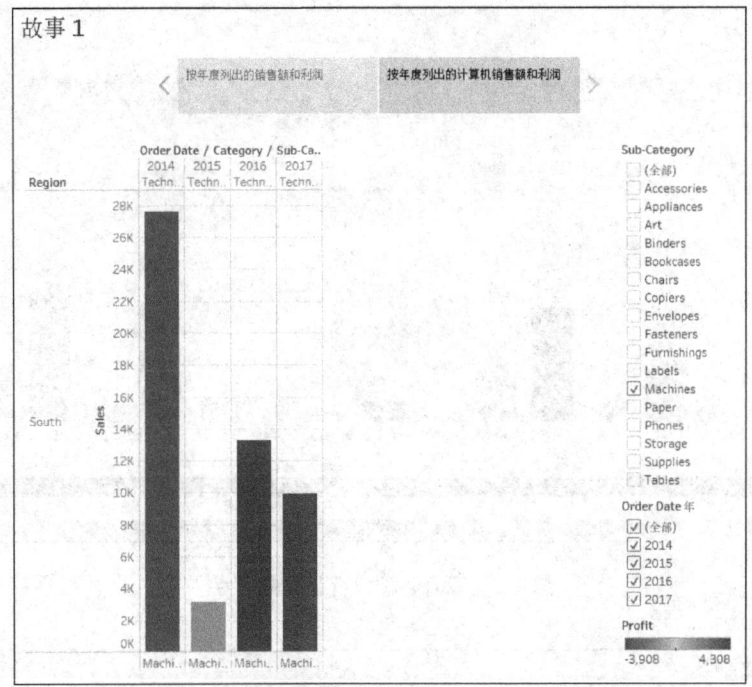

图 7-30 按年度查看计算机的销售额和利润

悬停在"南方销售额"条形图中的 Machines 上,以显示一个重要提示:损失将近 4000 美元,如图 7-32 所示。

为了进一步显示更详细的信息,在左上方的"故事"窗格中,单击"空白"按钮,并从"故事"窗格中,将"负利润条形图"拖到视图上。在"Order Date 年"筛选器卡中,将视图范围缩小到 2017 年。此时会很容易发现计算机利润的亏损完全是由北卡罗来纳州的 Burlington(伯灵顿)市场造成的。在视图中,右击 Burlington 标记(条形),在弹出的菜单中选择"添加注释"→"标记"选项。

接着在出现的"编辑注释"对话框中,删除筛选器文本并键入"伯灵顿的计算机 2017 年亏损近 4000 美元",单击"确定"按钮后调整其出现的位置。对此故事点指定说明:"北卡罗来纳州的哪个城市出现了计算机利润亏损?",最后双击"故事 1"标签,并将故事重命名为"提高南部的利润",一个完整的演示就完成了。通过选择菜单栏中的"窗口"菜单下的"演示模式"选项就可以查看全部演示了。

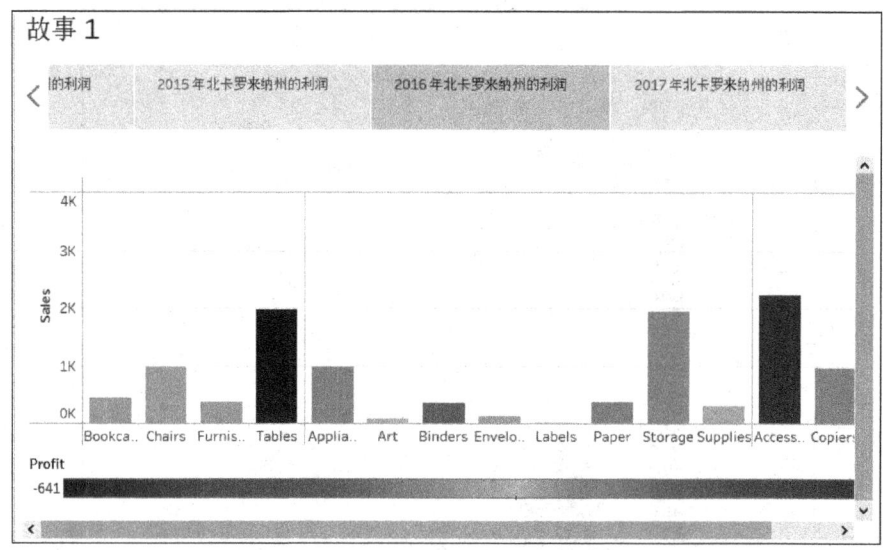

图 7-31 2014~2017 年四个故事点

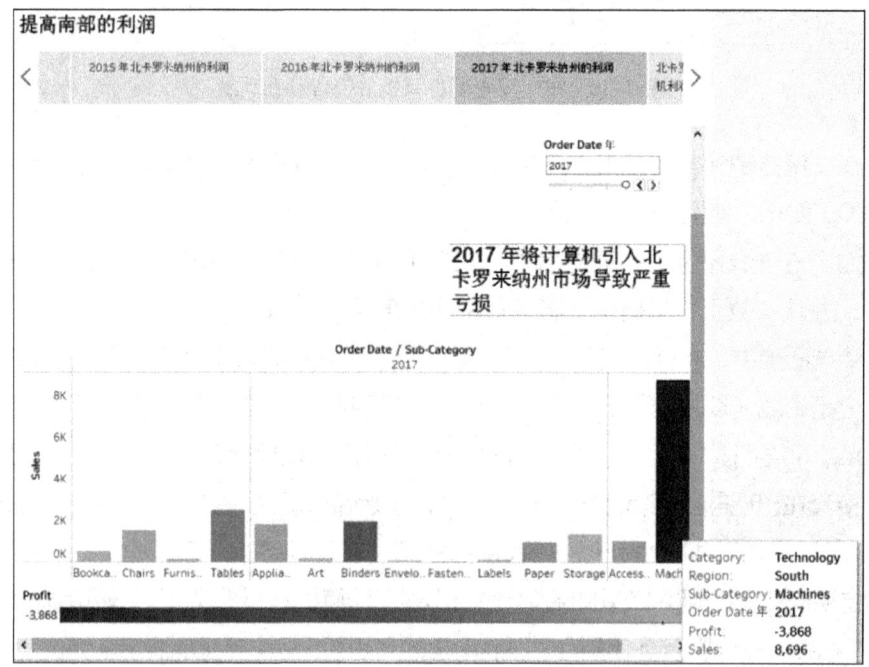

图 7-32 光标悬停在 Machines 类产品上效果

第三节 可视化数据管理

一、Tableau 元数据管理

Tableau 连接到数据源后，将捕获源的元数据详细信息，如列及其数据类型，这是用于创建视图使用的维度、度量和计算字段。我们可以浏览元数据并更改其某些特定要求的某些属性。Tableau 的元数据管理可以分为三层。

（1）数据连接（connection）层：决定了如何访问源数据和获取哪些数据，连接信息包括数据库、数据表、数据视图、数据列，以及用于获取数据的表连接和结构化查询语言（structures query language, SQL）脚本。但是，数据连接层不保存任何数据。

（2）数据模型（data model）层：不论数据源来自哪种服务器，Tableau 中的数据都会分为维度和度量两大类。在完成数据连接后，Tableau 会自动判断字段的角色（不一定很准确，可以手工调整），如果连接的是多维数据源，那么直接获取数据立方体维度和度量信息；如果是关系数据源，会根据数据自行判断是维度字段还是度量字段。

（3）数据可视化（visual query language, VizQL）层：以数据连接层和数据模型层为基础，对数据源非常敏感。VizQL 实际上是一种可视化查询语言，可将拖放动作转化为数据查询，然后以可视化的形式表达数据。通过概括查询和分析的潜在复杂性，VizQL 显著提高了人们查看和理解数据的能力。由此实现的直观用户体验让人们的问题随想随答。VizQL 是数据分析和可视化领域的重大进步。与传统方法相比，VizQL 可以更深入地理解数据，更快速地展开工作，速度最高可以达到传统方法的 100 倍。

二、Tableau 数据连接

Tableau 支持的数据源类型非常丰富，可以连接到广泛使用的所有常用数据源，包括传统的关系数据源、多维数据源、Hadoop 系列产品中的数据源、Tableau

数据提取、Web 数据源、文本文件。

Tableau 的本机连接器可以连接到以下类型的数据源，具体有：文件系统，如 CSV、Excel 等；关系系统，如 Oracle、SQL Server、DB2 等；云系统，如 Windows Azure、Google BigQuery 等；其他源使用开放数据库互连（open database connectivity，ODBC）。

图 7-33 显示了通过 Tableau 的本机数据连接器可用的大多数数据源。

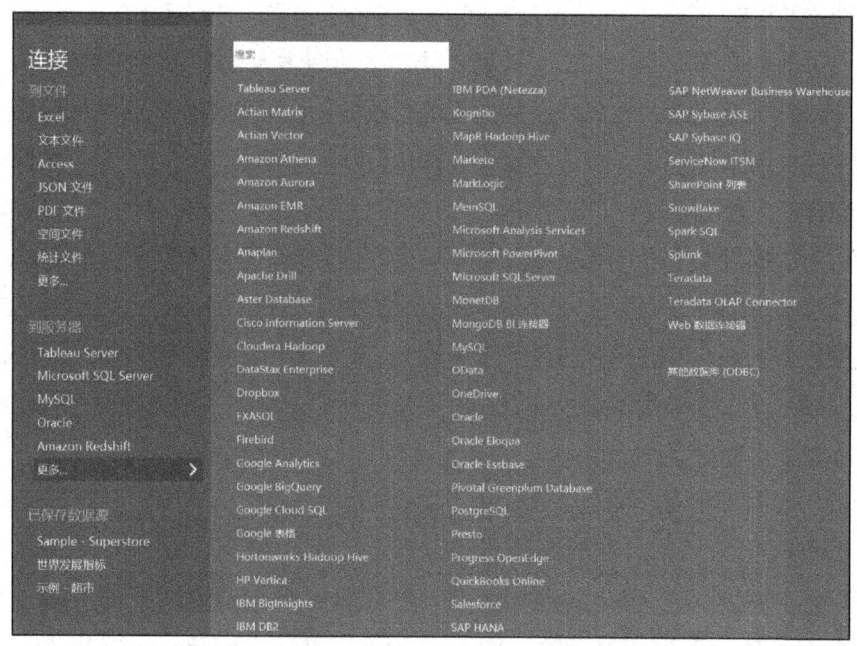

图 7-33　Tableau 的本机数据连接器可用数据源

Tableau 还可以同时连接到不同的数据源。例如，在单个工作簿中，可以通过定义多个连接来连接到平面文件和关系源。这通常用于数据混合，也是 Tableau 中非常独特的功能。

作为数据分析工具，Tableau 将每个数据分为四个类别之一，即 String、Number、Boolean 和 Datetime。从源加载数据后，Tableau 会自动分配数据类型，用于创建视图使用的维度、度量和计算字段。但如果满足数据转换规则，也可以更改某些数据类型。此外，用户必须指定计算字段的数据类型。

数据连接在任何数据分析中都是非常常见的要求。我们可能需要从多个源连接数据或者在单个源中连接来自不同表的数据。Tableau 通过使用"数据"菜单中"编辑数据源"下可用的数据窗格提供连接表的功能。

考虑在数据源示例 Superstore 中 Orders 和 Returns 表之间创建一个连接。为此，首先转到"数据"菜单，然后选择"编辑数据源"选项。接下来，将 Orders 和 Returns 两个表拖动到数据窗格。Tableau 将根据字段名称和数据类型自动创建一个连接。图 7-34 显示了自动使用字段 Order ID 创建 Orders 和 Returns 两个表之间的内部连接。

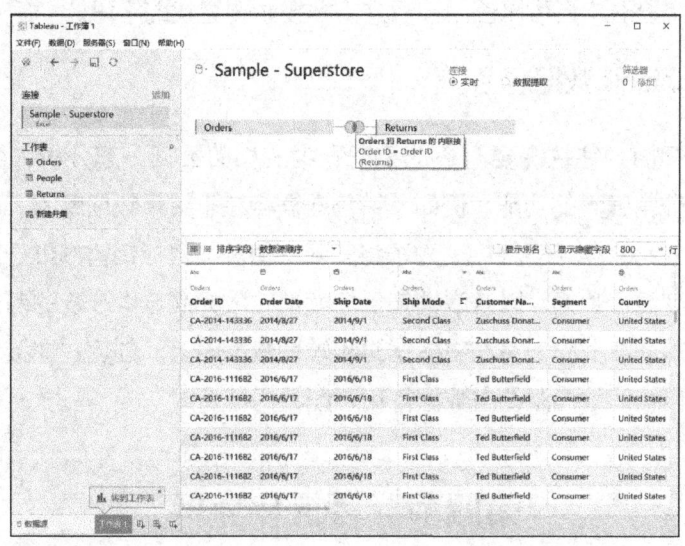

图 7-34　自动使用字段 Order ID 创建两表之间的内部连接

Tableau 自动创建的连接类型可以手动更改。单击显示连接的两个圆圈的中间，将在其下显示一个弹出窗口，其中显示可用的四种类型的连接。此外，Tableau 会根据数据源中存在不相关数据而使某些类型的连接自动变灰。在图 7-35 中，我们将内外连接看作可用的连接。

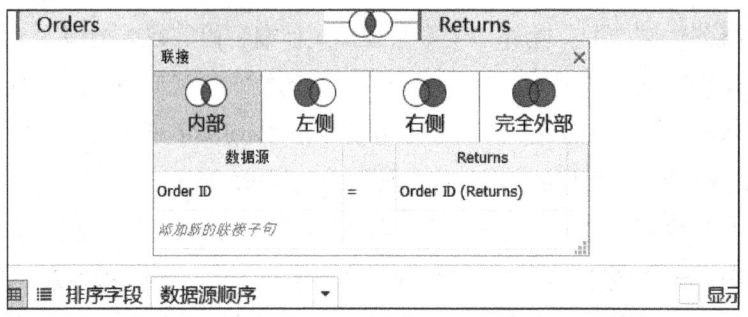

图 7-35　可用的四种类型的连接

可以通过单击连接，弹出窗口中可用的数据源选项来更改形成连接条件的字段。在选择字段时，还可以使用搜索文本框搜索要查找的字段。

三、Tableau 数据混合

在单个视图中往往需要对多个数据源中的相关数据一起分析，数据混合是 Tableau 中非常强大的功能。例如，销售数据存在于关系数据库中，而销售目标数据存在于 Excel 电子表格中。为了将实际销售额与目标销售额进行比较，可以根据常用维度混合数据，以获取销售目标度量。数据混合中涉及的两个来源称为主数据源和辅助数据源。将在主数据源和辅助数据源之间创建左连接，其中所有数据行都来自辅助数据源的主数据行和匹配数据行。

第四节　可视化分析

第二节通过一个完整的案例分析已经介绍了 Tableau 的可视化初步步骤。本节主要介绍 Tableau 的数据可视化分析功能。

一、条形图

条形图表示矩形条中的数据，条的长度与变量的值成比例。当将维度拖动到行功能区时，Tableau会自动生成条形图。还可以使用Show Me按钮中显示的条形图选项。如果数据不适合条形图，那么此选项将自动变灰。

在Tableau中，可以通过使用维度和度量来创建各种类型的条形图。连接Sample-Superstore数据源，将维度中的Sub-Category拖到行功能区，度量中的Profit拖到列功能区，此时会自动生成一个水平条形图，如图7-36所示。

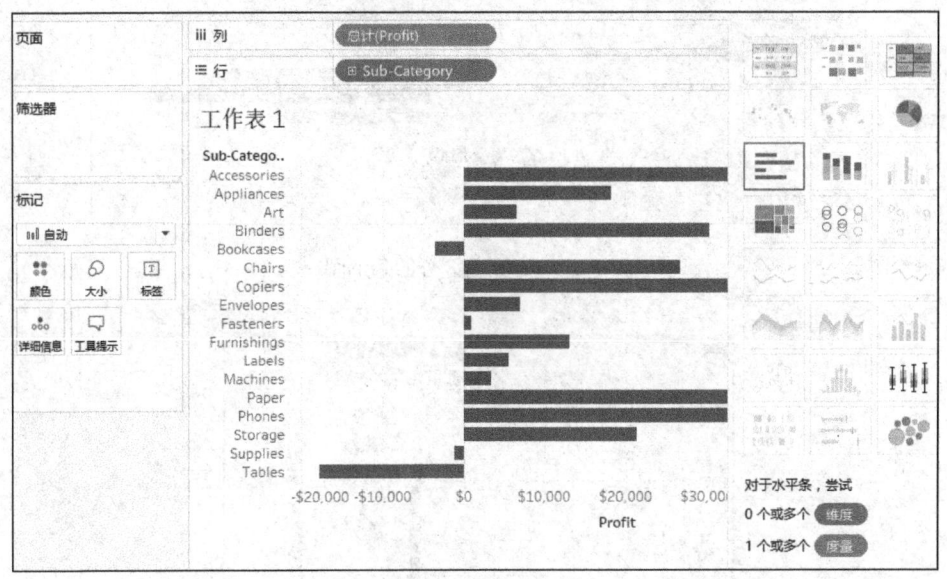

图7-36 条形图

可以根据其范围对条形图着色以更好地区分，将Profit字段拖动到"标记"窗格下的颜色调色板中，会自动为负条产生不同的颜色，并且短条形颜色较浅，长条形颜色较深，如图7-37所示。

可以在简单条形图的基础上添加另一个维度，生成一个堆叠条形图，其中在每个条中显示不同的颜色。将名为Segment的维度字段拖动到"标记"窗格中，并将其拖放到颜色中。图7-38显示了每个条中每个段的分布。

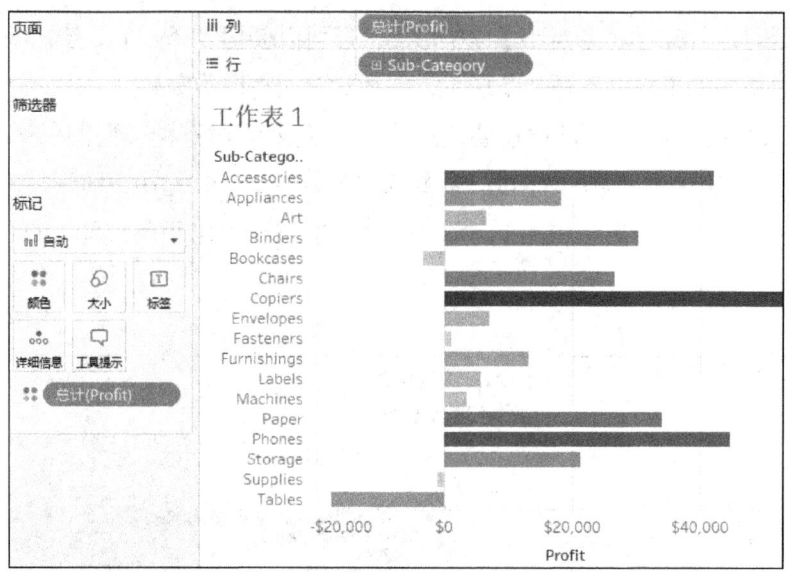

图 7-37 有颜色区分的条形图

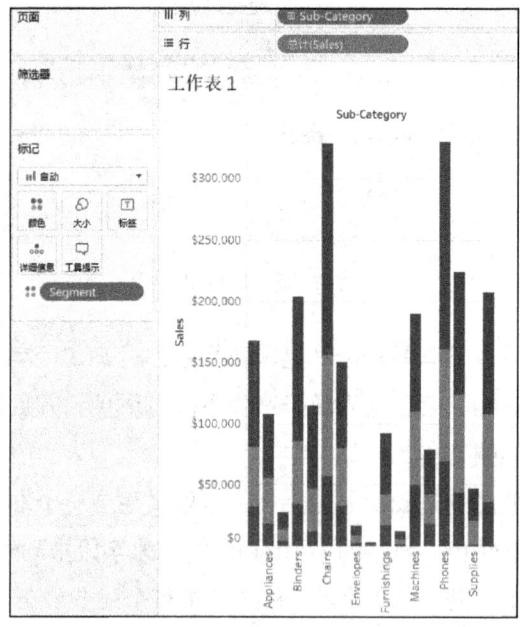

图 7-38 堆叠条形图

二、折线图

在折线图中,度量和尺寸是沿着图表区域的两个轴进行的。每个观察值的一对值成为一个点,所有这些点的连接创建一条线,以显示所选尺寸和度量之间的变化或关系。下面选择一个维度和一个度量来创建一个简单的折线图。将维度中的 Ship Mode 字段拖到列功能区,度量中的 Sales 字段拖到行功能区。从标记卡选择折线图,即可得到图 7-39 所示的折线图,用于显示不同运输模式时的销售额变化。

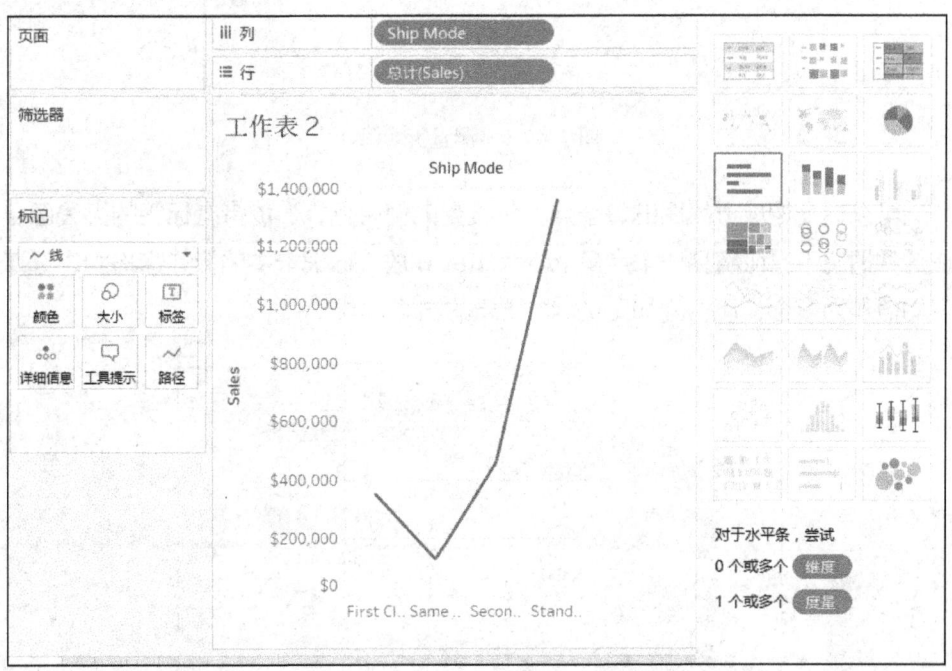

图 7-39　折线图

可以在折线图中使用带有两个或多个度量的一个维度,这样就会在一个窗格中生成多个折线图,每个窗格都表示具有度量之一的维度的变化,如图 7-40 所示。

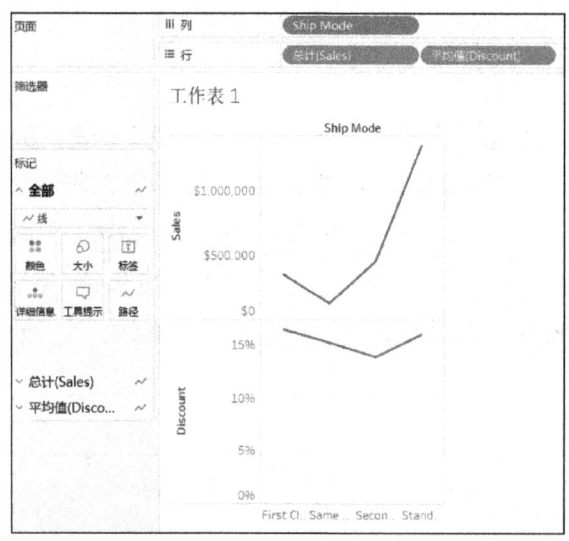

图 7-40 多测量折线图

可以标记构成折线图的每个点,使度量的值可见,形成带有标签的折线图。在这种情况下,可将另一个度量 Profit Ratio 放入标记卡中的标签窗格中,选择平均值作为聚合,可得到如图 7-41 所示的结果。

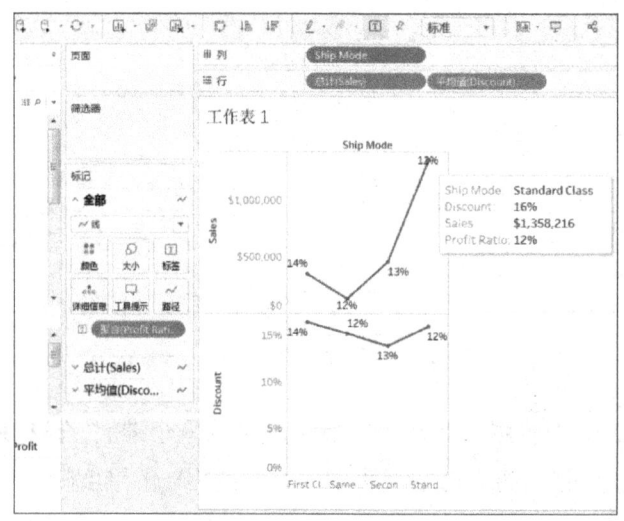

图 7-41 带有标签的折线图

三、饼图

饼图可将数据表示为具有不同大小和颜色的圆切片。每个圆切片均被标记，并且对应于每个圆切片的数字也可在图表中表示。从标记卡中选择饼图选项以创建饼图，选择一个维度和一个度量来创建一个简单的饼图。首先将 Region 字段拖到"颜色"标记卡，再将度量中的 Profit 拖动到"大小"标记卡，最后将 Region 字段拖到"标签"标记卡，选择图表类型为饼图。可得到如图 7-42 所示的结果，饼图中显示不同颜色的 4 个区域。在这个饼图的基础上可继续向下钻取信息，选择具有层次结构的维度，如维度中的 Sub-Category 有两个级别——制造商和产品名称。将度量中的 Profit 放到"标签"标记卡，可得到如图 7-43 所示的结果，其中显示每个圆切片的值。

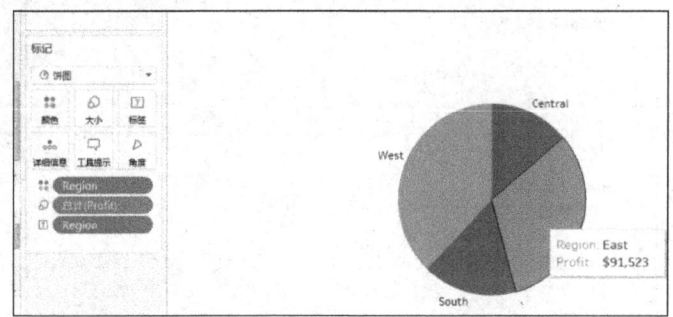

图 7-42　饼图

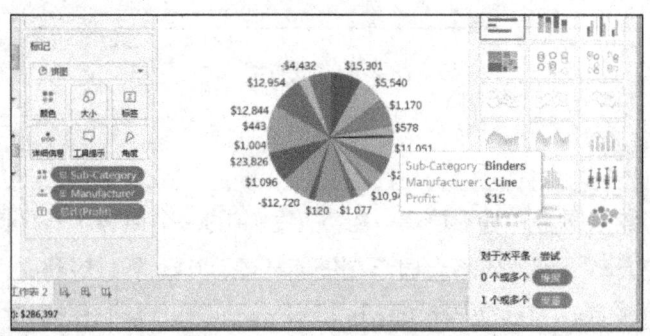

图 7-43　向下钻取的饼图

四、散点图

散点图显示了散布在笛卡儿平面中的许多点，它通过在笛卡儿平面中将数值变量的值绘制为 X 和 Y 坐标而创建。Tableau 至少需要在行功能区中使用一个度量，在列功能区中使用一个度量来创建散点图，也可以向散点图中添加维度字段，可用于对散点图中已经存在的点标记不同颜色。

为了找到销售和利润数据的变化，首先将度量中的 Sales 拖到列功能区，再将度量中的 Profit 拖到行功能区，接着将维度中的 Sub-Category 拖到"颜色"标记卡，可得到如图 7-44 所示的结果。

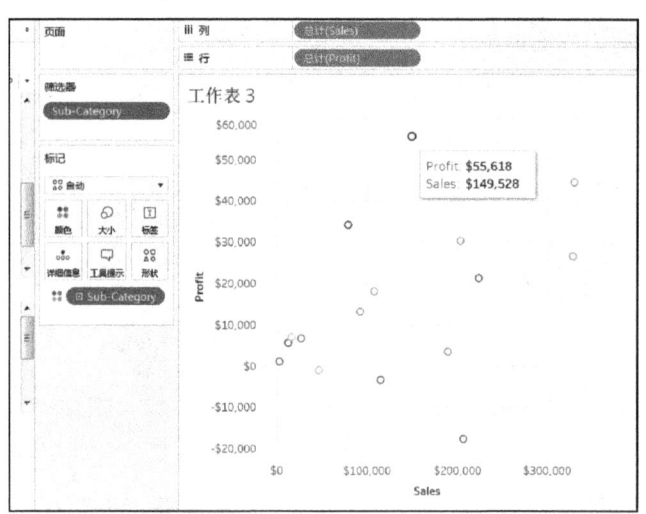

图 7-44　散点图

五、气泡图

气泡图将数据显示为圆形群集。维度字段中的每个值表示一个圆，而度量值表示这些圆的大小。因为值不会显示在任何行或列中，所以应将必填字段拖到标记卡下的不同标记上。同样针对 Sample-Superstore，我们计划找到不同运输模式的利润大小。首先将度量中的 Profit 拖到"大小"标记卡,然后将维度中的 Ship

Mode 拖到"标签"标记卡，再将维度中的 Ship Mode 拖到"颜色"标记卡，最后将度量中的 Sales 拖到"标签"标记卡中，可得到如图 7-45 所示的结果。

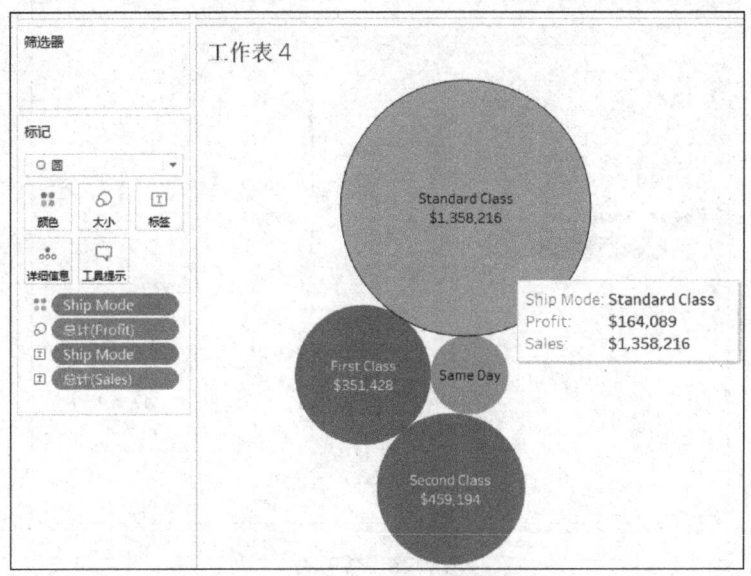

图 7-45　气泡图

六、盒形图

盒形图也称为盒须图、箱线图，是一种常用的统计图，用于显示数据的位置、分散程度、异常值等。

为了分析每种运输模式对应类别的利润大小，首先将维度中的 Category 拖到列功能区，度量中的 Profit 拖到行功能区，将维度中的 Ship Mode 拖到列功能区中的 Category 右侧，从"智能推荐"中选择盒形图，最后可得到如图 7-46 所示的结果。

可以通过向列功能区添加另一个维度来创建具有两个维度的盒形图。在上面的图 7-46 中，将 Region 添加到列功能区中，这就得到了显示每个区域的盒形图，如图 7-47 所示。

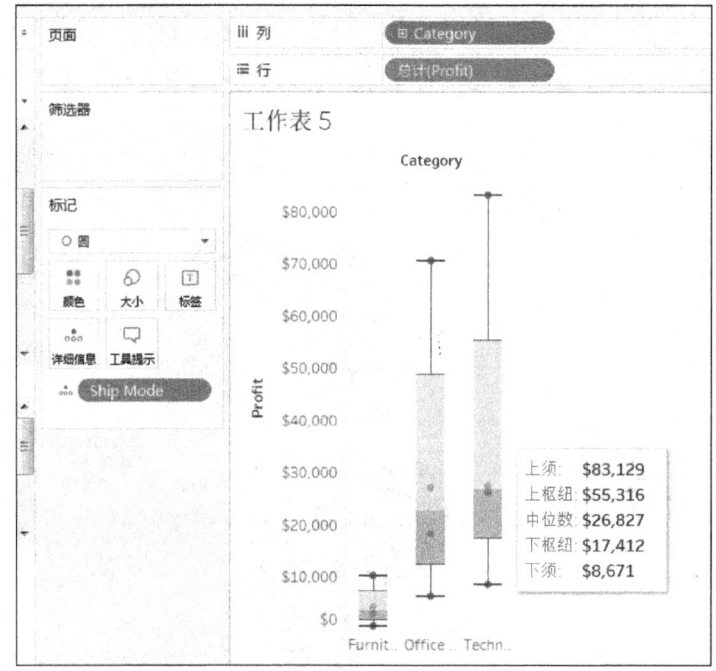

图 7-46 盒形图

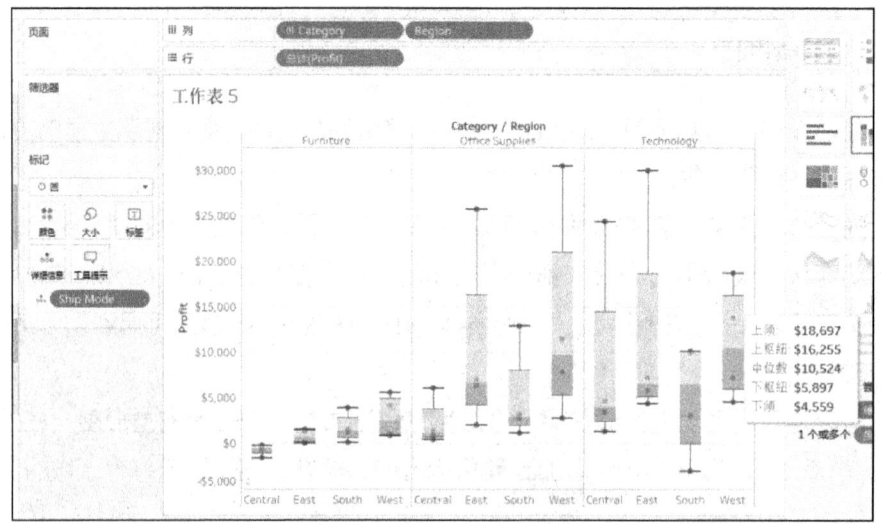

图 7-47 两个维度的盒形图

七、树图

树图采用一组嵌套矩阵来显示数据,可以突出显示异常数据点或重要数据。

为了找出每个运输模式对应的利润大小,可采用树图来进行分析。首先将度量中的 Profit 拖到"大小"标记卡,接着将度量中的 Profit 拖到"颜色"标记卡,将维度中的 Ship Mode 拖到"标签"标记卡,即可得到如图 7-48 所示的树图。

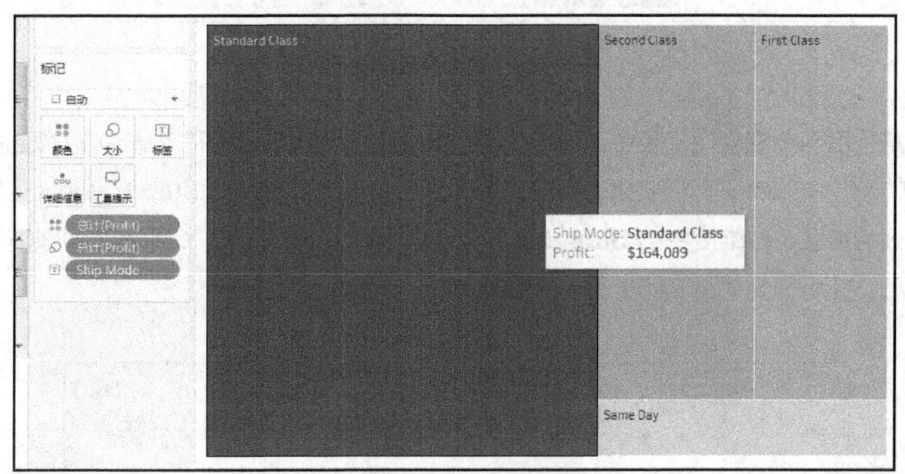

图 7-48 树图

可进一步将维度 Region 添加到图 7-48 的树图中。也是需要拖动两次,第一次拖到"颜色"标记卡,第二次拖到"标签"标记卡,即可得到如图 7-49 所示的树图,其中显示四个区域的四个外框,然后是嵌套在其中的 Ship Mode 的框,并且不同的地区有不同的区分。

八、凹凸图

凹凸图也称为"突显表",一般用于使用度量值之一来比较两个大小,它对于探索时间维度或地方维度或与分析相关的其他维度值的变化非常有用。凹凸图

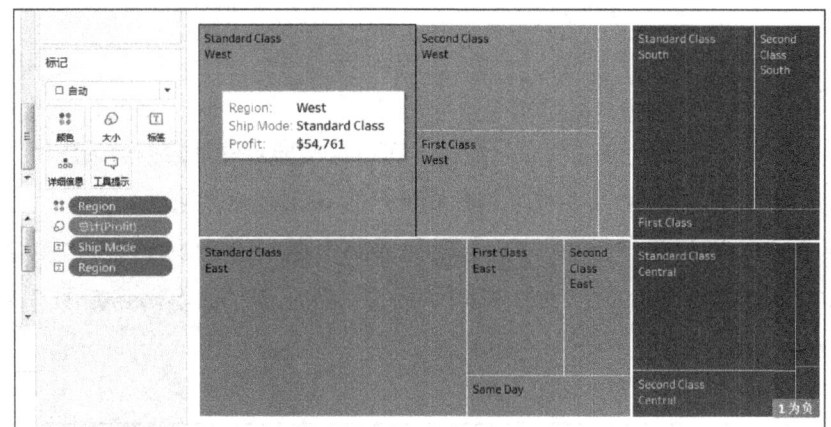

图 7-49 两个维度的树图

通常采用两个维度值、零个或多个度量值来分析。通过凹凸图，我们可以找到产品的运输模式随子类别变化的情况。第一步，首先将维度中的 Sub-Category 拖到列功能区，把维度中的 Ship Mode 拖到"颜色"标记卡，将图表类型保留为自动，即可得到如图 7-50 所示的结果。

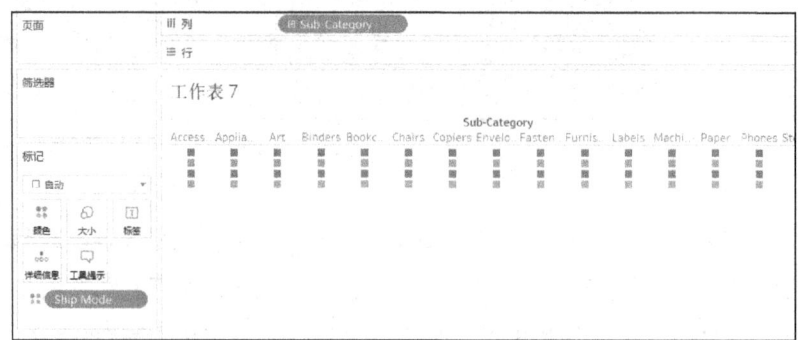

图 7-50 创建凹凸图第一步

第二步，创建一个名为 Rank 的计算字段，首先单击菜单栏中的"分析"，选择"创建计算字段"菜单项，使用 Rank 作为字段名称，并在计算区域中写入表达式 index()，这是一个内置函数，用于为分区中的当前行创建索引，单击"确定"按钮，Rank 字段将显示在度量区域。右击 Rank，在弹出的菜单中选择"转换为离散"选项。将 Rank 拖到行功能区，得到如图 7-51 所示的结果，可以看到每种运输模式都按其 Rank 值的升序排列。

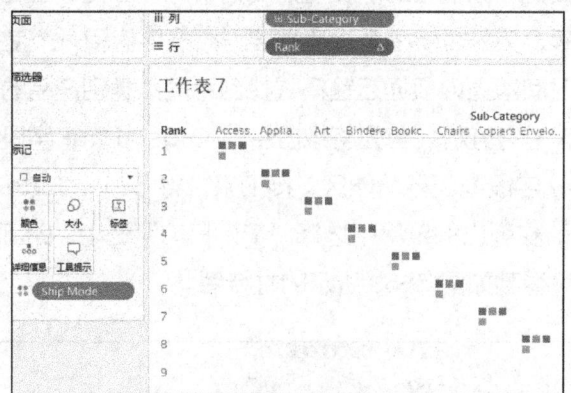

图 7-51 创建凹凸图第二步

第三步，使用度量中的 Profit 对 Rank 字段应用一些更多的计算。右击行功能区中的 Rank 字段，在弹出的菜单中选择"编辑表计算"选项，选择按 Profit 升序排序，最后可得到如图 7-52 所示的结果。

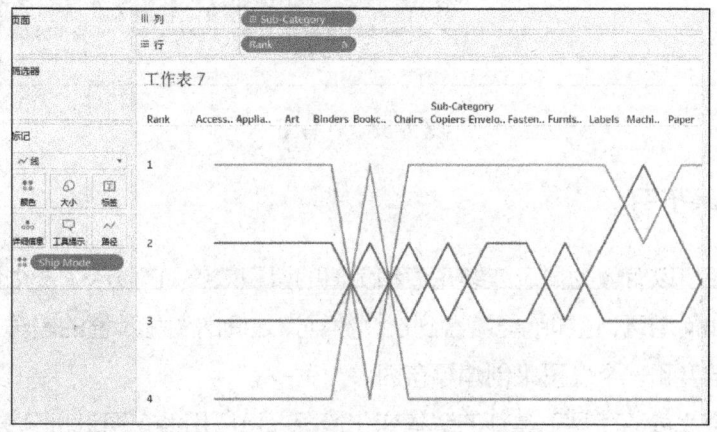

图 7-52 凹凸图

九、甘特图

甘特图，又称横道图，用于显示一段时间内任务或资源的进度情况。它广泛用于项目管理和其他一些根据时间变化活动的研究。因此，在甘特图中，时间维度是一个重要因素，另外甘特图至少还需要一个维度值和一个度量值。

为了在一定时间范围内根据运输模式找到不同子类别产品的数量变化，我们可以利用甘特图来进行分析。首先将维度中的 Order Date 字段拖到列功能区，将 Sub-Category 字段拖到行功能区。接下来，将 Order Date 添加到筛选器，右击 Order Date，在弹出的菜单中选择"精确日期"选项，即可将其转换为确切的日期值，最后可得到如图 7-53 所示的甘特图。

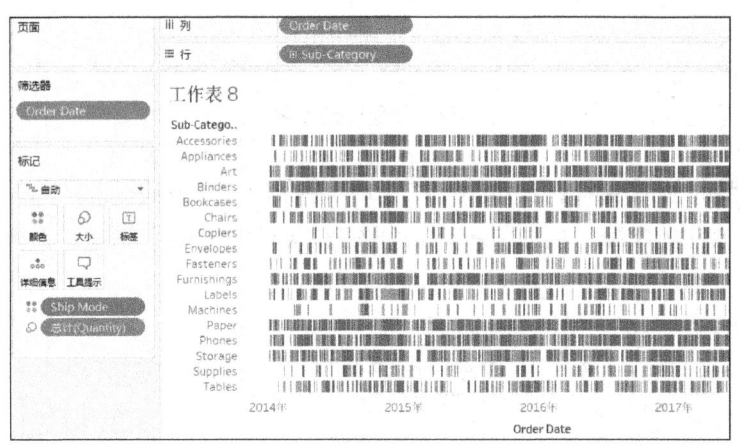

图 7-53　甘特图

十、瀑布图

瀑布图可以有效地显示连续正值和负值的累积效应，它显示了一个值的开始、结束以及如何增量，这样就能够看到连续数据点之间的变化和值的差异。Tableau 需要一个维度和一个度量来创建瀑布图。

为了查找每种商品子类别的销售变化情况，可以用瀑布图进行分析。将维度中的 Sub-Category 字段拖到列功能区，将度量中的 Sales 字段拖到行功能区。

按 Sales 值的升序对数据进行排序。完成此步骤后，得到如图 7-54 所示的结果。接下来右击行功能区的"总计(Sales)"，在弹出的菜单中选择"快速表计算"选项，再在下一级菜单中选择"汇总"选项，将图表类型更改为"甘特条形图"，即可得到如图 7-55 所示的结果。然后创建名为"-sales"的计算字段，并为其值提供公式"-[Sales]"。将新创建的计算字段"-sales"拖到"大小"标记卡，即可得到如图 7-56 所示的瀑布图。

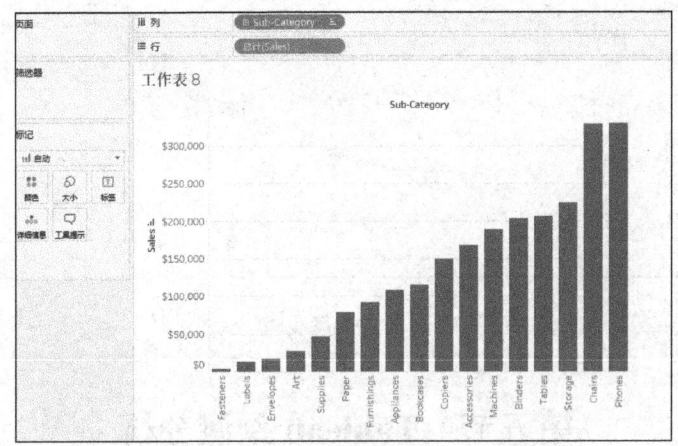

图 7-54 按销售排序的子类别

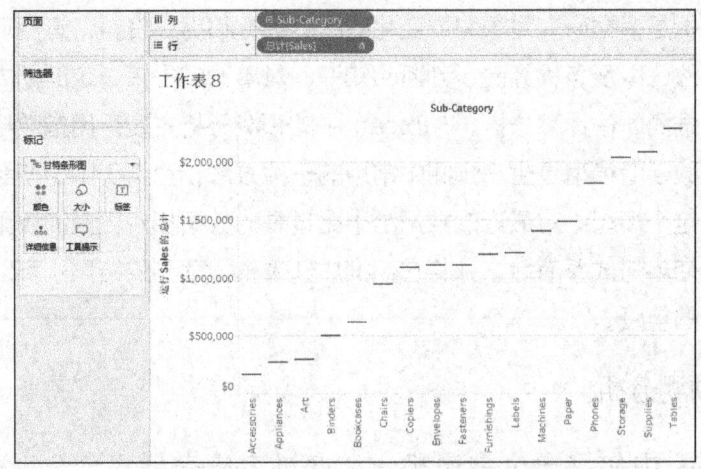

图 7-55 按销售排序的子类别甘特条形图

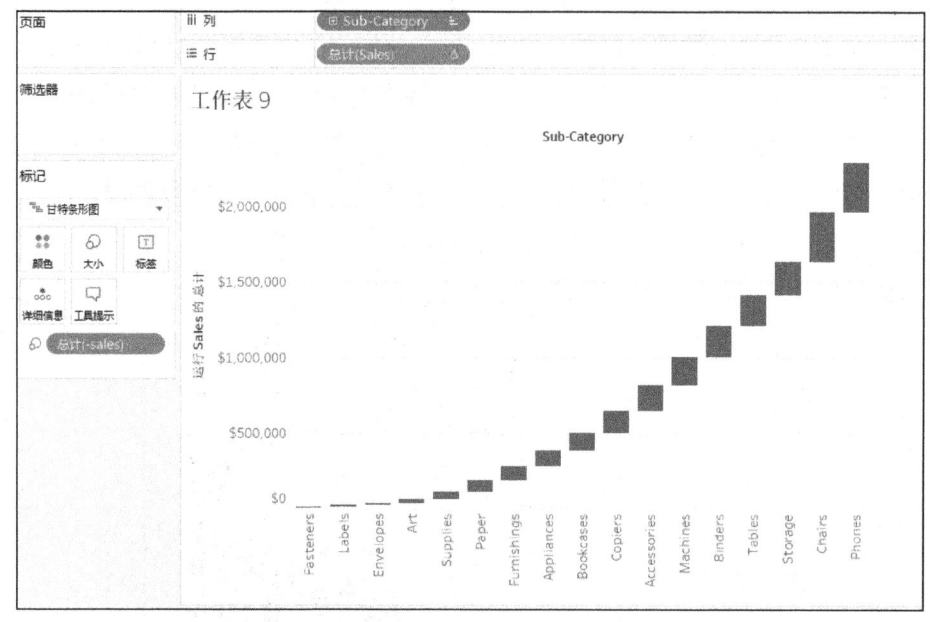

图 7-56　瀑布图

第五节　Tableau 预测分析

预测分析是根据研究对象发展变化的实际数据和历史资料，运用现代化的科学理论和方法，以及各种经验、判断和知识，对事物的未来一定时期内的可能变化情况进行推测、估计和分析。Tableau 中的预测分析主要采用指数平滑模型。这是因为指数平滑模型是生产预测中常用的一种方法，也用于中短期经济发展趋势预测。在这个模型中对最近的数据给出比过去的数据相对更重的权重，可以捕获数据的演变趋势或季节性，并将它们推广到未来。预测的结果也可以成为可视化中所创建的字段。

一、预测分析

Tableau 中使用一个维度和一个度量字段来创建预测。同样使用

Sample-Superstore 源数据，我们计划预测下两个年度销售量的情况。按照以下步骤创建预测。

（1）首先创建一个折线图。将 Order Date 字段拖到列功能区中，将 Sales 字段拖到行功能区中，选择图表显示方式为"自动"或"折线图"。切换到如图 7-57 所示的"分析"选项卡，然后单击"模型"区域下的"预测"图标，并拖动到工作表中。

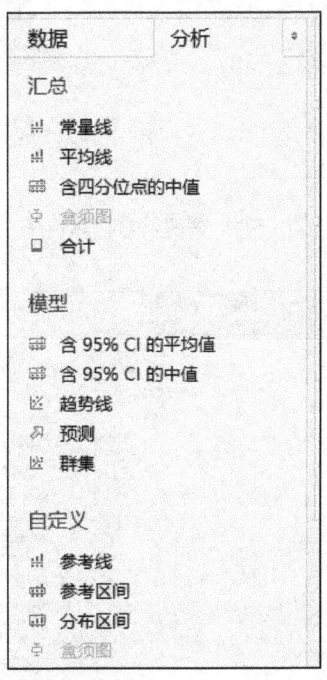

图 7-57 "分析"选项卡

（2）右击工作表中的预测区域，在弹出的快捷菜单中选择"预测"→"预测选项"，选项可以选择设置预测参数，如图 7-58 所示。在此示例中，选择预测长度为 1 年，并将预测模型设置为"自动"，如图 7-59 所示，最后可得到预测分析结果如图 7-60 所示，当鼠标停留在预测区域上的横线时，会看到 2018 年的销售额预测结果为 685 981 美元。

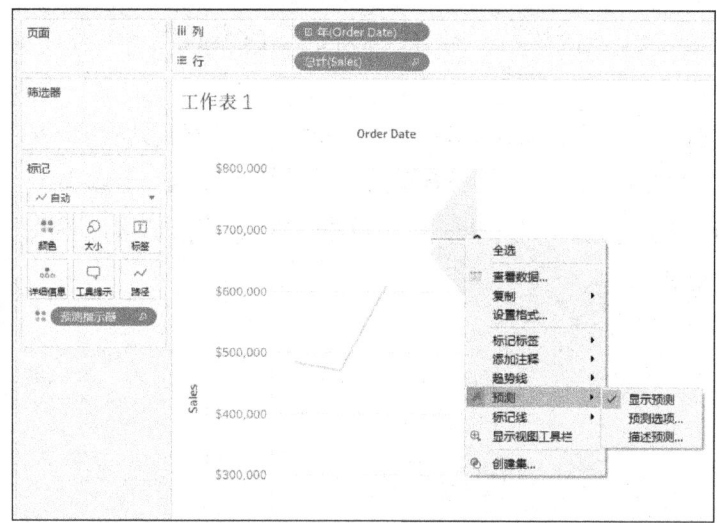

图 7-58 预测分析设置菜单

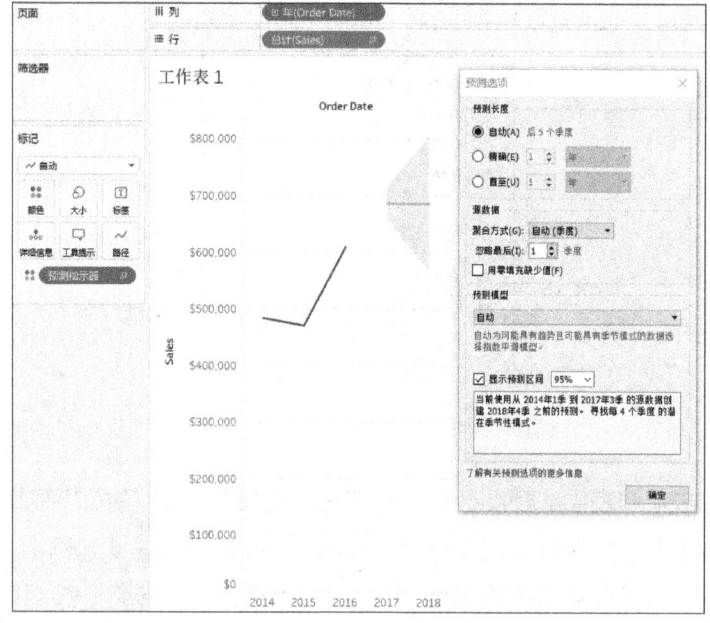

图 7-59 预测分析属性设置

第七章
营销大数据的可视化——以 Tableau 为例

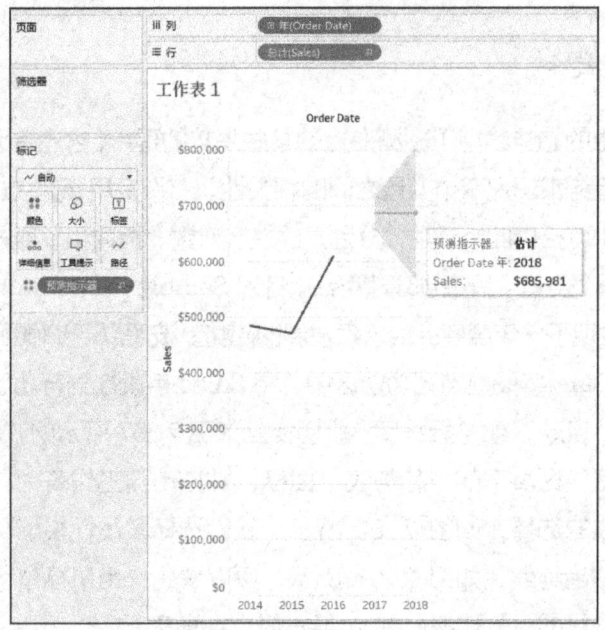

图 7-60　预测分析结果

如果需要查看预测分析的详细信息，也称为描述性结果，可以右击工作表中的预测区域，在弹出的快捷菜单中选择"预测"→"描述预测"选项，即可得到如图 7-61 所示的结果。

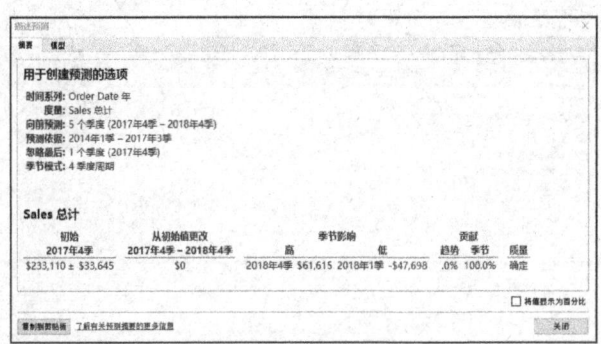

图 7-61　描述预测结果

二、趋势线

Tableau 中的趋势线用于预测变量的某些趋势的延续，它还有助于通过同时观察两个变量的趋势来识别两个变量之间的相关性。有许多用于建立趋势线的数学模型，Tableau 中可提供四个选项，分别是线性、对数、指数和多项式。Tableau 使用一个维度和一个度量字段来创建趋势线。针对 Sample-Superstore 源数据，趋势线可以让我们发现下一年度商品销售额发展的趋势。按照以下步骤创建预测。

将 Order Date 字段拖到列功能区中，将 Sales 字段拖到行功能区中，选择图表显示方式为"自动"或"折线图"。切换到如图 7-57 所示的"分析"选项卡，然后单击"模型"区域下的"趋势线"图标，并拖动到工作表中，这时会出现不同类型的趋势线的选择，如图 7-62 所示。我们选择"线性模型"，即可得到下一年度销售额的趋势线，如图 7-63 所示，可以看到，当鼠标停留在趋势线区域时，会看到趋势线的具体情况，如 R 平方值、P 值等。

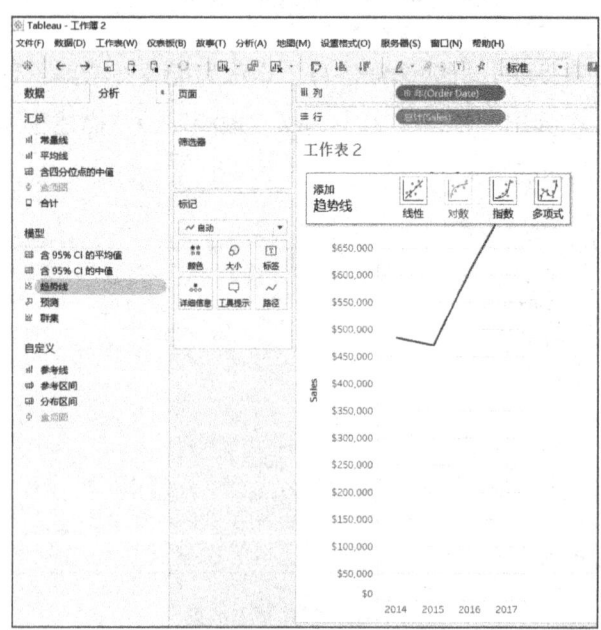

图 7-62　趋势线选项

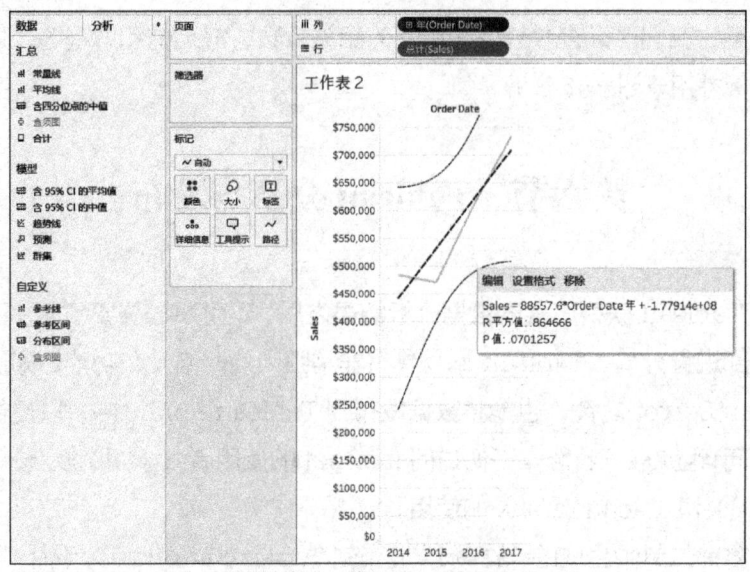

图 7-63　趋势线分析结果

如果需要进一步查看趋势线的详细信息，可以右击工作表中的预测区域，在弹出的快捷菜单中选择"趋势线"→"描述趋势模型"选项，即可得到如图 7-64

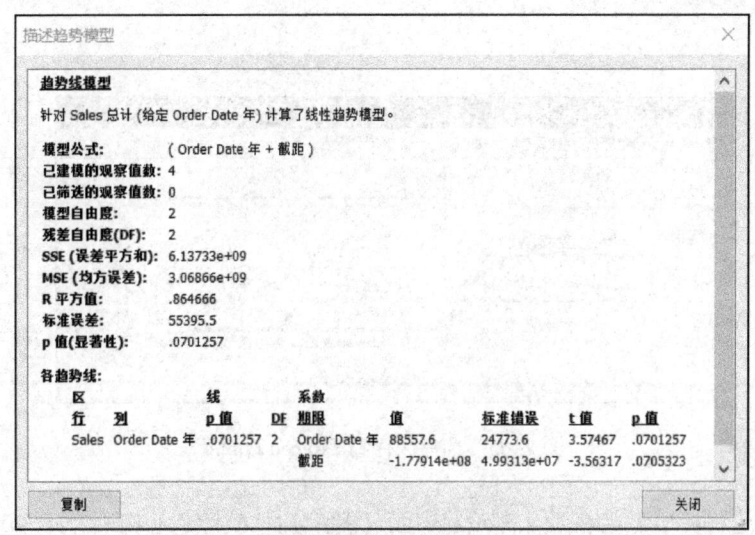

图 7-64　趋势线描述结果

所示的结果，我们可以查看趋势线模型的相关系数、截距值和方程等，还可以复制到剪贴板并用于进一步分析。

第六节　Tableau 分享与发布

使用 Tableau 获得美观的数据分析结果之后，还可根据需要和所在团队或企业内、外部进行分享。Tableau 本身具有非常强大的网络发布功能，即使没有购买 Tableau Server 功能，也能将数据发布到 Tableau Public 中，以提供对视图的公开访问，也就意味着能与任何访问 Internet 的使用者共享视图以及基础数据。下面主要介绍 Tableau Public 的使用。

我们将第二节中生成的"故事 1"发布到 Tableau Public 上，选择"服务器"菜单项下的 Tableau Public→"保存到 Tableau Public"选项，如图 7-65 所示。此时如果没有注册过 Tableau Public 的账号，需要注册一个免费的账号，以后需要使用这个账号来登录 Tableau Public 官方主页。注册过程中需要注意邮箱的真实性，否则收不到二次激活的链接。成功登录 Tableau Public 账号后，即可发布任务。

图 7-65　选择保存到 Tableau Public

发布进程完成后会在默认浏览器界面直接弹出刚才上传完成的图表，如图 7-66 所示，就是第二节中完成的故事——"区域销售额和利润"。

第七章
营销大数据的可视化——以 Tableau 为例

图 7-66　发布到浏览器上的结果

单击浏览器中的视图，可以打开大图，在大图的右下角有个"共享"功能，如图 7-67 所示，单击后会弹出两个选择，也就是两种分享方法。一个是"链接"，

图 7-67　共享选择

链接可以分享给朋友打开查看；另外一个是"嵌入代码"，也就是说我们可以在网页、博客（支持代码的地方）插入这个故事，使查看网页的用户可在博客进行互动。

但要注意的是：Tableau Public 平台是官方免费且开放的平台，在此平台发布出去的图表，任何人都有机会接触，包含图表或图表背后的数据，并且是可以任意下载的。如果需要保证数据的私密性，则可选付费的 Tableau Server。

本 章 小 结

本章以 Tableau 为例，介绍了营销大数据可视化的基本步骤和数据分析与可视化的基本功能和知识。在当今的数据可视化领域，用户有大量的工具可供选用，但哪一种工具最适合，这将取决于数据的内容以及可视化数据的目的。有的情况下，将几种工具组合起来才是最合适的。例如，有些工具适合用来快速浏览数据，有些工具则适合为更广泛的用户设计和呈现图表。

第八章　大数据营销效果评判

2015年5月，中美天津史克制药有限公司（简称中美史克）为了增加其产品——新康泰克通气鼻贴的曝光量，促进销售，携手中国领先的数字广告平台——"互动通"，利用程序化购买平台对目标用户及潜在用户进行精准的广告投放。通过程序化购买，以合理的预算多方位覆盖目标人群，实现品牌的高强度曝光，获得了受众的关注。

新康泰克通气鼻贴的传播目标如下。

（1）对有购买通气鼻贴需求的目标人群进行有针对性的广告投放，进一步提高新康泰克的品牌认知度和关注度。

（2）吸引受众参与H5页面互动，为新康泰克网站引入规模流量，促进有效的行为转化。

新康泰克通气鼻贴的传播策略为：因为广告投放的目标受众是有鼻塞困扰的人群及潜在用户。针对新康泰克通气鼻贴的产品特性和受众的病理特征，"互动通"运用hdtDMP数据管理平台，从海量数据中筛选目标人群，并结合广告投放过程中收集的受众数据，进行目标人群的精准覆盖。

在投放过程中，为了确保广告的有效实施，"互动通"通过程序化购买平台hdtDXP不断优化算法，实时调整传播策略，在不同的媒体上，分流量、分频次、分人群进行有目标的广告投放[178]。

首先，根据客户的广告投放时间要求及目标用户的生活习惯，在

20:00~24:00 时段进行广告投放。其次,运用 A、B 两版不同尺寸的广告,结合人群重定向技术进行广告投放。根据投放效果,及时调整不同广告版本的曝光强度。最后,运用程序化购买方式,从"互动通"多年积累的媒体资源中挑选合适的 APP,并结合优质广告版位,实时调整投放策略,最终在受众较集中的健康医疗类、母婴类、生活类、社交类及教育类等优质移动 APP 上进行推广。图 8-1 分别展示了新康泰克通气鼻贴 A 版本和 B 版本广告。

(a) A版本　　　　　　　　　　　(b) B版本

图 8-1　新康泰克通气鼻贴两个版本广告

具体执行过程如下:根据新康泰克通气鼻贴的产品特性,参考各版本广告的点击效果,调整各版本素材的投放量,以获得更高效的展示机会,吸引更多的点击,提升用户的购买兴趣。

投放过程分为三个阶段,分别为学习期、迭代期和效果期。

（1）第一阶段为学习期，在新康泰克通气鼻贴广告投放过程中，以早期广告投放的各垂直类 APP 的投放效果和点击人群为主要维度，进行点击人群兴趣分类，从而得出在教育类、阅读类、健康医疗类、生活类等 APP 上的广告效果比较好，再适当地对投放媒体进行筛选。

（2）第二阶段为迭代期，在此期间，调整预算和每点击成本（cost per click, CPC）出价，依据投放效果调整两版广告的投放频次及曝光强度，并选择在南方周末、美图秀秀、搜狐视频等效果比较好的 APP 类别上加大投放，增加广告曝光强度；根据客户的投放时间需求和目标受众的病理特征，在 20:00~24:00 间加强广告投放。在广告投放过程中，增加不同的渠道来源，以保持人群的新鲜度和活跃度，曝光量猛增。

（3）第三阶段为效果期，运用前期投放过程中收集到的新康泰克通气鼻贴受众信息，结合系统自动优化算法，进行媒体、时间、人群等重新定向，广告精准投放至目标人群，促使更多的流量到达相关页面，从而有较好的点击行为，吸引大量受众参与到活动中并产生注册行为。

传播效果：本次广告投放时间是 2015 年 5 月 11 日~6 月 14 日，活动投放期间，共吸引 9355 名受众参与互动，其中有 844 名受众转化为注册人群，转化率高达 9%，优于行业一般水平；曝光量 17 776 966，点击量 197 566，点击率为 1.11%，广告精确地定向到了目标人群，使更多的流量到达相关页面，品牌认知度得到极大提升，收获大量注册用户。

在中美史克的此次营销活动过程中，由于及时对营销数据进行了收集、分析和效果评判，不断迭代更新，取得了营销的成功。由此可见，企业在大数据营销进行过程中或结束后，应进行客观、合理的效果评判。

第一节　总结营销效果

一次成功的大数据营销不仅可以为商家带来丰厚的利润，还能提高商家的品牌知名度，为商家引入更多的有效客户资源以及潜在客户。但显然不可能每次营销都能达到其最大目的或最好效果,因此需对大数据营销活动进行相应评估。但究竟该如何对大数据效果进行评估呢?效果评估在大数据营销运作中有着重要作用和意义:为每一个营销活动确定量化衡量指标,是精细化营销的关键。营销效果评估的关键是客户细分,效果评估的最终目的是选定最有价值的细分客户群,整合营销资源最优地分配给选定的客户群,有效地提升客户价值和企业利润。对于大数据营销方案的评估是一个复杂的过程,企业对于衡量指标的使用是有选择性的。

一、衡量整体市场情况的相关指标

1. 市场份额

市场份额又称市场占有率,是指一个企业的销售量(或销售额)在市场同类产品中所占的比重,是企业在市场上所占的份额,也就是企业对市场的控制能力。市场份额同时也是分析企业竞争状态的重要指标和衡量企业营销状况的综合经济指标。市场份额高,表明企业营销状况好,竞争能力强,在市场上占有有利地位。反之,则表明企业营销状态差,竞争能力弱,在市场上处于不利地位。企业市场份额的不断扩大,可以获得某种形式的垄断,这种垄断既能带来垄断利润,又能保持一定的竞争优势。

2. 相对市场份额

相对市场份额又称相对市场占有率,即本企业某产品的市场占有率与同行中最大竞争者的市场占有率之比。

3. 品牌发展指数

品牌发展指数是指品牌在该地区的销售(消费者人数)占全部销售(消费者人数)的比例除以该区人口占全部人口的比例×100,它描述的是特定市场状况的一个指标,用来衡量一个品牌在区域市场的发展程度。

二、衡量客户的相关指标

1. 新客户增长率

新客户增长率,是指企业在争取新客户时获得成功部分的比例,它反映了企业挖掘潜在市场、扩大市场占有率的能力,同时也从侧面反映了企业在公众心目中的声誉。它用于评价企业吸引、获取的新客户的数量或比例，是企业提高市场份额的关键。该指标可用客户数量增长率或客户交易额增长率来描述。

2. 老客户回购率

老客户回购率即老客户复购率，指消费者对该品牌产品或者服务的重复购买次数，重复购买率越高，则反映出消费者对该品牌的忠诚度就越高，反之则越低。回购的成功率取决于四点：定位追踪广告、提醒服务、社会化营销、放弃购物车营销。

定位追踪广告使品牌能够让那些之前访问过这个牌子的顾客能够在访问其他网站时依旧收到这个网站的广告。在第一次访问后，通过短时间内重复的广告轰炸，一般在当天就能获得2%~3%的回访率。我们要用新的方法去重新定位顾客，去专注于那些顾客真正有兴趣、有意愿购买的商品或者说在市场竞争中更容易被接受的产品。因为当顾客真正感兴趣的时候他们往往会自愿提供联系方式。必须要找到真正的潜在顾客，这样才有可能促成成交。

提醒服务最早是专注于购物漏斗的需求而产生的。以产品为中心的博客、评论网站，甚至电子杂志都会有提醒服务。为的就是提醒读者关于他们在博客上感兴趣的产品的一些信息。因为这些提醒的内容往往是顾客非常感兴趣的，所以会有很高的回访率(将近 20%)。另外，这种延迟购买相比当机立断的购买有更长的产品周期。因为人们对于这种产品的关注和兴趣可能长达将近3个月。

社会化营销已经成为很多品牌的主打广告形式。参与者通常会有一个号召行为，就像 Facebook 或其他社交网络上的"喜欢"。这种表达的提供，使各大品牌能够在将来有机会在那些社交网络定位广告，确保它的新广告能够触及观众的内心。只有这样顾客才有更大的可能性考虑这个产品。当"喜欢"或者"追随"给予品牌定位广告的可能性时，这种对于广告的全情投入也是一个问题。举个例子，顾客通常将一个品牌加入他的社交网络只是为了赢取一些奖品。他们通常是对那些免费的东西感兴趣，而这点却往往意味着他们也许并不是要寻找的潜在顾客。

放弃购物车营销是因为很多顾客即使已经将商品放入购物车并提供了电子邮箱，他们依旧可能什么都没买就离开网站。感觉离成功很近了，却还差那么点儿。然而，还是有一种方法让企业去追寻那些"差一点顾客"的踪影的，即通过简单的提醒邮件或调查问卷以及特别优惠等。研究同样显示这种回购手段可以将回访者数量提高到 26%。放弃购物车营销将同时提高顾客对商品的兴趣以及他们愿意被联系的意愿，因为对于品牌来说他们并没有真正地拥有这些购物车(那些零售合作伙伴拥有着)，所以让人们重新回来的确是一个挑战。如果一个品牌是通过第三方在线销售产品的，那么他们最好放弃购物车营销。

3. 客户满意度

客户满意度也称为客户满意指数。所谓客户满意，是客户的需要得到满足后的一种心理反应，是客户对产品或服务本身或其满足自己需要程度的一种评价。具体而言，就是客户通过对一种产品感知的结果与自己的期望值相比较后所形成的愉悦或失望的感觉状态，如果客户所感知的结果达不到期望，那么客户就会感到不满意。

根据消费者的成长特性和行为习惯特点，一般来说客户满意具有以下四个基本特性。

1) 主观性

客户满意是客户的一种主观感知活动的结果，客户满意的程度与客户知识和经验、收入状况、生活习惯、价值观念等密切相关，还与新闻媒体的广告宣传等有关。

2) 层次性

处于不同需求层次的客户对同一产品和服务有不同的要求和感觉，因而不同地区、不同阶层的人或同一个人在不同条件下对某个产品或服务的评价也不尽相同。

3) 相对性

客户对产品的功能特性和技术指标通常不熟悉，他们习惯于把购买的产品和同类型的其他产品或者和以往的经验进行比较，由此得到满意或不满意的结论，这个结论具有相对性。

4) 阶段性

任何产品都具有寿命周期，服务也有时间性。客户满意度并非一成不变的，客户的满意程度是随着客户的需求层次、客观条件和经济文化水平的发展而变化的。

激烈的竞争迫使企业在生产经营中关注客户，并以客户的需求和利益为中心，最大限度地满足客户的需求，提升企业的竞争优势。

三、衡量网络广告投放效果的相关指标

1. 曝光率

曝光率是指在一定时间内，一个网站内展示特定的内容量与该网站所拥有的总内容量之比。曝光率是网络广告对商品活动宣传度的重要指标，其对提升品牌形象、在消费者心中产生影响有重要作用。

2. 点击率

点击率是指网站页面上某一内容被点击的次数与显示次数之比。点击率是用来衡量网络广告投放所带来的潜在客户数量的重要指标。由于广告被点击后可以为商家带来流量，进一步引导用户浏览其他商品信息，广告点击率直接影响着后续广告的选择，对提升广告投放的收益和用户的体验有至关重要的作用。

3. 转化率

转化率是指在一个统计周期内，完成转化行为的次数占推广信息总点击次数的比例。转化率用来衡量网络广告投放所带来的直接经济利益，是最终能否盈利的核心，也是很多网络广告主最为关注的重点。

在广告投放的过程中，进行测量、评估、选择无疑就是为了找到合适的网络广告投放方案，尽量避免一些不利于广告投放效果的因素发生。能影响广告投放效果的因素主要有网站本身、广告本身以及文案的魅力。

1）网站本身

目前，网络信息上亿万条，让人眼花缭乱，各种各样的网站也是成千上万，这就给网络浏览者更多的选择。但很显然，信息的海量化分散了人们的视野，这对网络广告运营商则是致命的伤害。因此，影响网络广告投放效果的第一个因素就是网站本身。毋庸置疑，在百度、新浪、网易这些知名度很高的网站上投放广告的反响明显会比一个小网站要强得多。

2）广告本身

网络广告类型种类繁多，各有各的特点，但从人的视觉来说，一般情况下，图像广告要比文字广告吸引人一些，而Flash动画图像要比单页图片广告更加有

效；图片广告面积越大，其效果越好；与广告所处的位置也有关，在网页中部的动态广告明显比底部的效果要好。

3）文案的魅力

很多广告大师都是从写文案出身的，不会写广告文案的人绝不是一个优秀的广告人。一篇优秀的广告文案所带来的营销效果是不可估量的，直复式营销大师麦克波尔曾经利用一份广告信，使他的产品销售了一亿美金。哪怕是一个文案的广告标题，稍微修改一下，也有可能会给商家带来多达五倍的利润。

下面来看一个具体案例。

【案例8-1】爱您所爱：方太"双十一"推广活动。

每年"双十一"购物节，各个品牌都明争暗斗。家电作为耐用品，消费者在选择时考虑的因素较多。2015年11月，方太厨具运用互动通程序化广告营销平台hdtDXP，开展方太"双十一""爱您所爱，万众期待"感恩回馈活动网络推广，为方太天猫旗舰店活动预热并引流，帮助方太在2015年"双十一"取得不俗的销售业绩。

此次营销活动的传播目标有两个：首先，在优质网络媒体上，宣传方太的品牌形象和产品信息，加大品牌曝光，巩固市场地位；其次，通过优质创意，吸引受众关注方太的相关产品信息，进行"双十一"活动预热，并实现电商引流，最终提升"双十一"方太天猫旗舰店的销量。该营销活动的执行过程分为前期、中期、后期三个阶段。

（1）前期。

①筛选目标人群。通过前期的Cookies搜集，分析受众网络行为轨迹，并借助hdtDMP人群数据库，将目标锁定为23~50岁有购买厨电需求的潜在人群。他们热爱生活，有一定的经济实力，品牌意识较强，追求高品质的生活，向往舒适健康的生活环境。关注自己和家人的安全与健康，乐于享受生活。同时，习惯使用网络获取信息、查看商品和购物。hdtMEDIA根据受众特性，在hdtDMP人群数据库中找到家居、高端消费、奢侈品、厨电等兴趣标签目标受众进行广告曝光。

②投放广告。通过丰富的富媒体创意及PC端和手机端优质媒体，向核心人

群投放方太天猫"双十一"的感恩优惠信息,吸引用户点击参与广告活动。在 PC 端平台的投放上,选择与受众息息相关的新闻门户、财经、汽车、时尚、旅游、生活社区等媒体,如图 8-2 所示。在手机端选择受众使用频繁的新闻综合、生活工具、休闲娱乐、在线视频等 APP 进行活动信息投放,如图 8-3 所示。通过高质量的网站媒体,有效触达目标受众。

图 8-2　PC 端扩展广告

图 8-3　手机端横幅广告

此次营销活动采取创意广告形式,通过扩展、视窗等丰富多元的富媒体广告形式,展示方太热销爆款,并宣传方太"双十一"期间的感恩优惠活动,直接醒目地刺激目标受众的眼球。

（2）中期：实时优化。本次投放是 8:30~23:00 时段的定向投放，监测显示，午休时段即 13:00 左右广告点击率最高，所以后期 PC 端调整投放策略，契合受众的网络习惯，加强此时段方太"双十一"活动在新闻门户和生活社区等网站上的曝光力度，保证广告投放的广泛性和有效性，广告点击率在"双十一"当天达到峰值。手机端配合 PC 端同步投放。

（3）后期：实现目标受众引流。吸引受众参与活动，点击链接至方太天猫旗舰店，展示方太"双十一"期间的热销爆款信息，使受众在浏览中产生购买兴趣。同时展示热销 TOP 榜的明星产品狂欢价格，如图 8-4 所示，让目标感受到方太品牌感恩回馈活动力度，促进购买。

图 8-4　热销明星产品

此次营销活动的投放周期为 2015 年 11 月 7 日~11 月 12 日，PC 端曝光量 1400 多万次，点击量 28.7 万次，大幅度超过行业均值；移动端点击率为 10 万多次，点击完成率高达 118.91%，广告实现超额投放并得到受众的高效关注。

方太天猫旗舰店"双十一"当日销售额达到 1.48 亿元，同比增长 70%。权威交易数据显示，方太天猫旗舰店 10min 完成 1000 万元的销售额，第一小时破 3500 万元，并于当日上午 8 点破亿元，在大家电行业销售额排名第八，厨电行业第一。

不仅在销售额上创出新高，方太在网购综合评价、流量转化率等方面也远超行业平均水平。

四、衡量活动本身的相关指标

1. 活动成本

活动成本是指与本次活动有关的各项费用支出，它直接影响企业的利润。因此，企业不仅要控制销售额和市场占有率，同时要控制营销活动成本。活动成本主要包括以下费用。

直接推销费用：直接销售人员的薪金、奖金、差旅费、训练费、交际费及其他相关费用。

推广费用：广告媒体的成本、产品说明书的印刷费用、奖赠及展览的费用、推广部门的薪金等。

仓储费用：租金、维护费、折旧、保险、包装费、存货成本等。

运输费用：主要是托运费用，若是自有运输工具运输，则要计算折旧、维护费、燃料费、保险费、驾驶员薪酬等。

其他费用：管理人员薪金等。

2. 活动收入

活动收入主要指在活动期间商品的销售收入。

3. 活动资源累积量

活动资源累积量主要包括政府关系、赞助商、媒体关系等。

4. 投资回报率

投资回报率（return on investment，ROI）：是指通过投资而应返回的价值，即企业从一项投资活动中得到的经济回报，通常指达产期正常年度利润或年均利润占投资总额的百分比，具有时效性。其优点是计算简单；缺点是没有考虑资金时间价值因素，不能正确反映建设期长短及投资方式不同和回收额的有无等条件对项目的影响。只有投资利润率指标大于或等于无风险投资利润率的投资项目才具有财务可行性。

有9种常用的评估ROI的方法：新账户数量；重复购买次数；市场渗透；用

户网站访问百分比；每个有效链接导向成本；销售额和利润额；生产力、忠诚度、周转；时间成本；节省的花费。

第二节　是否达成目标

大数据营销的目的在于，通过对大数据的挖掘，分析每个互联网消费者网络购物的习惯、频率和诉求等，从而实现精准营销，提高企业的营销收入。每个营销项目在制订实施方案时都会确定预期目标，预期目标是否达成与营销方案及方案的实施有直接的联系。

企业目标一般包括财务目标和营销目标，其相关指标有利润额、销售额、价格水平、市场占有率、品牌价值、行业排名等。大数据营销活动的目标达成与否，与其所制定目标的相关指标有着直接的联系。通过活动反馈数据，计算该目标的相关指标，即可判断本次活动是否达标。但很多时候，营销活动都是多目标的，需要从多个指标去全面衡量。

对于一个大数据营销活动，最重要的指标不应该是曝光量和点击量。消费者通过推荐广告进入活动页面停留的时间才是营销活动的成功与否的主要指标。如果消费者只是看到或者点击了推荐广告，但在跳转页面中停留的时间极短，甚至不足以看清楚这个页面的内容是什么。那只能说，这个广告很吸引人，但活动还是失败的。如果消费者在跳转页面中停留了足够长的时间，那么企业就从中找到了一条与消费者互动的有力途径。若广告点击量过低，这时就该反省下中间的细节，如是否投放位置不佳、宣传力度不足、整体活动不够吸引人等。

前面列举了方太厨电在 2015 年"双十一"狂欢节利用大数据实现精准营销的例子（案例 8-1）。而在 2016 年，方太厨电同样在"双十一"活动中利用大数据，一早就开始准备"双十一营销"。为了加大宣传力度，充分造势，方太发起了"四面八方火起来"的城市火炬接力赛，通过西线队长邹市明、北线队长陶虹、南线队长刘越、东线队长蒲苇带领 4 队骑手，在全国 32 个城市进行火炬传递活动。与此同时，方太还借势推出了一系列网友互动活动来为接力赛造势，将活动推向了最高潮。通过一系列活动，方太获得了更多的消费者数据，以及极高的关注度，为"双十一"当天的营销打下坚实基础。

活动之初，方太预期"双十一"期间网上营业额目标为 5 亿元。最终，方太在 2016 年"双十一"当天创下了 3.6 亿元的全网销售额，这一数字远远超过了 2015 年的 2.5 亿元营业额。而当把时间扩大到 11 月 1 日~11 日，就会发现方太的全网营业额已经突破了 5 亿元大关，毫无悬念地蝉联了厨电行业的销售冠军宝座。

下面再来看第二个案例。

【案例 8-2】高通开发中国市场，发力大数据程序化购买。

1）传播实施背景

2016 年第一季度，世界上最大的无线电通信技术公司——高通（Qualcomm），携带其全新企业品牌"此刻享未来"在全国进行大范围宣传，并首次试水程序化广告投放，向目标受众讲述高通创新技术如何改变人们的生活。

相比于传统广告投放，程序化广告通过领先的算法和技术，在大数据的支持下，实现了从"媒体"购买到"受众"购买的转变。它在引流曝光、人群细分、精准覆盖上有着品牌广告主意想不到的效果。程序化广告的精准性和高效性，让广告主的每一分花费更具价值。因此，找到目标人群，进行精准定向，是高通选择程序化广告投放的主要关注点。

2）传播目标

（1）在优质可控的媒体上，对特定目标人群（合作伙伴与客户、高校高科技研究人员、IT 爱好者等）进行精准曝光，提升受众对高通新企业品牌的认知度、好感度、美誉度。

（2）完成预期的曝光量、点击量，最大化降低广告成本，最大化提升广告可视率。

3）投放策略及实施

舜飞公司的 BiddingX 运用海量人群数据库、领先的算法技术和智能优化技术，以"核心+细化+强相关辐射+提升"的人群策略，帮助高通实现对目标人群的有效覆盖。

（1）人群标签定向，锁定核心人群。依托 BiddingX 自有数据管理平台（data management platform，DMP）和第三方 DMP 超 10 亿的人群数据库，从身份属性、兴趣爱好、购买倾向三个维度定向目标人群。

投放前期，在广度上初步选择一定年龄段，如对 IT 数码、新闻资讯、金融财经、汽车、游戏、教育感兴趣的人群，广泛覆盖目标人群。同时，针对不同目标人群，在广泛覆盖人群的基础上，进行差异化的人群标签定向。

在投放中期，当访问人群数据积累到一定量级以后，匹配出访问互动人群的身份属性、兴趣爱好、购买倾向更符合高通的核心目标人群进行重点投放。

（2）地域+IP+LBS 定向，细化目标人群。前期采用全国泛投的形式，在投放过程中根据不同地区数据表现进行预算倾斜调整，以点击效果和互动效果更好的一、二线城市为主要传播阵地，锁定更多目标人群，排除数据表现较差的城市。

在人群标签定向的基础上，结合运用 BiddingX 自身所积累的 IP 和 LBS 数据库，针对不同目标人群进行定向，如高校 IP 定向、IT 园区 LBS 定向。

（3）强相关行为定向，扩大目标人群。根据舜飞领先的自有 DNA 网站监测分析系统，实时追踪监测访客的行为轨迹，并根据访客行为表现，对人群做出优化调整。

筛选出点击效果和互动深入的来源媒体，加大对此类媒体的定向投放，并通过人群建模，分析挖掘此类媒体的访问人群，扩大相似潜在的兴趣人群投放。

通过 DNA 网站监测分析工具搜索关键词抓取技术，形成高通搜索关键词列表，并利用算法模型挖掘近期搜索过高通品牌或产品、有直接需求的强相关人群，进行定向投放。

（4）"白名单"媒体定向，提升有效曝光。PC+移动多屏联动，对精准人群曝光，还需要保证媒体曝光的优质和可控性。

在投放过程中，通过 BiddingX 可视率自动探测技术和广告位自动过滤机制，实时优化媒体点击和可视率效果。

针对页面内容进行筛选过滤，排查媒体环境，使广告在最优质的媒体上对目标人群实现最有效的曝光。

图 8-5 和图 8-6 分别为高通的广告创意及广告展示。

图 8-5　高通的广告创意

图 8-6　高通的广告展示

4）投放效果

在大数据和技术能力的支持下，BiddingX 的多重组合定向策略，为高通锁定了更多目标人群，实现精准传播。同时，BiddingX 自身强大的智能竞价和优化技术，在媒体优化上做到了优质、安全和成本的可控，广告实际效果大大超越预期，也是高通的数字营销策略向精准化转变的第一次成功尝试。

（1）实际总曝光量达 1.5 亿次，完成率超过 130%；总点击量超过 98 万次，完成率超过 250%。

(2）每千人成本（cost per mile，CPM）比预期降低了25.5%，广告预算节省了23.4%；CPC比预期降低了62.5%，广告预算省了61.2%。

（3）广告可视率高达79%。

第三节 怎样做得更好

大数据渗透在我们生活的各个角落，任何我们在互联网上关于购物兴趣、习惯、频率和诉求等信息都是大数据所收集的内容。这就为企业进行大数据营销提供了丰富的资源。然而，大数据营销并不是万能的。当前大数据可以辅助销售的方面包括提高潜在客户的质量、提高销售机会数据的质量、提高目标客户开发精确性、区域规划、盈利率等[179]。而在市场营销中，大数据也功不可没。除了提供提高转换率策略、销售前景预测、增长收入和客户生命周期外，还可以帮助我们判断销售周期内各阶段哪些内容是最有效的，以及如何改进客户关系管理系统。大数据营销发展迅速，如何能把大数据营销做得更好，是十分值得思考的问题。

对于企业而言，有以下几点建议。

（1）大数据营销中，做好用户体验和差异化才是生存之道。及时完善顾客的信息资料，并根据对顾客的信息资料的分析了解顾客的行为特点与购买方式，有助于开展更有针对性的一对一的营销。

（2）企业最高决策人要给予高度重视与关心，没有最高决策人的高度重视与关心，营销部门很难调动各方面的资源与协调各部门之间的关系。

（3）要长期坚持下去，任何营销以及大数据营销取得效果都要有一个过程，不能因短时间内效果不明显或下滑而降低投入。

（4）大数据营销的各个环节之间要连接好，一个环节如发货速度、产品返修时的服务态度等没有跟上都可能影响用户的体验进而影响客户忠诚度与客户黏性。

（5）线上与线下要紧紧联系与密切沟通，线下有什么问题要及时反映到线上；

线上有什么新的政策要及时告知线下,以保证线上和线下的口径统一,更保证营销中的一致性。

(6)通过各种途径如邮件、微博、博客、搜索引擎或者论坛等加强站点的营销推广,并对站点及网页进行各类大数据技术优化,提高精准推送的概率。

(7)二八理论告诉我们,80%的利润来源于忠实的老客户,而且开发一个新客户的成本比挽留一个老客户的成本高得多,所以维系老客户,挖掘重点客户成了重中之重。即通过对客户行为的分析,来筛选出与企业的产品和服务匹配的、最有价值的重点客户。

就大数据营销产业而言,有以下几点建议。

1)加快大数据人才培养

随着大数据产业的快速发展,对大数据的要求逐渐由差异化发展为信息管理实践和技术的"最低门槛"。各地对大数据人才的需求持续增长,每个行业都需要大数据人才,人才紧缺已经成为制约该产业发展的突出问题,没有大数据技术支撑的企业,可能很容易被时代淘汰。据统计,未来我国基础性数据分析人才缺口将达到 1400 万。在人才竞争如此激烈的背景下,发展机遇多的地方总是能汇聚更多专业人才。因此,应大胆创新,积极制定吸引大数据时代人才的政策,同时为培养大数据人才提供政策支持。主要从以下四个方面深入贯彻吸引大数据人才的政策。

(1)从政策激励、提供发展平台、搞好服务等方面持续发力,实施大数据战略,制定针对性、操作性强的措施,吸引各地优秀人才。具备多层次、高素质的大数据专业人才队伍是发展大数据产业的一个重要前提。鉴于大数据专业人才队伍不足的现实,从当前紧迫性而言,要充分发挥政府的主动引领作用,积极实施人才引进战略,以大数据领域研发和产业化项目为载体,引进高端人才,还要完善配套措施,重点引进一批活跃在大数据技术发展前沿、具有国际领先水平的高端专业人才和团队。

(2)统筹各类教育资源,培养大数据重点领域关键核心技术研发人才,建立一批人才培养基地和人才实训基地,构建成批次、系统性的人才培养体系。从长期来看,要立足于依靠我国重点高校和科研院所培养输送,致力于培养和造就一支懂指挥、懂数据采集、懂数学算法、懂数学软件、懂数据分析、懂预测分析、懂市场应用、懂管理等的复合型"数据科学家"队伍。要培养和造就高素质的大数据应用人才。可以采取多元化培养方式，即支持国内高等院校设置大数据相关学科、专业，培养大数据技术和管理人才；支持职业学校开展大数据相关职业教育，培育专业技能人才；鼓励高校和科研院所针对大数据产业相关技能对在职人员进行专业培训，缩短大学培养人才的周期来满足数据产业对人才的需求。

（3）举办一些有影响力的标准化竞赛，吸引全国优秀人才和团队参与，带动国内大数据产业发展。培养大数据领域创新型领军人才，吸引海外大数据高层次人才来华就业、创业。对于大数据人才建设，要建立适应大数据发展需求的人才培养和评价机制，并建立健全多层次、多类型的大数据人才培养体系。

（4）采取有效措施在全国乃至世界人才共享机制上实现突破，让优秀大数据人才为我国服务，推动我国大数据人才引进和培养实现滚雪球式发展。

2）加快建立完善大数据营销产业发展的相关法律制度

海量数据的收集、存储、整理、交易和共享是大数据营销产业的重要特征，一旦受到攻击，损失将十分大。世界正在被大数据改变，人们对于数据安全和个人隐私保护的意识并没有改变。同时，大数据营销产业数据来源更加多样化，数据对象范围与分布也更为广泛，然而法律对大数据安全的保护能力十分有限，大数据安全及隐私保护的法律法规缺失，大大增加了我国大数据营销产业发展的风险。习近平总书记曾指出"要维护网络空间安全以及网络数据的完整性、安全性、可靠性，提高维护网络空间安全能力"[①]。虽然法律具有一定的滞后性，但是我们不能任由快速兴起普及的大数据营销产业发展，应该加快推进顶层设计和战略规划，健全完善制度法规体系，采取相应的数据安全及隐私保护措施，为大数据营销发展提供安全保障。

（1）进一步增强大数据安全防控意识，在加速推进基础设施和数据应用水平的同时，不断增强"防御、监测、评估、治理、运营"五位一体网络安全治理能力。

---

① http://m.haiwainet.cn/middle/3541942/2016/1010/content_30390725_1.html.

（2）抓紧研究制定大数据安全等级制度，加强数据资源在采集、传输、存储、使用和开放等环节的安全保护，构建完善的权限访问体系。

（3）做好大数据平台和服务商的可靠性及安全性评测、监测预警、风险评估等，使大数据平台的准入机制更严格，为大数据发展保驾护航。

3）加快推进政府数据资源开放共享步伐、鼓励民间向政府部门开放大数据

我们在信息化、互联网的迅速发展中进入了一个大数据时代，政府统计部门与大数据有天然的亲近感。企业是大数据利用的先行者，也是直接受益者，他们成为大数据应用的主力军，越来越多的企业从事数据生产、分析、交换，还衍生出很多的数据设计、数据制造、数据营销的新产品。市场在大数据资源配置中起决定性作用，企业与国家共享数据，加强合作，不仅可以提高企业的效益和效率，实现价值最大化，还可以提高政府统计部门的统计能力，使统计部门获得更加丰富、客观、及时的基础数据，能够建立一个更加真实全面的基本单位名录库，能够得到更加完整的调查总体。这将大大缩短数据采集时间，减少报表填报任务，减轻调查对象负担，进一步提升统计工作效能，使统计数据更加客观、真实、准确。政府帮助企业吸引更多有资源、有技术、有经验的人才投身大数据应用和开发的浪潮中，使企业实现转型升级、良性发展，对于推动现代化服务型统计的建设具有十分重要的作用。政府应加快大数据应用战略研究，为大数据的提取、存储、分析、共享和可视化创造有利条件。

大数据已成为国家重要的战略资源，政府作为公共数据的核心生产者和拥有者，要积极开发利用这一重要的战略资源。加快政府与民间数据开放共享，可以催生出巨大的经济和社会价值及巨大的示范效应，释放政府数据价值，有利于加快推动数据产业市场化步伐。政府机构要带头开放公共领域的行政记录等公共数据，尽快确立数据开放基本原则，同时鼓励推动企业等民间机构开放其在生产经营、网络交易等过程中形成的海量电子化数据。政府开放共享数据资源的步伐进展比较缓慢，主要是由于现行政府行政体制的自我封闭性。大数据的关键是要统一数据资源标准。不仅要大力推动大数据统一标准的制定工作，还要加快研究建立健全大数据技术标准、分类标准和数据标准。统一数据标准是破解"数据孤岛"问题的一个关键因素。针对行政记录、商业记录、互联网信息的数据特点，研究

分析不同数据口径之间的衔接和数据源之间的整合，规范数据输出格式，统一应用指标含义、口径等基本属性，为大数据的公开、共享和充分利用奠定基础，积极推动大数据开发利用的科学性、统一性和规范性。政府还要把加快推进政府数据资源开放共享步伐的着力点放在全面深化政府行政体制改革上来，这样企业等民间机构可以向政府统计部门开放大数据，从而可以更好地服务社会大众。当前，要积极推动大数据应用相关法律法规的制定，创新行政管理方式，为大数据使用者创造更好的社会法治环境，提高数据产业资源配置效率，有力保障和维护各方合法权益。

4）加大财政资金对大数据重点领域关键技术自主研发的投入力度

近几年来，美国、英国等发达国家政府竞相持续加强大数据重点领域的关键技术研发与应用的投入力度，以抢占大数据时代的有利位置。而我国大数据产业发展相对落后，对大数据重点领域关键技术自主研发投入不够、方向不明，这种差距不仅影响着我国大数据安全，而且在很大程度上制约着大数据产业发展。数据产业作为一个具有国家战略意义的新兴产业，要更好地发挥政府的引导作用，这样才能充分发挥企业加大自主研发的主观能动作用和有效市场的主导作用。

自主研发创新是提高数据产业竞争力的主引擎。我国数据产业目前的情况是创新能力不强、关键核心技术对外依赖度偏高。必须充分发挥政府的作用，准确把握发展的方向和原则，抓住重点领域、关键环节和核心问题，找准着力点和突破口，采取切实有力的措施，加大政府财政资金的引导支持力度。大数据采集、大数据可视化、大数据分析与挖掘、大数据存储管理、数据安全以及数据实时在线处理、非结构化数据处理等关键核心技术在政府资金的支持下会实现长足发展。企业与政府合作形成自主可控的大数据技术架构，提高自主研发创新能力，关键核心技术相互分享，可以有效破解制约产业发展的瓶颈。另外，要尽快完善政府采购大数据服务的配套政策。通过鼓励政府部门和公用事业的信息化应用中采购大数据技术，从而鼓励企业进行相关技术研究，加强各级政府和企业对大数据开发应用的支持力度，从而引导大数据产业发展。

本 章 小 结

  大数据营销效果评判是一项必不可少的工作，这不仅仅是对一次营销活动进行全面的总结评价，还有助于发现营销应用中的问题，及时纠正错误、优化营销策略，并且为提高下一阶段的营销策略提供决策依据。本章主要从衡量整体市场情况、衡量客户、衡量网络广告投放效果及衡量活动本身的相关指标等多个方面对大数据的营销效果来做一个全面的考察。大数据营销发展迅速，想要把大数据营销做得更好，就要注意以下几点建议。对于企业而言，大数据营销中，做好用户体验和差异化才是生存之道。同时，企业最高领导人的高度重视与关心以及企业各部门之间的协调合作也是十分重要的。就大数据营销产业而言，加快大数据人才培养，加快建立完善大数据营销产业发展的相关法律制度，加快推进政府数据资源开放共享步伐，鼓励民间向政府部门开放大数据，加大财政资金对大数据重点领域关键技术自主研发的投入力度等措施都能推动大数据营销行业更快更好地健全发展。

参考文献

[1] 迈尔-舍恩伯格 V，库克耶 K. 大数据时代：生活、工作与思维的大变革. 盛杨燕，周涛，译. 杭州：浙江人民出版社，2013.

[2] 托夫勒 A. 第三次浪潮. 黄明坚，译. 北京：中信出版社，2006：254.

[3] 高俊. 大数据时代行政职能的创新及挑战. 创新科技，2015（6）：24-26.

[4] 施建. 大数据下一步：EMC 长期坚持两手抓. 21 世纪经济报道，2012-06-09.

[5] Manyika J, Chui M, Brown B, et al. Big data: The next frontier for innovation, competition and productivity. [2011-05-17]. https://www.mckinsey.com/business-functions/digital-mckinsey/our-insights/big-data-the-next-frontier-for-innovation.

[6] Kalil T. Big data is a big deal. [2012-03-29]. https://obamawhitehouse.archives.gov/blog/2012/03/29/big-data-big-deal.

[7] 孟小峰，慈祥. 大数据管理：概念、技术与挑战. 计算机研究与发展，2013，1：146-169.

[8] 文特卡森 L，法瑞斯 P，威尔科克斯 L. 大数据营销分析与实战解析. 朱君玺，冯心怡，张书勤，译. 北京：中国人民大学出版社，2016：58.

[9] 国务院. 国务院关于印发促进大数据发展行动纲要的通知.[2015-09-05]. http://www.gov.cn/zhengce/content/2015-09/05/content_10137.htm.

[10] 李国杰，程学旗. 大数据研究：未来科技及经济社会发展的重大战略领域——大数据的研究现状与科学思考. 中国科学院院刊，2012，6：647-657.

[11] 王峰. 940 万考生今日高考：大数据、网络安全成热门专业.[2017-06-07]. http://m.21jingji.com/article/20170607/9f9aff4d8a34f1c2b5ba279a86483354.html.

[12] Pamirs. 2015 年 50 亿资金投进大数据，大数据创业公司都用来干嘛了？[2015-12-30]. https://www.huxiu.com/article/135648.html.

[13] 蒋瑜香. 中科大"隐形资助"贫困生. 合肥晚报, 2017-07-14（A13）.

[14] 娄岩. 大数据技术概论——从虚幻走向真实的数据世界. 北京: 清华大学出版社, 2017.

[15] 涂子沛. 大数据: 正在到来的数据革命. 桂林: 广西师范大学出版社, 2015.

[16] 周涛. 为数据而生: 大数据创新实践. 北京: 北京联合出版公司, 2016.

[17] 方昕. 大数据时代下计算机专业教学的探索. 微型电脑应用, 2014, 11: 32-34, 37.

[18] 维基百科. Big data.[2019-08-02]. https://en.wikipedia.org/wiki/Big_data.

[19] 计算机与网络编辑. 几个真正使用大数据的方法. 计算机与网络, 2014, 7: 18-19.

[20] 阳翼. 大数据营销. 北京: 中国人民大学出版社, 2017.

[21] 中国 IDC 圈. 人类生产的所有印刷材料数据量已达 200PB.[2013-03-14]. http://www.keyin.cn/news/gngj/201303/14-1043659.shtml.

[22] IDC. 2020 年全球数据总量将超 40ZB 大数据落地成焦点.[2013-09-02]. https://mobile.adquan.com/detail/13-25730.

[23] 于施洋, 王建冬, 童楠楠. 大数据环境下的政府信息服务创新: 研究现状与发展对策. 电子政务, 2016, 01: 26-32.

[24] 张茉楠. 数据开放共享是大数据竞争战略核心. 上海证券报, 2015-10-29（2）.

[25] 董晓婷. 大数据的定义特征及其应用分析. 硅谷, 2013, 11: 60, 120.

[26] 何廷润. 大数据商业模式的现状与挑战. 移动通信, 2015, 13: 25-28.

[27] 韩大鹏. 马云: 物联网和大数据的结合才是未来. [2017-09-10]. https://tech.sina.com.cn/it/2017-09-10/doc-ifykuffc4789377.shtml.

[28] 方璐. 大数据时代的科学研究方法. 杭州: 浙江工业大学, 2014.

[29] 董诚, 林立, 金海, 等. 医疗健康大数据: 应用实例与系统分析. 大数据, 2015, 1（2）: 78-89.

[30] 国务院办公厅. 国务院办公厅关于促进和规范健康医疗大数据应用发展的指导意见. [2016-06-24]. http://www.gov.cn/zhengce/content/2016-06/24/content_5085091.htm.

[31] 闫世军. 大数据方法与新闻传播创新从理论定义到操作路线. 新闻传播, 2017, 2: 59, 61.

[32] 章戈浩. 作为开放新闻的数据新闻——英国《卫报》的数据新闻实践. 新闻记者, 2013, 6: 7-13.

[33] 前瞻产业研究院. 大数据在全球掀起发展热潮 未来发展趋势如何? [2017-11-13]. http://mini.eastday.com/a/171113101709758.html.

[34] 戴熙婷. 好莱坞艳照门: 你还敢用手机拍私密照吗.[2014-09-02]. http://www.bjnews.com.cn/focus/2014/09/02/332321.html.

[35] 数据观. 大数据: 从因果分析到相关性分析.[2015-06-02]. http://www.cbdio.com/BigData/2015-06/02/content_3198561_all.htm.

[36] 张浩, 郭灿. 数据可视化技术应用趋势与分类研究. 软件导刊, 2012, 5: 169-172.

[37] 黄玺磊. 大数据的最后一公里——数据可视化技术. 中国金融电脑, 2017, 2: 37-43.

[38] 黄欣荣. 大数据时代的思维变革. 重庆理工大学学报（社会科学）, 2014（5）: 12-18.

[39] 萨尔金德 N J. 爱上统计学. 史玲玲, 译. 重庆: 重庆大学出版社, 2008: 66.

[40] 蒋卫东. 大数据思维的十大原理. 市场观察: 广告主, 2016（5）: 60-65.

[41] 曾杰. 一本书读懂大数据营销. 北京: 中国华侨出版社, 2016: 14-15.

[42] 鞠宏磊, 黄琦翔, 王宇婷. 大数据精准广告的产业重构效应研究. 新闻与传播研究, 2015, 8: 98-106, 128.

[43] 毕然. 大数据分析的道与术. 北京: 电子工业出版社, 2016: 296.

[44] 吴极. 海外大数据产业报告: 电商、物流交通、工业互联网和农业大数据是如何推动商业发展的? [2017-07-25]. http://36kr.com/p/5084550.html.

[45] 司徒. 利用大数据帮助企业加速销售, InsideSales 完成 5000 万美元的 E 轮融资.[2017-01-20]. http://36kr.com/p/5062383.html.

[46] Athanasiadis I, Ioannides D. A statistical analysis of big web market data structure using a big dataset of wines. Procedia Economics and Finance, 2015, 33（5）: 256-368.

[47] 李富. 大数据时代消费者行为变迁及对商业模式变革的影响. 中国流通经济, 2014, 10: 87-91.

[48] 王其和. 大数据背景下企业营销战略再分析与营销策略新内涵. 统计与决策, 2014（24）: 198-201.

[49] 闫应禅, 李斐然. 大数据时代聊聊小数据. 中国青年报, 2014-04-16（11）.

[50] Schutt R, O'Neil C. 数据科学实战. 冯凌秉, 王群锋, 译. 北京: 人民邮电出版社, 2015: 15-23.

[51] 李海波, 刘学华. 新编统计学. 上海: 立信会计出版社, 2005: 174.

[52] 国家统计局. 全国1%人口抽样调查.[2015-10-28]. http://www.stats.gov.cn/ztjc/zdtjgz/cydc.

[53] 张翼. 1%人口抽样调查意义何在. 光明日报, 2014-08-26（10）.

[54] 站长之家. 用户研究具体怎么操作? [2015-11-27]. http://www.chinaz.com/manage/2015/1127/476297.shtml.

[55] 任振兴. 关于抽样检测技术在质量技术监督工作中的问题思考. 化工管理, 2015, 36: 147.

[56] 马慧娟. 三鹿事件回顾. 中国青年报, 2009-01-01（6）.

[57] 杨可, 祝凤岚. 每月抽检 婴幼儿奶粉监管力度加大. 北京晨报, 2016-05-25（7）.

[58] 陈阳. 抽样调查应用的科学性探讨. 中外企业家, 2015（30）: 249.

[59] 周建民. 市场营销理论的百年发展与创新. 华南金融研究, 2002, 17（1）: 75-77.

[60] 伟门 L. 直打正着: 直复营销之父伟门的创想之旅. 特洛伊工作小组, 译. 北京: 中信出版社, 2010: 160.

[61] 科特勒 F, 凯勒 K L. 营销管理.15 版. 何佳讯, 于洪彦, 牛永革, 等译. 上海: 格致出版社, 上海人民出版社, 2016: 596.

[62] 周欢. 大数据营销在电子商务领域的应用研究. 全国流通经济, 2017（4）: 11-12.

[63] 张雪梅. 大数据背景下网络媒体广告精准营销创新研究. 当代经济, 2017（4）：86-88.

[64] 王丰. 与 FT 共进午餐：腾讯广告主席刘胜义. [2017-07-28]. http://www.ftchinese.com/story/001073509.

[65] 冯芷艳, 郭迅华, 曾大军, 等. 大数据背景下商务管理研究若干前沿课题. 管理科学学报, 2013, 16(1)：1-9.

[66] 魏伶如. 大数据营销的发展现状及其前景展望. 江苏商论, 2014（15）：34-35.

[67] 俞立平. 大数据与大数据经济学. 中国软科学, 2013（7）：177-183.

[68] 周再宇. 大数据营销：向纵深与全域拓展. 新营销, 2017（1）：66-68.

[69] 小米. 10大经典案例：解读小米4M智能营销体系. [2017-04-14]. http://www.csdn.net/article/a/2011-04-20/296254.

[70] 伍玲, 周丛笑. 三一发布国内首个本土化工业互联网平台"根云". 长沙晚报, 2017-02-24（A9）.

[71] 珈和科技. 珈和技术农情遥感项目目录. [2019-10-06]. http://www.datall.cn/jiahe/successlist.html.

[72] 杨帆. 市场营销在我国的发展及未来趋势. 企业文化旬刊, 2017（4）：221.

[73] 韩玉, 孙岩, 李静华, 等. 基于"大数据"背景下营销体系的解构与重构. 中国战略新兴产业, 2017(4)：48-50.

[74] 黄升民, 刘珊. "大数据"背景下营销体系的解构与重构. 现代传播（中国传媒大学学报）, 2012, 34（11）：13-20.

[75] 姚瑶. 8句话让你彻底明白什么是大数据营销. [2014-10-31]. http://www.woshipm.com/operate/114983.html.

[76] 王文璐. 基于用户大数据的海尔集团线上精准营销研究. 哈尔滨：东北农业大学, 2015.

[77] 艾媒咨询. 2016年大数据营销未来发展趋势预测. [2016-07-04]. http://www.askci.com/news/hlw/20160704/16140637532.shtml.

[78] 陈晓帆. 探迹：助你实现精准营销的探路人. [2017-08-08]. https://gd.qq.com/zt2019/gdcy031/index.htm.

[79] 庞文涛. 大数据时代网络精准营销探究. 现代营销（下旬刊）, 2017（3）：61.

[80] Gilad B. 大数据时代 如何才能把营销数据落到实处. [2015-11-1]. http://finance.591hx.com/article/2015-11-01/0000495286s.shtml.

[81] 杨茜. 基于大数据的客户细分模型及精确营销策略研究. 南京：南京邮电大学, 2015.

[82] 郑志昊. 大数据+电影，成就行业、成就自己. [2016-09-12]. http://tech.qq.com/a/20160912/043322.htm.

[83] 董飞. 大数据技术在预测性营销上的实践9个问题. [2017-02-22]. http://36kr.com/p/5064677.html.

[84] 亿邦动力网. 大悦城数字化范本：百货业你可以这样求生存. [2016-06-24]. http://www.ebrun.com/

20160624/ 180727.shtml.

[85] 杨学成, 陈章旺. 网络营销. 北京：高等教育出版社，2014.

[86] 罗森. 基于4P 理论的网络营销策略研究. 中小企业管理与科技，2011（31）：63.

[87] 陈秋梅. 4C 理论与企业营销实践. 商业研究，2003（2）：99-101.

[88] 武东升, 贾雅军. 关于市场营销的新理念——4R 理论理解和应用的探讨. 生产力研究，2004（9）：189-191.

[89] 房昌琳. 基于波特五力模型分析的企业发展策略探讨——以果汁饮料行业为例. 企业经济，2007（8）：64-66.

[90] 邱东. 大数据时代对统计学的挑战. 统计研究，2014，31（1）：16-22.

[91] 王云峰. 统计学原理. 上海：复旦大学出版社，2013.

[92] 中国大数据. 大数据处理分析的六大最好工具. [2014-04-11]. http://www.csdn.net/article/2014-04-11/2819267-Cloud-BigData.

[93] 晶凡. 洞察力惊人：盖茨20 年前对互联网的预言大多已实现.[2016-01-04]. http://tech.ifeng.com/a/20160104/41533812_0.shtml.

[94] 布加迪. 大数据：如何将信息转化为洞察力？ [2016-09-10]. http://www.199it.com/archives/516069.html.

[95] 殷雨婷. HCR 慧聪研究赵龙：洞察能力比收集信息更为关键.[2013-08-09]. http://tech.hexun.com/2013-08-09/156959772.html.

[96] 曾杰. 一本书读懂大数据营销. 北京：中国华侨出版社，2016：20-21.

[97] 常兴仁. 企业大数据营销的现状、问题及对策研究. 现代经济信息，2016（22）：57，59.

[98] 刘文娟. 大数据产业面临的三大问题？[2017-07-12]. http://info.secu.hc360.com/2017/07/120922894681.shtml.

[99] 陈崖枫. 大数据营销的几道坎. 企业管理，2017（1）：54-57.

[100] 宁宇. 网络安全新规落地，大数据时代下的隐私问题终于有解了.[2017-06-11]. https://www.tmtpost.com/2628092.html.

[101] 前瞻产业研究院. 我国大数据产业发展调查分析.[2014-12-25]. https://bg.qianzhan.com/report/detail/361/141225-6a4014c9.html.

[102] 邓琳琳. 大数据营销传播中隐私问题伦理的表现. 记者摇篮，2016（5）：57-58.

[103] 张雪梅. 大数据营销背景下用户隐私保护的研究. 现代商业，2017（2）：176-177.

[104] 高承远. 大数据精准营销的五大弊端.[2016-11-17]. http://www.shichangbu.com/article-28328-1.html.

[105] 常宁. 为什么精准营销难谈精准？[2015-06-25]. http://www.sohu.com/a/20119661_188730.

[106] 罗向泽. PVC 公司中国市场营销管理策略研究.上海：上海外国语大学，2014.

[107] 麦卡锡 J. 基础市场学. 北京：机械工业出版社，1960：19.

[108] 科特勒 F，阿姆斯特朗 G.市场营销原理. 郭国庆，译.北京：清华大学出版社，2013.

[109] 焦利军，刘庆君. 市场营销学. 北京：北京大学出版社，2009.

[110] 逯宇铎，邓贵仕. 网络经济下市场营销流程再造. 东南大学学报（哲学社会科学版），2002（S2）：128-132..

[111] 凤凰网时尚. 高峰对话：品牌营销之道.[2012-04-02]. http://fashion.ifeng.com/media/detail_2012_04/20/14035501_0.shtml.

[112] Houben G, Lenie K, Vanhoof K. A Knowledge Based SWOT—analysis system as an instrument for strategic planning in small and medium sized enterprises. Decision Support Systems, 1999, 26（2）：125-135.

[113] 黄瑞敏. 基于 SWOT 分析的企业竞争情报实例研究——IBM 公司建立竞争情报体系案例分析. 现代情报，2007（1）：191-194.

[114] 蒲蓉. 基于 SWOT 分析的村镇银行可持续发展研究. 改革与开放，2009（10）：106-107.

[115] 郭卫萍，王丽霞. 基于 SWOT 分析的我国跨境电商发展路径研究. 价值工程，2015（32）：54-56.

[116] 聂丹. 北京马拉松赛事运作的 SWOT 分析. 体育学刊，2014，21（6）：19-23.

[117] 杨英，龙立荣.SWOT 分析法在职业生涯决策中的运用. 华东经济管理，2005（2）：81-84.

[118] 李飞. 营销 4P 理论正当其时. 北京商学院学报，2001（1）：1-3.

[119] 刘胜义. 对话菲利普·科特勒：中西营销大师碰撞.[2014-03-05]. http://tech.qq.com/a/20140305/020621.htm.

[120] 舒尔茨 D E，凯奇著 F J. 全球整合营销传播. 黄鹂，何西军，译. 北京：机械工业出版社，2012.

[121] 莱维特 T. 营销想象力. 辛弘，译. 北京：机械工业出版社，2007.

[122] 马逸飞. 微信平台的媒介营销模式探析. 郑州：郑州大学，2016.

[123] 里斯 A，特劳特 J. 定位：有史以来对美国营销影响最大的观念. 谢伟山，苑爱冬，译. 北京：机械工业出版社，2011.

[124] Maex D，Brown P B. 大数据营销：定位客户. 王维丹，译. 北京：机械工业出版社，2014.

[125] 艾永亮. 为什么你学了精益创业，还是做不好产品？[2015-12-28]. http://www.cyzone.cn/a/20151228/287276.html.

[126] 克罗尔 A，尤科维奇 B. 精益数据分析. 韩知白，王鹤达，译. 北京：人民邮电出版社，2015.

[127] 陈刚，李丛杉. 关键时刻战略：激活大数据营销. 北京：中信出版社，2014.

[128] 卡尔森 J. 关键时刻 MOT. 韩卉，译. 杭州：浙江人民出版社，2016.

[129] 房昌琳. 基于波特五力模型分析的企业发展策略探讨——以果汁饮料行业为例. 企业经济，2007（8）：64-66.

[130] 杨青松，李明生. 论波特五力模型及其补充. 外语与翻译，2005（4）：95-96.

[131] 王婵. 基于波特五力模型的图书馆政务舆情业务竞争力研究. 图书馆学刊，2018，40（9）：1-5.

[132] 李鹤，刘伟健. 基于波特五力模型的顺丰速运发展战略初探. 中国管理信息化，2015，18（18）：107-108.

[133] 李苏苏，骆敏婷. B2C 电子商务发展策略研究——基于波特五力模型. 现代商贸工业，2013，25（13）：65-66.

[134] 王渊. 基于 RFM 模型的协同过滤方法及其在个性化推荐中的应用. 杭州：杭州电子科技大学，2013.

[135] 沈浩. 数据挖掘应用案例：RFM 模型分析与客户细分. [2012-01-21]. http://shenhaolaoshi.blog.sohu.com/201923838.html.

[136] Marcus C. A practical meaningful approach to segment. Journal of Consumer Marketing，1998，15（5）：494-504.

[137] 36kr. 如何了解用户分层做到精细化运营？谈谈 RFM 模型的实际应用. [2016-12-12]. http://36kr.com/p/5058947.html.

[138] 宗阳，郑勤华，陈丽. 中国MOOCs学习者价值研究——基于RFM模型的在线学习行为分析. 现代远距离教育，2016（2）：21-28.

[139] 李品睿，许守任，许晖. 基于 RFM 模型的核心客户识别与关系管理研究——以保险业为例. 现代管理科学，2015（6）：24-26.

[140] 刘朝华，梅强，蔡淑琴. 基于RFM 的客户分类及价值评价模型. 技术经济与管理研究，2012（5）：33-36.

[141] 孙毅. HZ 公司 STP 战略研究. 济南：山东大学，2012.

[142] 王德胜. 市场营销学. 北京：经济科学出版社，2011.

[143] 丁家永. 市场营销理论中我们学到了什么？[2017-01-12]. http://www.shichangbu.com/article-28771-1.html.

[144] 崔文花. 趣多多和百度"合谋"设计愚人节陷阱. 成功营销，2013（5）：36-37.

[145] 李莉平. 数据挖掘技术在现代市场营销中的应用. 云南财经大学学报，2006（5）：40-45.

[146] 陈王伟. 基于数据挖掘的企业营销决策体系. 沿海企业与科技，2008（12）：69-72.

[147] 王靓靓. 营销数据挖掘对企业营销的重要性研究. 企业技术开发，2016，35（14）：63-64.

[148] 戴艳红. 基于数据挖掘技术的交叉销售分析. 中国管理信息化（综合版），2007（6）：32-33.

[149] 林庆鹏. 基于大数据挖掘的精准营销策略研究. 兰州：兰州理工大学，2016.

[150] 薛正贵. 基于大数据的营销体系重构研究. 黑河学院学报，2015，6（5）：64-67.

[151] 陈永红，廖欣，郑欣，等. 面向健康大数据的数据清洗技术. 现代计算机（专业版），2017（17）：21-25.

[152] 申传华. 数据挖掘过程中的数据清洗研究. 通讯世界，2016（24）：81.

[153] 叶松林. 数据分析是如何让零售业重现生机的.[2019-08-08]. http://tech2ipo.com/10035945.

[154] JMP. JMP 为大数据献礼，DT 时代你该"充电"了. 信息与电脑（理论版），2015（23）：22-23.

[155] 杨铭. Minitab 用于中心复合设计与数据处理. 药学服务与研究, 2007（3）: 231-234.

[156] 徐光冰, 高齐圣. MINITAB 在可靠性数据分析中的应用. 电子质量, 2006（12）: 28-30.

[157] 杨京, 王效岳, 白如江, 等. 大数据背景下数据科学分析工具现状及发展趋势. 情报理论与实践, 2015, 38（3）: 134-137, 144.

[158] 王舰.让数据会"说话": 从 Excel 到 Xcelsius. 中国管理信息化, 2008（13）: 11-12.

[159] 蒋晓宇. 基于 tableau 可视化业务报表设计与实现. 数字通信世界, 2017（2）: 224-225.

[160] 彭海波, 向洪普. 基于 Python 的空间数据批量处理方法. 测绘与空间地理信息, 2011, 34（4）: 81-82, 85, 87.

[161] 张海阳, 齐俊传, 毛健. 基于 R 语言的数据挖掘算法研究. 电脑知识与技术, 2016, 12（28）: 16-19.

[162] 杨霞, 吴东伟. R 语言在大数据处理中的应用. 科技资讯, 2013（23）: 19-20.

[163] 网易娱乐. 网易云音乐战略合作农夫山泉 推出全新音乐瓶身. [2017-08-07]. http://ent.163.com/17/0807/07/CR7JTVGT000380CJ.html.

[164] 冯冉. 探究网易云音乐内容营销——以"乐评专列"营销活动为例. [2018-02-06]. http://media.people.com.cn/n1/2018/0206/c416776-29808990.html.

[165] 罗超. 大数据预测 4 个特征, 11 个典型行业.[2017-09-24]. http://luoochaoo.blog.techweb.om.cn/archives/324.html.

[166] 赵占波, 邬国锐, 刘锋.中国社交网络商业模式发展及影响因素分析. 商业研究, 2015（1）: 33-40.

[167] 方滨兴, 贾焰, 韩毅. 社交网络分析核心科学问题、研究现状及未来展望. 中国科学院院刊, 2015（3）: 187-199.

[168] 漆晨曦. 基于社交网络分析的企业营销应用策略研究. 互联网天地, 2014（5）: 35-39.

[169] 崔可升, 吕廷杰. 基于社交网络分析的通信业务营销研究. 移动通信, 2013（5）: 68-74.

[170] 36 大数据. "美国大选": 一场媒体可视化盛宴. [2016-11-09]. http://www.woshipm.com/data-analysis/442727.html.

[171] 刘勇, 杜一. 网络数据可视化与分析利器: Gephi 中文教程. 北京: 电子工业出版社, 2017.

[172] Ferreira d O M C, Levkowitz H. From visual data exploration to visual data mining: A survey. IEEE Transactions on Visualization and Computer Graphics, 2003, 9（3）: 378-394.

[173] Keim D. Information visualization and visual data mining. IEEE Transactions on Visualization and Computer Graphics, 2002, 8（1）: 18.

[174] Card S K, Mackinlay J D, Shneiderman B. Readings in Information Visualization: Using Vision To Think. San Francisco: Morgan-Kaufmann Publishers, 1999: 1-172.

[175] 任磊, 杜一, 马帅, 等. 大数据可视分析综述. 软件学报, 2014, 5（9）: 1909-1936.

[176] Wunsche B. A survey, classification and analysis of perceptual concepts and their application for

the effective visualisation of complex information. Chrucher N, Churcher C. Proceedings of the APVIS. Darlinghurst: Australian Computer Society, 2004: 17-24.

[177] 周苏，张丽娜，王文. 大数据及其可视化. 北京：清华大学出版社，2017.

[178] 李雪芳. 互动通创新程序化购买，新康泰克通气鼻贴精准营销. [2015-08-28]. http://www.sohu.com/a/29711215_121629.

[179] 鞠宏磊. 大数据时代的精准广告. 北京：人民日报出版社，2015.

后 记

阿里巴巴创办人马云在演讲中讲道,未来的时代将不是 IT 时代,而是 DT（data technology）时代,对于很多行业而言,如何利用这些大规模数据是赢得竞争的关键。而数字营销时代的一大重要特征,就是将营销环节上的众多要素以及要素之间的关联,全部都数字化为一系列的数据。这些庞大的数据已然成为数字营销时代高价值的战略资源,大数据在收集、挖掘、分析、应用等各个层面的全面进步,使大数据的实用价值也获得了极大的展现。本书将力图提升营销领域对于大数据的认识以及重视,让营销人员了解大数据营销的原则、方法、具体的技能操作和注意事项,掌握营销大数据分析指标的构建以及数据收集、挖掘、分析、应用等方面的技能,从而让数据在营销中发挥更大的作用。本书将跳出现有的以案例介绍为主体或者概论性质的模式,主要围绕着"大数据营销"中的数据处理技术来展开,力争让读者对大数据营销的操作有一个清醒的认识,同时能够进行相关的数据分析和处理。

本书由洪杰文和归伟夏共同完成,其中第一章到第三章由洪杰文和彭雨田编写,第四章到第八章由归伟夏、刘翠、陆倩和蓝婷共同编写,最后由洪杰文完成统稿工作。

感谢丛书主编周茂君教授的信任和帮助,感谢各位合作者的积极参与和辛苦工作,感谢科学出版社郝静老师认真细致的工作。在本书的写作过程中,参阅了大量的文献资料,同时参阅了一些网站的网页,在此向各位作者一并表示感谢!

因为大数据营销目前还处于起步阶段，同时大数据技术的发展日新月异，新技术和新知识不断涌现，而我们的学识有限，所以本书的不足之处在所难免，在此，恳请读者批评指正。

洪杰文

2019 年 10 月